越智貢
上林千恵子
島薗進
恒吉僚子
本間康平
三浦直子
宮島喬
村井実
米山光儀
渡辺秀樹

宮島喬
島薗進　編

現代日本人の生のゆくえ

つながりと自律

藤原書店

はじめに

時間はときに凝結したり、停滞したりしながら、それでもつねに流れている。第二次世界大戦後永らく、欧米の観察者の目に映じた日本人は、世間体をおもんばかり、恥を原理に行動し、イエやムラへの同調に生きる存在であった。これがまったく虚像だったというつもりはない。しかし一面的な見方であり、とりわけその後の社会変動のなかで、日本人の生き方の別の面も明らかになってきた。

とくに一九九〇年代は大きな転機だったのではないか。「寄らば大樹の……」といわれた企業依存の生き方も、不況の長引く九〇年代にはかなり揺らぎ、都市勤労者は個人としての自分をどう守るか、どう生きるかを考えざるをえなかった。他方、地縁、血縁、社縁等の人間関係の堅固さが弱まり、孤立する主婦がヨコのなかまにつながりを求めて積極的に行動する場面も、これまで以上に顕著に見られるようになった。日本的経営になじむタテ社会の日本人（中根千枝『タテ社会の人間関係』講談社、一九六七年）という像がどこまで現代日本人にあてはまるのか、問い直してもよい状況が到来している。

九〇年代半ばの二つの衝撃的出来事、すなわち阪神淡路大震災とオウム真理教事件は、困難を生きる日本人の精神的基盤を問いかけるとともに、生の尊さとそれを守るための人々の行動の力強さを多くの市民に自覚させた。阪神大震災では少なからぬボランティアたちが、災害現場の活動、高齢者介護、外国人の生活支援、海外の災害や紛争における人道的活動に積極的に取り組んだ。他方、オウム真理教事件では、家族や隣人たちとのつながりを否認し、無惨な殺害を正当化する言説の形をとったニヒリズムが、高学歴の前途ある若者たちの心を深く蝕んでいたことが明らかになった。

「日本人」なるものを「日本に生きる人々」と解するとして、その定義もますます単純ではなりえなくなった。私たちの面接から引用するのが手っ取り早いだろう。日本政府の自分たちへの助長する差別を強く批判する韓国人の鄭永美さんは、それでいて「私なんか半分以上は日本人ですよ」と語る。と思うと、国籍上れっきとした日本人の建築家の高橋さゆりさんは、中国人に関心をもったりするとさっさと西安まで語学留学に行く。「もともと国籍、民族のこだわりなんてないですね。友達になったり、知り合いになってみたら、その人がたまたま中国人だったり、マレーシア人だったり、バングラデッシュ人だったりする、そんな感覚なんです。」

このような状況のもとで、私たちは型にはまった日本人のイメージを脱し、次なる世紀に向けて登場しつつある日本人（日本に生きる人々）の生き方を、その心のあり方から探ろうとした。一〇二人の方々から、その「生き方」についての考えを聞き取り、それに基づいて現代日本人の「自律」と「つながり」について検討しようとしたのである。

プロジェクトは当初、財団法人上廣倫理財団とアメリカのカーネギー・カウンシルとの共同企画として始まった。一九九五年に日米の企画委員がハワイ大学東西文化センターにおいて討議を行ない、日米共同調査の計画を立てた。それに基づき日本側は一〇人の委員が研究委員会を作り、インタビュー・プログラムを作り、調査計画を練り上げていった。その後、カーネギー・カウンシル側の都合で共同調査の計画は立ち消えとなり、日本側独自の調査研究を進めることとなった。

聞き取り調査は一九九七年一一月から九八年八月にかけて行なわれた。一〇人の調査研究委員を中心に大学院生らを補助者として一〇二人の方々から聞き取りを行なうとともに、その内容を検討する委員会で討議を重ねた。調査対象者は母集団からのサンプリングを行なうような社会学的統計調査の手法はとらず、語るべき言葉をもっていて、何らかの問題意識、課題意識をもって仕事・活動に従事していて、かつ仕事、私生活、地域生活をできるだけトータルに生きていると思われる人を重視した。だから質的な選択基準が置かれたわけで、その意味では対象者の選択は「無作為」ではない。

委員会で「こういうタイプの対象者を……」という形で、何十というさまざまな人間類型をあげ、次にそれらを年齢、性別、大ざっぱな職業からなるマトリックス表の中に位置づけた。その上で、現代日本の職業構成等と照らしながら、バランスを考慮し、修正をほどこした。これにより特定の社会的タイプの人間に偏る恐れがなくなった。本調査が質的事例面接であって、定量的分析を目指すものでない以上、このような選択は妥当なものである。対象者が興味深い特徴をもつと考えられた関心事は、家族、仕事、教育、宗教、地域社会、国を越える生き方などであるが、それは本書の構成に反映している。

なお、次の三つの場合、やや特別な考慮をして配分している。まず首都圏の比重が大きくなりすぎないように、地方の住民から一定数の対象者を選んでいる。次に日本の外国人登録者が一五一万人（一九九八年末）を数えるようになり、国際化を通して日本の社会が変わっていく兆候も見られるだけに、外国人および外国出身者を比較的多く対象者に加えている。また、在外日本人がすでに七八万人（九八年末）を超えている状況を踏まえ、外国育ち日本人（「帰国子女」という語がよくあてられる）も面接対象に加えた方がよいと判断された。非標準的日本人像を含めて、日本人（日本に生きる人々）を再構成すべき段階にわれわれはきていると考える。

具体的にAさん、Bさんというように対象者を決めるに際しては、広義の機縁法をとった。調査研究委員がなんらかの機会に出会い、すでに識っている人物、および適当な第三者や団体、機関に依頼し紹介してもらった人物をその対象としたのである。一見恣意的にみえるかもしれないが、ここでは調査研究員の個人的な知人という意味ではなく、委員が研究者としての姿勢でかつて話し合いの機会をもったり、興味深い事例であるという予備知識をもっている人物の中から、適当と思われる者を選択したのであり、委員会で討議の上で決定している。

インタビュー時間は一時間半から二時間を標準としたが、複数回に及んだり、五時間を超えるような場合もあった。調査記録は一件あたり四〇〇〇字から六〇〇〇字程度でまとめ、基礎的資料集とした。それらの資料に共同討議を加え、各委員がそれぞれの担当テーマについて執筆して、一一章からなる『「現代日本人の生き方」調査報告』（財団法人上廣倫理財団、二〇〇〇年六月）を作成した。この報告書は四〇〇字詰めにしておよそ一五〇〇枚程度に及ぶものであるが、本書はこの報告書から主要な論点を抽出し、「現代日本人の生き方」の問題がより鮮明になることを目指して執筆されたものである。

この調査は当初、財団法人上廣倫理財団の企画として始められたが、本書の刊行については新たに財団から独立して編集委員会を組織し直し、藤原書店の協力を得て、本づくりの作業を進めることとなった。継続的に研究会を重ねる必要上、多忙を極める桑山紀彦氏（山形大学附属病院）に参加をお願いすることを諦め、残りの九人が執筆者となり、これに調査時には面接委員であった三浦直子氏に加わってもらった。宮島と島薗が世話役となり、何度かの編集打ち合わせ会を行ない、一般向けの単行本にふさわしい書物とすべく案を練り直した。

九五年以来の調査研究の途上でお世話になった方々はまことに多いが、とりわけ多くを負っているのは、このような長期にわたる調査プロジェクトに対し、寛大な経済的支援と財団スタッフによる実務的支援を惜しみなく配慮してくださった財団法人上廣倫理財団の上廣榮治会長である。このご助力なしには今回の調査研究を続けることはできなかった。本書の刊行にあたって同財団の助成金を得ていることもここに記し、謝意を表したい。

研究当初にご協力いただいたカーネギー・カウンシル、とりわけロバート・マイヤー理事長（当時）とメアリー・ホワイト現ボストン大学教授からは貴重な助言をいただいており、大いに感謝している。ともに調査を進めていただいた桑山紀彦氏と調査研究を手伝っていただいた大学院生他の諸氏、そして面接調査に応じて下さり、貴重なお話を聞かせていただいた皆さんにも改めてあつくお礼を申し上げる。本書の企画の意義をご理解下さり、ご助力いただいた藤原書店の藤原良雄氏にも感謝の言葉を記したい。

なお、あらかじめ断っておくと、本書にインタビュイーとして登場する人々の名前は、すべて本名と関係のない、私たちの付した仮名である。

本書の試みが、今後さまざまに試みられるであろう日本人の考え方についての調査研究にとって一つのたたき台となることを願って、ここに筆を擱く。

二〇〇二年一〇月

宮島　喬
島薗　進

現代日本人の生のゆくえ　目次

はじめに　i
序章　現代日本人の自律とつながり…………宮島　喬・島薗　進　13

第一部　自己の再定位へ

1　自由の条件…………越智　貢　61
2　性・結婚と女性…………上林千恵子・三浦直子　97
3　自己を超える…………島薗　進　143

第二部　根を降ろす場所

4　家族と出会う…………渡辺秀樹　187

5　居住地域の生活……本間康平　229
6　仕事の持つ意味……上林千恵子　267

第三部　他者への橋

7　教えることと学ぶこと……米山光儀　315
8　住民の責任……宮島　喬　359
9　境界を越えた人々……恒吉僚子　395
終章　近代日本の向こうへ……村井　実　429

扉写真　市毛　實

現代日本人の生のゆくえ　つながりと自律

序章　現代日本人の自律とつながり

宮島喬・島薗進

一　自律とつながり

自由と自律

今多くの日本人（people in Japan）[1]の生活者、行為者にとって、個の自由はきわめて大切なものであり、かけがえのない価値となっている。このように「自由」であることを、譲ってはならない重要な規範と受け入れる姿勢が広まったのは、二〇世紀の後半の日本人の意識の変化の目立った指標といってよい。自由というと、通せる限り自分の好き勝手を通す、可能な限りどんな束縛も受けないという野放図な自由を考える人もないわけではない。だが、多くの人々は、自覚的に自由のあり方に規範を設けた上で、その自由を尊び、実践している。「人に迷惑をかけない」という消極的な言い方ではあれ、自立（独立）の意志を表し、自分を律する自由をよしとしている。またある人々は「納得のいかないことはしない」といった形で、これまた消極的なレトリックながら、他律を避け、自己自身の主人であろうとする。「自由」を声高に押し出すことはしなくとも、現代の日本人の中に、自律にもとづく自由の意識は根を下ろしている。

スティーブン・ルークスによれば、近代の個人主義に含まれる自律性の概念とは、「個人の思想や行為は、自らの決定によるのであり、彼の統制の及ばない機関や原因によって決定されるのではない」とするものである。「とくに、個人が（社会的に）自律的であるのは、自分が直面する圧力や規範を意識的、批判的に評価し、また自立的、理性的に熟慮した結果として自己の意向を固め、具体的な決定に達する程度による」（ルークス 1981, p.79）。このような個人主義は、西洋を源とするにせよ二〇世紀後半、この日本でもある程度、人々の受け入れ、志向するところとなっている。

自律を表現する言葉

じっさい、自分で選択すること、他者に依存しないこと、集団や組織のよくない圧力に抗うこと、あるいは自ら選び取って仲間や共同体や人類社会の価値に貢献すること——これらは現代人の「自律」の具体的な内容である。本書のもととなった調査が行なわれた一九九〇年代の日本に即して言えば、社会的状況や文化の様態の変化とあいまって確かに自律の概念が拡充する気配が見られた。それは、職場でも家庭でも従来の固定的役割構造が崩れ、決められた役割に安住できないため変化への適応の用意をもたなければと感じていること（自己再定義）、自分の言葉をもち、自分の生き方をもたなければならないという思いが人々のなかで強まっていること（自立）、世間の標準や平均に囚われず、自分を貫くことで他人や社会と結ばれる道を探すという生き方もみとめられること（固有ライフスタイル志向）などの形で現れている。本書が第一に注目したい点である。

私たちのインタビュー調査では、このような自律への志を表す言葉を引き出すために、次のような質問項目を設定している。私たちは話の自然な流れを大事にしながらも、おおよそ一二の質問項目を設定して、インタビューで取り上げる話題の輪郭を示そうとした(2)。その一二項目の中には次のような項目が含まれている。

——現在の仕事、活動、生きている世界の中で自分の判断を下す時、どんな理想や責任意識に従うか。(項目４)

——「自分らしさ」へのこだわりは何か。人がどう思おうと損得がどうだろうと、自分のこだわりとしてやり通したいと思うことは何か。(項目６)

——「仕事」や「活動」を離れて、「個人」として生活の中で抱いている理想や信条は何か。(項目７)

これらはこのインタビュー調査の核心的な関心が示された項目と言えるだろう。もちろんこうした質問に答えようとするときにだけ、語り手の自律意識が聞かれるというわけではない。どのような話題に向き合っても、語り手の考え方は自ずから表れてくるものだろう。だが、このような質問をすることで、私たちは私たちの関心がどこにあるかを示したかった。そして語り手も多くの場合、その意図を理解してくれた。

つながりの必要性

しかし、他方、実は自律が容易でないこと、自律への意志がしばしばからまわりに終わり、破綻しかねないこともしばしば経験され、認識されるようになってきている。「自由」がうまくいかず、自分が何者であるかがわからなくなり、よりどころを見失ったり(自己解体、アイデンティティ喪失)、自分の考えや判断を追及するつもりが確かなものを見いだせず混乱したり(孤独、不安、ニヒリズム)、逆に特定の他者や所属する集団への批判性のない追随となってしまったり(集団との一体化)、自分らしさの追求が誇大な自己主張や、義務を伴わない権利だけの主張に終わったり（自己中心主義）ということが少なくないことも感じ取り、それを困ったことと思う人が増えてきた。自律の追求が基本的に是とされるようになるとともに、自律の失敗がいかにたやすく陥りやすい落とし穴であるかも意識される機会がますます多くなってきている。

では、自律が成功するのはどのような場合なのか。目標や建前としての自律が、事実、実現され、達成されるためにはどんな条件が必要なのだろうか。ここで人は「つながり」に思い至るだろう[3]。個々人が自律的に生き、行動していこうとするとき、孤立していては弱い。「つながり」があってこそ自律が可能になり、意義あるものになるのではないか。自己喪失や孤独や集団への逃避に陥らないために、人は「つながり」を必要とし、そのことを意識している。自律的であろうとすればするほど、それを支える「つながり」のあり方をも強く意識するだろう。

「つながり」という言葉からはさまざまな意味が引き出せるだろう。人と人とのつながりであることは言うまでもないが、抽象的に「人間関係」とか「共同体」というのとは異なる。つながりは個々人が生きる力に関わるものだ。そこには意味や価値が込められている。人はつながりによって支えられ、生きがいを与えられ、だからこそ、つながりに希望や込め、責任を自覚する。「つながり」の中で家族が占める位置は大きい。家族と並んで、より大きな共同体、たとえば会社や職場や地域社会や国家が強く意識されている場合もあるだろう。だが、「個」の意識が強まっている現代では、「仲間」とのつながり（ネットワークという語もよく使われる）も重要な位置を占めているだろう。もしかすると「見知らぬ人」や神仏・自然とのつながりこそが支えであるのかもしれない。

インタビュー調査の項目で、「つながり」がはっきり問われているのは次のような項目である。
――「仲間」と言われて思い浮かぶ人はどういう人たちか。（項目3）
――配偶者や子どもがあなたにとってもつ意味は。家族に対する責任とは。（項目8）
――家族以外で大切と思っている人間関係は。（項目9）
――地域社会に対する責任についてどう思うか。自分の見知らぬ人、たとえば出会ったこともない地球上の人々への責任についてどんなことを考えるか。（項目10）
「仕事」についての問いはもちろん責任と関わりがあり、したがって「つながり」とも深い関わりがある。仕事を通して人はどのようなつながりに支えられ、どのようなつながりを実現したいと思っているのかも私たちの質問の底を流れている問いである。

「善い社会」のイメージの分岐

「自律」と「つながり」は別々のものとは言えないだろう。たとえば、今取り上げた「責任」という言葉は、つながりに関わるとともに、自律のより所となるものに関わる言葉でもある。つながりを尊び、よきつながりを得たいからこそ自律的であろうとする。また、自律的であるには個を支えるつながりがなくてはならない。実現したい目標として「つながり」と「自律」、確かな「関係」と確かな「個」のどちらに力点があるかは別として、そのどちらもが必要であることを否定する人は少ないかもしれない。

しかし、人々の話を聞いていると、「つながり」と「自律」のどちらかに強調点が偏っていたり、どちらか一方にとくに好ましいものを見、他方にマイナスの価値への危険を見るといった語り口が少なくないようだ。

「善い社会」をめぐる問い（「善い社会とはどんな社会か」（項目11））への答えを見てみよう。この問いはインタビューの最後に、しばしば「抽象的で答えにくいと思いますが」と断って投げかけた質問である。この問いへの答えを見ると、自由の方向を向いているものと、共同性の方向を向いているものがあり、相対立する考え方を示すもののようにも受け取れる。（「現代日本人の生き方」調査企画委員会編2000, 第九章〔本間康平執筆〕「日本で生活する人々の「善い社会」像」）

自由の方向を向いている答えは、「善い社会」のイメージを「自由にものが言える社会」、「自由に生きることができる社会」、「個性を伸ばせる社会」などの言葉で表現する。たとえば、日本語教育のボランティアをしている伊藤幸子さん（四〇代）の答えは次のようなものだ。「チャンスがあったり、努力が報われたり、言いたいことが言えたり、やりたいことがやれたりする世の中がいいのではないかと思います。日本の場合は、ちょっと、自己規制が働きすぎた息苦しさがありますよね。もう少し何を言っても許された方がいいのではないか、もう少しおおらかになれないのかと思いますね。」

他方、共同性の方を向いている答えは、「善い社会」のイメージを「お互いの気持ちがわかりあえる社会」、「思いやりのある社会」、「まとまりのある社会」、「しつけの行き届いた社会」などの言葉で表現する。たとえば、民間企業から私立女子校に転職して社会科を教えている本田登さんはこう言っている。「今一番生徒たちに教えたいのは、相手の立場に立って物事を考えられるおとなになってほしい……今世の中が自分中心主義みたいな方向に動きすぎちゃってるような……日本人は、今までそういった相手への思いやりだとか、……すごくよかった部分があるんで……。」

確かにここには考え方の緊張や葛藤があるようだ。個人の自由や多様性を重んじるか、集団の秩序や共有の価値を重んじるのかという価値観の対立が反映しているのかもしれない。もし政治的なイシューを取り上げるとすると、リベラル派と保守派という対立に集約されるのかもしれない。しかし、私たちの質問と考察はそのような集約を目指したものではなかった。政治的な立場がどうであるかにかかわらず、多くの人はそれぞれに「自律」と「つながり」の関係づけの仕方を探ったり、見出したりしているのではないか。「自律」と「つながり」の明示的に政治的ではない次元に焦点をあて、その次元でのバラエティを見ていくことができるだろう。実はそこで明らかになってくるパターンが、大いに政治的な意義をもったものであるかもしれない。だが、それは必ずしもこの研究の焦点ではない。

日本人論を超えて

同様に私たちは、これまでの「日本人論」を参照しながらも、そのパターンにもあまりとらわれることなく、「自律」と「つながり」の問題を考えていきたい。日本人の価値意識について日本人論は多くを語ってきた。個人の自由よりも集団の「和」を重んじる「集団主義」や、多様な場所にいる人を「間柄」の中にある存在と見る「間人主義」などが日本文化の特徴とされてきた[4]。その論調に従えば、日本人には「自律」よりも「つながり」を重視する傾向があるということになるだろう。

……人間や社会にかかわる事象の概念化・対象化の方向としては、二つのものがありうる。その一つは、社会的な事象を要素的な個人に分解した後に、個人間の関係として社会を表象していくという、欧米流の行き方である。……いま一つ、要素的な個人ではなしに、社会的な諸関係の「場」としての「間柄」に注目してその対象化を試みる型の、全体論的なアプローチがある。多くの論者がほぼ一致して認めるように、中世以降の日本の文化の発展は、この後者の方向に沿ってなされてきたと思われる。／個人主義に対するこの「間柄主義」的な思考・行動様式は、今日の日本にも脈々として生きながらえている。（村上泰亮他 1979, p.215）

このような特徴が確かに過去の日本で支配的だったと言えるのか、また、そうだとして現代の日本人の中にどれほど保たれているのかは、探求に値する論題である。しかし、私たちはこうした問いに直接答えることを目指さなかった。

それに対して私たちが採用した見方は、現代日本で確かに自律を重んじる個人主義的態度が広まっているのではないかということである。そのような新しい価値観や社会意識があると前提した上で、それを何らかの古いモデルと対比するよりも、直接、その新しい態度や価値観や社会意識の諸側面を明らかにしていこうとすることである。その際、新しい自律の特徴を理解するには、新しい自律とともに、新しいつながりの特徴を理解することが役に立つだろう。

新しい自律は、既存の固定的な関係のしがらみや束縛「からの自由」として意識される度合が薄れている。「意識的、批判的に評価し、また自立的、理性的に熟慮」すべき「自分が直面する圧力や規範」（ルークス）は多様化し、複雑化してきている。自由な個人の像もたとえば「西洋近代」の普遍主義的価値観をもった「市民」といった固定したものではない。自律とは多様な他者とのつながりの中で実現される「自分らしい」あり方として表象されるようなものなのだ。それはつながり、「への自由」という側面をどこかにはらんだものなのであろう。

他方、新たに求められているつながりも、その輪郭が与えられたものとしてのつながり、所属することによって自然に形成されるはずのものとしてのつながりではない。むしろ意識的に選び取り、築いていくべきものとしてのつながり、お互いの価値観の違いや異質性を前提にしたつながりである。言いかえれば、すでにある関係を自明とせず、自らが接する諸個人の他者性や多様性を十分に意識し、その上で自らの人生を支え、意義深いものにするものとして自覚的に責任を負うものとしてのつながりである。

本書が問おうとしている「自律」と「つながり」をひとまず以上のように理解しよう。では、個々の日本人にとって、そのような新しい自律とつながりはどのような形をもっているのだろうか。際だった特徴をもった何人かの語り手に登場してもらって、より具体的に考えていくことにしよう。

二 「自分に正直に生きる」

好きなことをやる自由

自律ということを、まずは、自分で選択して生きるということ、個人としての好みや価値観に忠実であろうとすることとしてとらえている人もいる。若いときから「好きなこと」をやりたいと思い、美術や演劇に関心が向き、その後も会社づとめが肌に合わず、今は子ども中心の絵画教室で生計を立てている村上文郎さん（五一歳）の例を見てみよう。村上さんにとっては、自分の好きなことをやることという自由こそが大切だ。これまでの村上さんの生涯は、何よりも自律に重きを置いたものだったと言えるだろう。

現在の仕事の中で自分が判断を下すときに「理想」としていることは何か、尊敬しているモデルはいるかという問いに村上さんはこう答える。

それはね、自分がしたいか、したくないか、ですね。得になるか、ならないかではなくてね。尊敬している人物は特にいないけど、あえてひとり挙げるとすれば、ミケランジェロかしらね。権力に逆らう姿勢とか、自分の好きなものでないと作らないという姿勢に感銘を受けるし、共感を覚えます。もちろんそういう人と自分を比べるのはおこがましいということは、百も承知だけれども、ぼくはそういう人しか見てない。近所の実在する人を凌ごうとか、自分と比較しようというのは、一切ない。

他者の意向や集団の規範、それらを考慮することで得られる自己の利益に村上さんは重きを置かない。自分の心の内から発する欲求、すなわち「したいこと、したくないこと」こそ判断の基準であるべきだという。それを村上さんは、「自分に正直」とも表現する。

だから、仕事とプライベートを分けることは難しいし、仕事を離れた「個人」としての生き方やモットーは、と問われてもほとんど一つの答えしか返って来ない。

やはり自分に正直に生きたい、ということ。耳を切り落としたゴッホみたいな精神錯乱の人や、恋人にふられて家に放火したりする人がいますよね。もちろん被害者の方にすれば迷惑このうえない話だけども、正直ぼくは共感できる部分があるんですよね。やるせない気持ちをそういうふうに表現する人たちにね、ある種の「純粋さ」を見るんですよ。そのことと、ぼくの「正直に生きる」ということは、そんなに差がない。もちろん、ある程度理性でセーブしているわけだけど、なるべく自分に正直に生きたいですね。

村上さんの自律は、感情と理性との関係で言えば、感情に重きが置かれている。自己自身の確かな真実ととらえられている情緒、情念、感情こそが判断の基準を与える。外から与えられたものではなく、自らに固有のものであり、だからこそ譲り渡せないものなのだ。これに従わず、外から与えられる基準に従えば、「自分に正直」でなくなってしまう。「得になるか、ならないか」はそうした外在的な基準の典型的なものだ。

すべては自分のため

この自律は、世間の偽善への鋭い眼差しに結びつく。「人のため」と称してなされていることが、実は本人の利益や満足のためであることがいかに多いことか。村上さんはそう感じればこそ、「自分のため」と感じられる選択こそが、内から発する確かな自律による選択であると考える。

「誰のために仕事をしているか」という質問への村上さんのアプローチは、独特の懐疑に貫かれている。

まあ、自分のためだね。ただ、「何々のため」という言葉は、人を欺いているところがある。親が「子どものため」なんて言っても、ちっとも子どものためではないし、政治家が「国民のために」って言っても、ちっとも国民のためではない。本当は全部自分のためなんだ。もちろん役立つ人間になりたいとは思うし、そういった意味では「人のため」なんだろうけど、たとえば、電車でお年寄りに席を譲る場合、本当は「譲ってあげる」のではなく、「譲らせていただく」んだよね。そういう体験をさせていただくわけだから。やっぱり結局自分のためなんですよ。

なにか言葉の遊びのようにも見えるが、すべては自分のためだというのが村上さんの観察である。この考え方によると、結局は人間それぞれのエゴ、あるいは情念がすべてということになりそうである。それを認めた上で、「迷惑をかけない」ことや「自分の損が得になる」といった考え方をその上にかぶせて、社会的な葛藤を調整していく他はないということになるのだろう。地域社会における「責任」とは何かという問いには次のように答える。

やっぱりひとりで生きてるわけじゃないですからね、迷惑をかけないようにしなくちゃいけないよね。これは明らかに日本人の悪い部分なんだけど、「ひとりくらいはいいんじゃない」っていう部分があるでしょ。あと、「みんながやってるから、いいんじゃない」っていうところとか。そうではなくて、やっぱり「ひとりだけでもこうしよう」っていうのが欲しいと思いますね。

村上さんの発言は「自律」に力点があって、「つながり」を語る言葉があまり豊かではない。「ぼくね、友だちいないんですよ」という村上さんだが、それはしがらみのない自由でもあり、そのことを村上さんは自ら気に入っているようだ。

だが、その村上さんも自己以外の存在からの「恵み」や「おかげ」について、時折、口にする。仕事の上でもっとも充実感を覚えるのは、子どもの笑顔に接したときだ。「相手が素直だからこっちも素直になれるし、ならざるをえないし、子どもに育てられている」と言う。妻については、「思い通りになってほしい」と夫としてのわがままを相対化し、「やっぱり現代の女性の生き方とギャップがあるわけですよ。まあ、ギャップがあるから、それも面白いのかもしれないけど」と二人のつながりが村上さんを支えていることをそれとなく語っている。先に引いたように、電車で席を譲る場合、「譲らせていただく」という言い方をするところにも、開かれた多様なつながりに村上さんが十分に自覚的であり、それを大切にしようとしていることが知られるのである。

三　家族から自覚する責任

相手を裏切らない

「責任」というような事柄になかなか話が及ばない村上さんから、もっとつながりに対して意識的な人物に話を移したい。個人営業という点では村上さんと同様に自由な立場にあり、若いときも束縛をきらって奔放な生き方をしてきた、個人タクシーの運転手である田辺宏孝さん（四〇歳代後半）の例を見よう。

田辺さんは高校を出てから大学入学の目的で上京したが、大学には行かずに、自由な暮らしを続けた。

あやしい仕事もいろいろやったが、結婚を機にタクシー会社に就職した。

家族をもつことで、自由を制約する生活秩序の基盤を固めることになった田辺さんであるが、今も自らの自由を縛られ、他者の自由を縛ることには消極的である。そのようにひとりひとりの自由を尊びながら、自分自身はある高い基準で自らを律しようとしているようである。

では、「仲間」とか「友達」というと、どういう人を思い浮かべるか、どういう人を頼りにしているか。個人タクシーの先輩、後輩、昔のワル仲間などが考えられるが、彼らを頼りにしてはいない。万一彼らの方が頼りにして来たら、助けるけれど。田辺さん自身はきわめて自立的な（独立心が強い）個人であるが、人に頼りにされれば、それにしっかり応えるということは大事だとさらりと言う。その表現は、「仁義」という言葉さえ思い起こさせるほどクラシックな赴きもあるが。

モットーとしては、正々堂々と相手を裏切らない。これは家族だろうが、子どもだろうが、誰に対してもね。これだけは、裏切らないということがすべてにあるんじゃないかという気がするね。裏切られてもね、私からは裏切らない。

田辺さんがＰＴＡ会長をつとめているのは、ダウン症の娘が登校していることが関わっている。学校によく顔を出しているうちに、役員を頼まれるようになり、仕事の性格上、時間が自由な上に、挨拶だけすればいい楽な仕事ということで会長になった。気負いのない表現で経緯を語るが、責任を負うことをいとわない姿勢の背後には、「社会的にも、人間的にも秀でた人」であり、「あっという間に友だちができて……誰とでも親しくなれる」人物だった母親の、「正々堂々と臆することなく十に怠るな」「失敗はして、反省はしても後悔はするな」といった教えの影響があると自認する。

> 人間はね、助け合いという精神も必要だしね。生きる上で人間は、人にものを頼まれなくなったら、存在意義というか意味合いがない。頼まれるうちが花というかね。これもおふくろではないけど、人間、頼まれてできることがあったら、やりなさいと言われてきた。

大きい声でしゃべる

第4章で中心的に紹介するようにユニークな発言が多い田辺さんだが、とりわけ印象的なのはダウン症の子どもの養育方針に関するものだ。何とか独り立ちできるように育ってほしい。障害者であってもできるだけ自律的でありうるように育てようという考えがはっきりしている。特殊学級に入れなかったのはそのためだし、多様な子どもたちの共同生活に価値があると信じているからでもある。

> うちの娘はそういう狭い世界に入れないよ、と。この子はずっと生きていかないといけないんだから。普通のところで、いじめられようが、いじめもあるだろうし、虐げられたり、そういうのも勉強しないといかんからね。（中略）いじめる子もいれば、助ける子もいる。相手も勉強するし、うちの子も勉強する。お互い。（中略）私らの時代は、そういうのが〔特殊学級など〕なくて、馬鹿も頭のいいのも一緒に勉強していたからね。

これは単純に古い日本の学校がよかったというのではない。かつての学校の中に多様な人間を受け入れ、そこから自律的な個人の力が生まれる、そのような側面があったことに注目しているのだ。そしてそこには、障害者への配慮を重んじ、特別のクラスを作ろうとしてきた昨今の施策が、かえって子どもの自律性の育成を妨げてきたのではないかという批判的な考えがある。保護しすぎては「しぶとく」「たくましく」育たない。田辺さんが子どもを育てる第一の教育方針は「大きい声でしゃべる」ということだ。大きい声にはいじめやつぶれのような陰湿なものをはねのける力があるからだ。事実、「うちのちびもね、喜んで学校に行っている。」

田辺さんにとってつながりを大事にすることの意義は明白で、それは「頼まれる」ことを好んだ人好きの母親から受け継いだものであろう。だが、田辺さんは親譲りの責任感に独自の個人主義的な色合いを付与してきたようだ。「自分のけつくらい自分で始末して生きている」「少々のことでは頼まんし、頼まれんね」と言う。それは若い頃の奔放な生活の経験を通して培った雑草的な生き方や、他の子どもたちと違うダウン症の子どもを育て、独り立ちさせようとする経験の中から身につけたものだろう。これだけ子どものために力を注いでいる田辺さんだが、「子どもがいなくなってしまったらどうします」という質問には、「はっきりいって冷めた面があるのね。それでも(自分は)しぶとく生きると思う」と答えている。「ダウン症の子どももね、私にできることはやるけど、所詮おれらが死んじゃえば、ひとりで生きていかなきゃならんから」というのだ。

個人と他者の距離を強く意識しているとも言えるし、人と人とのつながりのはかなさをしっかり自覚しているとも言えるだろう。家族や仲間やＰＴＡを通しての地域社会とのつながりや責任の重視も、そのような「個」の自覚(「しぶとさ」)をその土台に見据えたものなのである。

四　信仰と社会

宗教による自律

田辺さんの場合、強い「個」の自覚や責任感が家族から自然に周囲へと広がっていた。何らかの理念や教えに従って、個を確立するというよりも、経験の中から自然に学び取った自律とつながりの方法があった。あえて言えば、母が彼の師であり、障害者を抱える家族が彼がしっかりと根を下ろす厚いきずなのありかだった。責任の意識は当然のことながら家族に対してとくに重く、さらに家族が深い関わりをもつ学校や地域社会へと、また職場や友人関係へと広がりをもっていた。もちろんこのようなつながりや責任の意識は、一つのタイプを代表するにすぎない。そこで、まったく異なるタイプのきずな＝つながりを大事にしている人物に目を移そう。

来日して一六年目、現在、公的機関で翻訳関係の仕事をしながら、大手企業で働く日本人の妻と暮らしている張建宏《ちょうけんこう》さん（三〇歳代後半）は、熱心な仏教徒である。徴兵を終えてから日本の大学に入学し、日本の教育制度について研究して大学院の修士課程まで学び、その後今の仕事を続けている。仏教を信じ、実践するようになったのは大学院で勉強していた時だった。その目ざめは、チベット仏教に帰依し、僧侶になったアメリカにいる兄と久しぶりに会ったときに起こった。遊び人だった兄の変貌ぶりに驚き、その筋の通った話しぶりに「あ、これは本物だ。間違いない」と一瞬のうちに感じ取った。それから兄がついていた師について仏教を学ぶようになり、次第に信仰は揺るぎないものになっていった。仏教が張さんの自律の基盤である。

張さんは子どもの時から「世の中には何かもっと別の大切なものがあるんだ」という思いがあったという。つまり「私の求めている物は物質世界の欲望とか、金銭的な物とか名誉とかではない」という思いが確かめられていった。とくに「仏教の教えが納得がいった」というのはどんなところかという問いに、張さんは次のように答えている。

人間がどうして生きているか、ということに答えてくれたことですね。「人間は死んでからどうなるか、人間は何のために生きているか」ということから兄は話してくれたんです。輪廻転生とか。今までの疑問に一気に答えが得られたという感じですね。

首尾一貫した宗教的世界観に出会い、それをわがものとすることで、張さんは自律的な判断と行動を可能にする確固たる足場をもつことができた。

張さんの生活は宗教を中心にまわっている。「お仕事と自分の宗教と、どちらに重点を置いていますか」という質問に、張さんは間髪を入れずに「もちろん、自分の宗教にです。仕事は、食べていくための手段としか思っていません」と答えている。兄のように仕事を捨てて出家して修行に励みたいと思ったこともあった。在家信徒のままでかなり厳しい禁欲生活を続け、母や友人を困惑させたこともあった。「一時は菜食もしたし、お酒も飲みませんでしたから。テレビも見ない、電話線も外す。それを三年間続けました。」しかし、やがて師匠の指導に従って仕事だけでなく家庭をもち、社会に根を降ろし、社会に働きかけつつ、悟りを求める生活へと転換した。

でも私の師匠に「家庭生活の中で修行しなさい。仕事の中で修行しなさい」と言われました。個人によって、「悟り」もそれぞれ縁、というか因果関係がありますし、焦りみたいなのはありません。師匠はそれぞれの人に最適な修行方法を指し示してくれますから。私は今師匠に「出家はまだ早い、今は生活の中で修行しろ、人のために生きなさい」と言われているわけです。何が何でも出家しろ、布施しろとか言っていたオウム真理教みたいなのは、私にはいただけません。

個人と社会

メディテーション（瞑想）もとくに長時間座ったり、人里離れたところにこもったりして行なう必要はない。「メディテーションは、みなさんが考えるほど難しいものではないんですよ。例えば喋りながらメディテーションできる人もいます。歩いていても、仕事していても。それを私は学んでいるわけです。」

このように張さんにとっての仏教は、個人の内面において追求されるものであると同時に、社会の中で実践されながら追求されるものである。実際、張さんは熱心にボランティア活動を行なっている。「仏教徒として社会に対する責任ということは感じますか」という問いに、張さんは次のように答えている。

はい、重要なことだと思います。マザー＝テレサを私は尊敬しているんです。彼女は仏教徒でなくても仏教徒として理想的に生きた人です。ボランティアね。人のために生きることが大事ですよ。人に奉仕することによって「欲」、というか「エゴ」を減らしていけるし。その「エゴ」をなくしていくことによって「悟り」に近づいていけます。

具体的には今住んでいる区のボランティアに登録して参加し、例えば、中国残留孤児の家庭のために通訳したり、そこの子どもに水泳を教えたり、知的障害者の子どもを引き連れて遠足に行ったりする。

このボランティア活動は、仏教の師の指導に従ってやっているというようなものではなく、張さんの自律的な判断によるものだ。張さんはそれを目に見えない何ものかの導きによるものと理解している。「私自身小さい頃から、なぜか人助けをするのが好きだったんですね。前世で何かあったのかもしれませんねえ。例えば、どこかのある五歳の男の子が、誰も教えていないのにピアノを完璧に弾いたそうです。これは説明できない。それと同じようなものだと思います。」このような発言の背後には、ボランティアは人助けだが、それは個人の自発的な意志により、自由に行なわれるべきもので、押しつけになっては意味がない、という自律重視の個人主義的な考え方がある。

張さんは仏教を人に伝えるということについてもそれほど積極的ではない。それは仏教を特定の枠をもった「宗教」としては理解しないということでもある。むしろ、今の社会のあり方を根本的に変えていく「教え」として理解しているという。このような張さんには、信仰上の仲間というのもあまりいない。アメリカや台湾には同じ師を尊ぶ信徒集団があるのだが、今の居住地において行動をともにしたり、情報をわかちあったりする同信者はほとんどいない。仏教とは別に、あくまで個人同士として「腹を割って話せる」友人がいる。だが、そのような友人を大切にすると同時に、誰に対しても開かれてありたいというのが張さんの他者への関わりの姿勢である。「横の関係は必要ではないのか」という問いに、張さんは次のように答えている。

チベット仏教のラマの場合は、共同で一緒にお祈りします。朝晩と一日二回。修行のレベルがあがるほど、修行は基本的にひとりになる場合が多いです。後は師匠とマンツーマンとか、ひとりの師匠に何人かの弟子が付く形になることもあります。あまり横は意識しませんね。

国家を越えて

宗教的な側面で顕著な個人主義が見られるわけだが、それは台湾で国家という枠組みを経験し、それに疑問をもったこと、また、日本に来てその社会のあり方に批判を持ち続けてきたことも関わっているようだ。

台湾はもっと個人主義です。エゴイズムではない個人主義。日本人は集団のために何かしようとしますね。中国人は個人と家族を大切にしますが、国家はそんなに大事にしない。私が一番嫌いなのが「国意識」なんです。兵役も経験しましたが、「国意識」を押しつけられていやでした。個人が先で国は後ですよ。国籍・民族・肌の色も私は越えられると思っています。子どもは言葉は通じ合わないのに、遊べるじゃないですか。でも私は、別に国を倒して革命しようとか、言っているわけではありません。考え方を変えよう、と言っているわけです。

国家の枠を超えたり、またいだりして生活してきた張さんにとって、公教育というようなものも自明なものではない。学校も国家を離れた方が良いという考えだ。そして、国家から自由な自律的個人は、何事も「押しつけない」で、必要なときは「説得し」たり「力を合わせ」たりするような責任ある自己をもつ存在だ。そのような自立的な（独立した）個々人のつながりが自由な社会を支えるものと考えられている。

エゴの個人主義ではないです。ひとりひとりがちゃんとしていることです。自分の意見は押しつけないです。聞くか聞かないかは、その人に任せます。自信がある場合は説得もしますけど、相手が何を考えているかは分かりませんからね。大きな事をするときは、もちろん力を合わせなければいけませんが、バラバラになったとき、無力ではいけないということです。

がっちりとした体系性をもつ一宗教に根を降し、悟りや解脱を目指して修行をし、徹底した個人主義を奉じる張さんだが、それは社会に対して鋭い批判意識をもったり、ボランティア活動を通して積極的に社会に働きかけるような生き方と矛盾するものではない。このように社会との緊張感も持った個の意識が屹立しているのは、張さんが青年期以来生きてきたディアスポラ（離散）的な境遇にも由来しているであろうが、国家や居住地を超えていわば宇宙の中心に根を降ろしているという宗教的意識があればこそのことであろう。信念によって「善さ」（本書終章、参照）が明確に定立されている世界である。グローバル化が進む現代には、このような普遍主義的な宗教性や理念（イデア）による自律の意識も広がってきているのだろう。ここでは責任も万人に対するつながりとして意識され、ローカルなつながりはさほど関心の対象に上ってきていない。

五　伝統のきずな

茶道が伝える「善さ」

このような普遍主義的な自律のあり方に不安を感じるとき、たとえばローカルな伝統に基づくつながりが確かなよりどころと見えてくることだろう。四〇歳頃から弟子を取り始めた裏千家の師匠で、今は会社の女子寮で花道も教えているという小林昌子さん（七〇歳代前半）の話を聞くと、つながりを支える伝統の「形」がなお重んじられている世界があることがよくわかる。小林さんの場合、理屈っぽい言葉はあまり用いられない。むしろ、人間関係や日常の起居振る舞いの種々相にふれることを通して「善さ」について語られている。とりわけ師弟関係についての言及は多い。

> どんな立派な先生でも、私はお喋りが必要だと思いますよね。うちの人達も緊張して来るんでしょうけれども、お手前は厳しくしますけれども、雰囲気はね……。くだらないお話もします。その中にお茶の心を取って下さるように願っているし、密かにそう思っておしゃべりをしますね。どのように、取られるかは分かりませんけれどもね。人柄が大勢に満遍なく、平等に、心が掴んでもらえるような人づくりをしていけば、それは何よりお茶だろうなと思いますね。（傍点は筆者）

厳しい訓練によって決まった「型」を習得していくのだが、しかし、単に「型」に従っていればよいというものでないことはいうまでもない。「お茶の心」を伝えるのは「おしゃべり」だが、それは各自がそれぞれに体得し、工夫していくべきものととらえられている。「話す内容はどのように教えるのか」という問いに、小林さんは「そんなのは自由ですけれども」と答えている。では、「どういう風に身につけていかれるのですか」とさらに問うていくと、こう答える。

どういうふうにと言っても、先生の性格、雰囲気が社中によって違って、先生のそれが尊重されていきますよね。先生がお手前をきちんと教えて、皆さんがそれを見て学んでいくものですから。お茶は、お手前一つは変わらなくとも、気持ちや受け止め方が、利休も記しているように、自分なりに伝わってしまうと大変ですね。面白くもなるし、つまらない事にもなるし不思議なものですよね。

伝統に支えられたつながりがあり、そこから確かに「善さ」が伝わっていくと考えられている。だが、伝統が伝わっていくためのシステムが言語化されておらず、師の人柄でどうにでも変わってしまうとしたら、若い人は不安を感じることはないだろうか。

そうですね。先生でなくても、上の人の言うことを聞けないと長続きはしないでしょうね。そこに何か善さを覚えると続くんでしょうね。親の言うことは聞けないけれど、先生のことは聞けるという人もいるでしょうね。私の弟子の古い方とはもう馴染んでいるから、初釜になると「もう来たの」とつい出ちゃう。すると「そうですか。来年から来ません」と言いながら、ちゃんと来る。一つのことをやるには持って行き方なんですよ。

先の引用にある「お茶の心」とここに出てくる「善さ」とは、別物ではないはずである。それは千利体によってまとめられ、師弟関係の連鎖を通して連綿と伝えられてきた「心」であり、「人づくり」の「道」である。それはまた、「真心」という言葉によっても示されている。このような技や芸やそれと結び付いた道徳語彙が伝承されている限りで、師弟のつながりとそれを通しての自律の可能性は追求されていくことだろう。

「道」を通して身につけるもの

「道」の伝統は今も確かに生きている。ときにそれは学校の運動部を通して伝えられていることもある。たとえば飛行機の副操縦士である長谷川洋行さん（四〇歳代前半）は、中学校時代に柔道から学んだことが今の仕事に生きているという。たとえば忍耐心を養えたことが大きかった、ただし、服従心を学んだことが言うべき異議を唱えない消極性につながったというマイナス面も自覚していると語っている。また、私鉄電車の運転士である高田省一さん（三〇歳代後半）は高校時代に野球から学んだことで「精神的にずいぶん自分が変わったなあと思います」という。お寺に行って座禅を組んだり、いろんな訓練を経験し、自信を与えてもらった。それはその時の監督のおかげであり、監督は高田さんにとっていわば人生の師なのである。「人生での理想とする人」はいるかという問いに、高田さんは次のように答えている。

私はやっぱり、高校時代の部活でガラッと自分が変わったということがあるから、その時の監督さんですね。自分を引き出してくれたというか。ただ毎日厳しいだけじゃなくて、自分を変えてくれるものがあったというか。(中略)精神的な面もそういう意味で、ずいぶん強くなったと言いますか。昔はバッターボックスに入るのも、ふるえることがありましたけど、「そんな観衆を意識してふるえてる場合じゃない、それよりも野球に集中しろ」というような精神的なアドヴァイスがありました。

野球は伝統的な「道」とは異なるスポーツの領域に属するものであるはずだが、スポーツの習得を精神的な成長と不可分なものと見て、そこに「修養」や「修行」にあたるような側面が盛り込まれることが今もなお少なくない。そこに精神的価値を伝える堅固なつながりが継承されてきていると信じられており、それは当事者のその後の人生にも大きな影響を及ぼすものになるのである。

しかし、伝統的な「道」による自己形成を、もっと個人主義的に、自律に力点を置いて追求している人もいる。道の善し悪しが勝負によって決まるという側面が大きい将棋の世界の住人はその典型かもしれない。「すばらしい日本の知的芸能」として将棋を世界に広めたいと語る林博昭さんも、将棋の道がそのような厳しい競争・闘争であることを強く自覚している。このような厳しい勝負の世界を生き抜いていくには「自分を持っている」ことが必要だ。

しかし、それは将棋の世界だけのことではない。日本はこれまで皆が横並びでひとのまねをしながらやってくることで復興できたけれども、これからはそうはいかない。誰もが大志をもち、成功者となることを目指す時代になったのだ。林さん自身、そのような人生を送ってきて、十分な生きがいを持ち続けることができた。林さんの親しい友人も、そのような意味で「自分を持っている」人たちだ。「自分の思いを持って」「思い通り行った人」――いいかえれば自己実現の人生、それが林さんの理想であるように見える。

勝負師っていうのは、マニュアル通りやってても勝てないんです。マニュアルはみんな知ってるんです。そうじゃなくて、自らが作り上げる、っていうか、で、どちらかといえば、逆の、人が今まで当たり前だと思っていたのに、違うぞ、っていうことを見つけられるっていうのが、一番の能力ですね。一番の勝負なんですよね。まあ、そんな人、ひねくれ者ばっかりですよ、そこに書いてあるのは〔親しい友人のリスト〕。そんな気しません？

「道」と自分らしさ

現代社会で「ひねくれ者」は確かに増えていると林さんは言う。「そう生きた方が楽」だから当然だ。同じことをやっていたら、皆が群がるからよいものが得られるはずがない。世の中の九九匹のメダカがこぞってある方向に行こうとするとき、林さんは「私はいつも一匹側の方にいきますから」と言う。日本の社会もようやくそうした方向に変わってきた。これまでのように、マニュアルどおりに皆が同じことをやっている時代は終わった。これからの多様化の時代には、皆がそれぞれに決断して選び取っていかなくてはならない。「私、将来を読む将棋指しですけど、数手先を、さっぱり分かりません。分からないのが当たり前なんです。」そこで自分を見いだせるかどうかが勝負を決めるのだ。

すべてにわたって自分に基準があるとなると、自己を越えたどこかにあるはずの「道」とそれに基づくつながりは見えなくなりそうだ。といってもまったくの自分流というわけでもない。敬愛する先輩のSさんからは多くを学んでいる。たとえば「いいかげん」ではなく「いい加減」に生きろよという教えがある。

一番、言葉として表したい、憶えておいてもらいたいことは、お前、いいかげんに生きるなよ、と。いい加減に生きろよ、と。これが難しいんだぞ、と。あんまり真面目すぎてもよくない。いい加減、っていうのが分かるようになれば一人前だ、と。

S先輩から林さんへ伝えられたものは、あたかもかつて芸や技の道が伝えられてきたように連綿と伝えられていくものなのかもしれない。次のような言葉も林さんがしっかり胸に刻み込んでいる言葉だ。

お前、俺にありがたいと思っても、俺に返そうとするなよ、って言われたんですよ。お前、俺にありがたいと思っているだろう、何をお返ししていいか分からなくて困ってるだろう。お前、絶対俺に返そうとするなよ、後の者に返せよ。お前には親父やお袋いるだろう、おれにも親父お袋がいる、そういうのがずっと続いて、子どもは親の苦労が分からないで、そういうことを親になって始めて分かりながら、ずっと続いて、お前もいるんだ。必ず後の者に返せ。河にダム作るな、水道の蛇口止めるな。そうやって社会は成り立ってきたんだ。自分がいるのが、自分がいろんな先輩方にやっていただいて嬉しいんなら、それは必ず後の者に返せ、というようなことを習いました。

このような伝承もかつての「道」の伝統の、今日的な継承形態と言えるだろうか。内弟子制度がある世界では、先輩後輩の関係も今なお重いものであるはずである。林さんとS先輩との関係に、そうした伝統の味わいを読みとっても誤りではないだろう。

しかし、ここで伝えられていくはずの「道」の実質はまことに茫漠としている。ひとりひとりが自己実現を勝ち取っていかなくてはならない。そしてそれはごく少数の勝者にのみ許された「極意」なのかもしれない。伝統を受け継ぐ師弟関係や弟子仲間、そしてその関係を通しての自律が有効に機能している世界は確かにあるようだ。そこではつながりを保証する枠組みがまずあり、個々人がその中からどのように自律を勝ち取っていくかが問われている。伝統を現代の課題に合致するように翻訳することが時に可能になる。林さんや先輩のSさんは確かにそこから現代的な責任の意識を汲み取っているようだ。

六　恵みとしての他者

自由の拡張としての自己実現

同じように考え方の基調を「自己実現」とよぶことができるにしても、そのニュアンスが少し違った内容をもっているのは、関節の病気で二〇代に航空会社を辞め、今は中高生に英語と数学を教えている重度身体障害者の杉村康子さん（四〇歳代後半）である。「パッシブが大嫌いなんですよ。絶対に、アクティブに。受け身はだめなので」と語る杉村さんの背後には、自律と自立（独立）を求め続けた障害者としての長い苦闘の日々をうかがうことができるだろう。その苦闘を言葉で語っても簡単にはわかってもらえない。他者に理解してもらうことの困難を強く自覚し、あくまで自分自身で「対処」していこうとする覚悟のようなものがある。

それは、二五年間に培われたもので。じわじわと私は病気に侵されてきたんですよ。真っ先に、指の感覚がマヒして。髪洗う時、左手のファンクションがまったく失われると、髪洗うこと一つとっても、右手で洗わなくちゃいけないんですよね。肩やられると届かないわけですよ。そこでブラシを使ったりとか。私にとっては、一つ一つがゲームになってくるんですよ。背中が洗えない。じゃあ、壁にタオルをぶら下げておいて体を動かせばいいとか。簡単なことですよ。だから、私にとっては対処っていうのは大層なことではなくて、単なるゲームなんですよ。どうしたらいいんだろうってところから、発想って出てきません？　困ったら、必ず、知恵って出てきますでしょう、困らなかったら、知恵って出て来ません。それだけのことです。「仕事がない。どうしよう」と思うのではなくて、ああ神が与えた休暇だなって思えばいいと。「長い休暇だな」とかって思う。

身の回りの一つ一つのことを自分の力でなしとげていくこと、杉村さんはそのことに強い生きがいを感じている。自分で自由にできることを少しでも増やしていくこと、それを面白がること——杉村さんにとっての自己実現とは、そのような「自由の拡張」＝自律の極大化といってよいだろう。「これなしでは、自分らしく生きていないというもの」とは何かという質問に、杉村さんはこう答えている。

面白がるということでしょうね。何でも面白がる。困ったな、不便だなという時に、どうしたら便利に変えられるんだろうって。苦しい時しか知恵は出てこないでしょう。貧乏からうること、不自由から学ぶことっていっぱいあるし。困ったって考えるまえに、まずどうしたらって考えることが素敵じゃないですか。ヘルプって言う前に。自分でどこまで考えるか、いい知恵が浮かぶかが楽しいじゃないですか。火事場の馬鹿力みたいな知恵が出る。」

それは「自分でやりぬく」というような肩に力の入ったものではないという。

そんな信念みたいな肩に力の入ったものじゃなくて。面白がるというのは、状況にどう対処するのか、もっと楽な方法はないかなとか。簡単に言えば、床にものこぼしたら、困ったな手で拭けないし、ああ足でふけばいいかって、そこからですよ。発想を転換すること。お行儀が悪いとか、考えてられませんもの。プロセスを楽しむと、一つ学習するでしょう、すると、今度はこうしてみようとか、傷か少なくてすむ。モットー？「人に厳しく、自分に甘く、いつもニコニコ腹黒く」って言うんですよ。そんなこと言ったら叱られますよね。でも結構やってます、それ。

責任をとることを学ぶ

「自由の拡張」というと、それは単に能力を拡大していくこと、自分の力の増大を目指し、力を行使して喜ぶことにすぎないではないかと疑われるかもしれない。「自己実現」をそのような力の増大と考える人もいるだろう。現代社会はそのような「自由の拡張」の欲望にとりつかれ、産業利用による科学技術の肥大化を産み出してその帰結に苦しんでいるのではないかと。

しかし、杉村さんの場合、それは日々の営みの一々の事柄で他者に依存せずに、自分で責任をとって生きているという実感をもつこと、つまりは困難や無力のただ中での自律の極大化である。杉山さんの場合、「自由の拡張」は、他者に影響力を行使するということより、辛うじて他者に依存せず、逆に他者に何か貢献していけるかどうかという瀬戸際のところで発想されている。そのような意味での「自由の拡張」が、「生きている」ということの強烈な実感を伴っているようだ。そうした実感に基づき、杉村さんは「責任」という言葉にたいへん重い意味を込めている。「自分が責任とらなかったら誰が責任とります？」と問い返す杉村さんに、「それを意識しながら生きている人ってとても少ないと思うんです」と答えると、「それは、あなたのお仕事ですよ。そういう人たちがいかに自覚を持つか。だって、責任がなかったら、生きてるって自覚ないじゃないですか」という言葉が返ってくる。では、その責任の意識はどこからくるのだろうか。

教育だったり、仕事で叱られたり。友だち関係で傷ついたり。そこから学習していくんじゃないですか。責任がなかったら、後味が悪いでしょう。何でも人に押しつけて私知らないわというのは……。多分、よくやったんでしょう。それで、後味が悪くて。これはどうも精神衛生上よくない、じゃあ責任とらなくっちゃって、どっかで学習したんだと思いますよ。いつ、どういう形でというのは覚えてませんけれど。失敗を繰り返して、たぶんそういう結論が出たんじゃないですか。分からないけど。

人間の「自由の拡張」＝自律の極大化としての自己実現は、その実質として特別に複雑な内容を含んでいるわけではない。「これだけは自分のこだわり、はりあいと思うこと」はという質問に対する杉村さんの答えは、これまた独特なものである。日々が楽しく過ごせること、まだ実現できないでいることを実現しようと夢見ていること、それがすべてだ。

こだわりたくも、はりあいたくもないです、本当のこと言って。何もないですね、一日が楽しくすぎればそれでいいと。何にもこだわりません。ただ、やり通したいことというのは夢を持ち続けることでしょうね。実現しないような夢をね。実現しなかったら、いつまでも夢を見てられますでしょう。楽しいじゃないですか、希望につながりますから、ひょっとしたら実現するかなと思いながら、実現しなかったら一生夢を見てられます。

では、今現在の杉村さんの夢とは何だろう。

今探してます。夢っていうのか。色んなことに手を出して遊んでいるうちに方向づけが決まるようなところがあるんじゃないですか。人のためになんてことは考えてません。自分がいかに楽に、それで人にも感謝されてという、そういうことって何かないかなって思っている。

このような発想をもつ杉村さんにとって、宗教的なものはほとんど関心外のことのようだ。「私は、神も仏も信じたことはないし、どんな時にもお助けくださいといったことはないので。それはちょっと遠慮しております。」

どれだけお力をお借りしたか……

林さんと杉村さんは、ともに個人の支配できる領域の拡張に強い関心をもっている。林さんの方が野心的でりっぱなことを成し遂げることに力点があり、杉村さんは日常生活の小さな一つ一つのことの達成に力点があった。ともに自己実現によって楽しく生きていけることに高い価値を置いているのだが、何を楽しいと思うかにはだいぶ違いがあるようだ。杉村さんの場合は、そこに生きるということを突きつめて考えようとする切迫感のようなものが感じられる。あえていえば、そこには求道者的な真剣さ、真摯さがあると言える。原理的なものへと遡ってものごとをつきつめて考えようとする志向性といってもよい。

しかし、それは宗教には向かわない。それぞれ独立した自己がそれぞれに自己自身のための実際的な目標を達成していくことがすべての価値の源泉として語られているように見える。では「自己自身の望み」とか「自分のため」ということは、結局のところ何を意味するのだろうか。その意味がかいま見えるように思えるのは、「仲間とよべるような人たちがいますか」と問うたとき、つまりつながりの意味を問うたときだ。その時、「自由の拡張」を力強く語る杉村さんの口から、案外に「自己を超えたもの」が現れてくる。杉村さんにとって、それは「心から信頼している他者」「恵みとしての他者」とのつながりである。

仲間というよりも、「何でも許しちゃう」という人。昔からの仲間意識と言うか。仲間のやさしさというのは全然違う。上っ面だけじゃなくて……。何かあった時の対処の仕方のやさしさたるや。

媚びるわけでもなし、ただ、本当にじわっとやさしさを感じると言うか。だから、やっぱり仲間ですよ。「仲間」と言うよりも……、何て言うんでしょうね。言葉探しが大変なんですけど……、「信頼」以外の何ものでもないですよね。（中略）周りにいいエールをおくってくれる人がいて、それだけですよ。言葉というのは、たった一言で立ち直ることもありますから、そういう素敵な言葉をいっぱいいただいたというか。発する言葉は素っ気なかったり、乱暴でも、奥にある温かさは……、人間ひとりでは生きられませんので、どれだけお力をお借りしたかという……。

ここでは自己を超えた「恵みとしての他者」との深い交わりが語られている。そうしたスリリングであるとともに、慰めに満ちた他者との交わりはどこから来るのだろうか。また、自らもそのようにやさしくありたいとすれば、それはどのようにして育てられるのだろうか。自己実現の考え方で生き方について語っていくと、どこかで「自己を超えたもの」とのつながりにふれざるをえなくなるようだ。「素敵な言葉をいっぱいいただいた」り「お力をお借りした」のは、特定の他者からであるが、それはまた、「自己の彼方」といってもよい大文字の「他者」でもあるのだろう。杉村さんはまさにそのような他者について、生の意味をもたらすつながりの源泉としての「恵みとしての他者」について語っているようだ。

七　自律とつながりの諸相

自己実現と他者

ここまで取り上げてきたのは、「自律とつながり」のあり方を開示してくれている人々のいくつかの例にすぎない。これらがとくに典型的な例というわけではないが、それでもこれらの例を比較しながら現代日本の「自律とつながり」の諸相を展望するいくつかの手がかりは得られるだろう。二から六までの各節は、「自己実現」(村上さん)、「責任」(田辺さん)、「信仰」(張さん)、「伝統」(小林さん、林さん)、「他者」(杉村さん)というような概念を手がかりに各事例を扱い、そこに「自律とつながり」の諸相を見てきたのだが、ここでは「自己」から「他者」への関心の置き所の移りゆきという観点から、あらためてこれらの事例をとらえなおしてみよう。皆が「自己」と「他者」の両者に関心をもっているのだが、「自己実現」の可能性により多くを認めている態度から、「他者」との差異に根ざしたつながりをより多く自覚的にとらえている態度へとスコープをずらしていきたい。

「自己実現」は現代日本人の人生の目標として大きな位置を占めているようだ。その場合の「自己」は個人の内側から発してくるものと考えられたり、「自由の拡張」によって現れ出るものと考えられたりする。そのような自由でユニークな自己が現れ出ることによって、自律が得られると考えている人もいる。村上さんはそのような立場からの自己実現を目指して、自由な人生を目指してきた人の代表だろう。近代的な芸術家の理想に近い生き方だ。村上さんの語りの中では、他者とのつながりの意識がさほど重要な位置を占めてはいない。実は芸術の営みにおいても、深い自己実現は他者との出会いから生じるのだろう。村上さんにとっての絵画教室はそうしたつながりの場として機能しているようだ。だが、村上さんの場合、そのことは明瞭な言葉で表現されていない。既存のつながりの抑圧性への厳しい批判の意識がまずは表現されるべきものなのだ。

同じく美や芸や技を追求しながら「自己実現」を目指してはいても、むしろ「道」の伝統に近いところからそれを求めてきたのは茶道の小林さんや将棋の林さんだ。そこでは「道」を伝えるつながりが大いに重んじられている。美や技の目標、そしてその背後にある精神的な目標を達成するためには、遠い昔から伝えられてきた確かな伝統があり、それは師弟や先輩後輩に代表される濃密なつながりを介して伝えられるものだった。諸価値の源泉、すなわち「善さ」はつながりを通してこそ伝えられるものと当然のように考えられてきた。個人化が進み、伝統を伝えるきずなが弱まる現代社会においても、「道」の伝統に身を置くことは堅固なつながりの価値を知る利点に近づくことを意味するだろう。

だが、そのような「道」の世界は個々人の等質性を高めることにもなり、他者への道を狭めることにもなりかねない。だからこそ、「道」の世界でも、個人主義の要請は強まっているのだろう。とくに林さんが代表する現代将棋の世界では、「道」で勝利するには個の自律が厳しく求められ、それぞれが自らの力で有意義なつながりを構築していかねばならない時代が来ているようだ。小林さんと林さんは伝統の求めるつながりと現代的な自律の要請の間のバランスをとるべく工夫をしているようだ。他者に開かれた「道」への模索がそこに見られるだろう。

異質性の経験

この序章では村上さん、小林さん、林さんと、美や芸や技の世界に生きる人々を多く例に取り上げたが、それは「自己実現」について考える上で、この領域がわかりやすいというのが一つの理由だ。また、以下の諸章でこの領域がまとまって取り上げられにくいというのも、もう一つの理由である。張さんが深い関わりをもつ宗教については第三章でやや詳しく取り上げる。「再び結びつけること」という原義をもっと説明される宗教（religion）[5]は、「つながり」に縁が深い。「自律とつながり」について説明することの序章においても、宗教が自律のより所となっている一人物を取り上げることになった所以である。

張さんにとって仏教は個人が個人であることを成り立たせる根源となる何かだ。自律は仏教の真理を学び、身につけていくことによってこそ可能になるだろう。もちろんそれは師から学ばれるものであるが、師弟の関係は個と個の縦のつながりである。夫婦や友人同士のような横のつながりは大切なものであるが、それは仏教という個にとっての究極的な真理から見れば二次的である。だが、この徹底した個としての自覚から、他者や社会への責任の意識が生じる。故国を離れていわば異邦人として日本の地に住む張さんは、異質な他者に取り囲まれている。家族や地域社会や職場組織から広がっていくつながりに親しみが薄い。それにかわって、宗教的な師弟関係やボランティアの場が究極的な真理を具体化する場として設定されている。それが他者と出会う場を見出す方途となっているのだろう。

その点では、田辺さんのつながりの意識は対極的ということになる。ＰＴＡの会長を務めるなど自由時間を犠牲にして積極的に「社会参加」を行なっているという点では、張さんと田辺さんに共通点があるが、家族や地域社会や職場のような基礎的な社会関係のつながりを重視しているという点では、田辺さんのつながりの受けとめ方は異邦人的な環境に生きる張さんと大いに異なる。では、田辺さんは家族や地域社会の人々を自らの同質の人々としてとらえていたかというとそうではない。おたがいに「頼らず、頼られない」ことがベターだと考えているのは、おたがいが異質の存在だという自覚があるからだろう。そうした関係の中で堂々と自己を提示していけるように、ダウン症の子どもに「大きな声で話すこと」を教育方針としているというのもそのためである。自律重視の姿勢である。

障害者や異邦人という立場

しかし異質な者同士がともにつながりあって生きていかなければならないというところから責任の意識が生じる。家族はそのようなつながりの出発点であり、そこから他のつながりが広がっていく。責任を重んじるというのは、こうしたつながりの連鎖が大事なものだということを身をもって知っているからだ。とくに強くそのことが自覚されているのは、母の影響や豊かな人生経験など多くの理由があろうが、障害者の子どもをもったことも関わっている。健常者以上につながりを必要としていながら、それを得にくい立場にある障害者の立場からものごとを考えることで、田辺さんは自然体でしなやかに責任を果たすという姿勢をひときわ印象的に示すことになったのだろう。

他者とのつながりと他者の助力が自明のものではなく、強く意識せざるをえない障害者の立場からものを考えているという点では、自宅で塾を営む杉村さんも同様である。障害者であるが故にこそ、「自由の拡張」＝自律の極大化を求め、それに喜びを見いだす杉村さんは、ある意味では他者とのつながりをあてにしていない。これを「自己実現」とよぶこともできようが、健常者の基準から言えば、それが目指すことは大きなものではない。だが、このように他者をあてにしないで「自由の拡張」を図るという姿勢の裏面には、他者とのつながりについての熱い思いが潜んでいる。深く信頼できる他者とのつながりからの恵みがあるということについて、杉村さんは強い信念をもっていた。もちろんそのような関係を築くことは容易ではない。むしろ自ら損なってしまったり、裏切られたりすることが少なくないだろう。障害者であることは、そのような危険にさらされやすい立場に身を置くことを意味するだろう。だからこそ、他者とのつながりはかけがえのない恵みとして自覚され、深く尊ばれることになるのだろう。

田辺さんや杉村さんの事例は、障害者という境遇を受け止めざるをえないことから強い自律の意識と、それと相補的な自己から他者への通路の意識が生じる状況を明らかにしてくれている。やや異なるが張さんの場合も、異邦人的な環境に置かれることによって、強固な自律と社会的関与の意識が生じていた。これらはやや特殊な境遇の人々であるかもしれない。しかし、九〇年代の日本ではこのような意識のあり方が珍しくはなくなってきていた。村上さん、小林さん、林さん、張さん、田辺さん、杉村さんと、この節では自己実現と表裏の関係にあるつながりの重要性を意識する度合が、次第に強く、痛切になる順に述べてきたことになる。これは一つの整理の仕方にすぎない。「自律とつながり」という主題が提起する問題は多岐にわたっており、このような整理の仕方でその問題のすべてがくみ取れるはずはない。

そこで本書では、「性役割意識への対処」、「公共生活への参加」、『善さ』の追求」といった視点をも織り交ぜている。これらはそれぞれに「自律とつながり」の主題のヴァリエーションと見ることができるものである。「自律」をはばむ力はジェンダー意識という形をとって根強く作用し続けている。私生活の中での閉塞は、多様な他者と出会う公共生活においてこそ実現するだろう。開かれた「つながり」を通して、「自律」をはばむ力と向き合っていく可能性が開けてくる。また、「自律」は自己を超えたもの（善さ、理想、良心）との「つながり」をもつことができてこそ可能になるのかもしれない。「自律とつながり」をめぐるこうした論点は、各章の論述の中で明らかにされていく。

各部各章の主題

以下の諸章は、「現代日本人の生き方」をいくつかの主題や領域にしぼり、インタビュー調査で得られた実例を通して考え直そうとする試みである。現代日本人の「自律とつながり」のあり方がさまざまな視角から明らかにされていくはずである。

第一部では、自己自身の位置づけに焦点をあてている。どのようにアイデンティティのありかを定めようとしているかをめぐる叙述である。第一章では現代日本人が道徳的な判断の基準となるものをどこに置こうとしているかを問い、第二章では女性役割をめぐる葛藤、すなわちジェンダー意識に迫り、第三章では広い意味での超越的なもの、宗教的なものとの関わりを取り上げている。

第二部では、「家族」、「地域社会」、「職場」という主な生活領域を取り上げ、「根を降ろす場所」について問うている。第四章では家族生活の中から創造的な自律とつながりのあり方を見出す人々が、第五章では居住地域に生きがいある生活空間を見出そうとする人々が、第六章では職業生活（職場）の中で自分を生かしたり、公共生活へのつながりをつけたりする道を探る人々が主題とされている。

第三部では、異質性の増大する社会の中で、他者との新たなきずなを求めるさまざまな形について取り上げている。第七章では教育の場において「善さ」がどのように追求されているかが、第八章では公共生活に関わっていくさまざまな生き方のありようが、そして第九章では民族を初めとするさまざまな文化的特性の境界を大きく踏み越えて生きる人々の姿が浮き彫りにされている。

そして、終章では「現代日本人の生き方」を「自律とつながり」という視点から問い直すための歴史的コンテクストが論じられている。ここではとくに、「善さ」の理法の現代的位相という論点に焦点がしぼられていく。

各章では、できるだけ語り手の言葉を生かすように努めた。ユニークな語り口をもっている人々は、多くの側面から見て注目に値するので、度々姿を現すはずである。そのため、叙述に重複があるところもある。もちろん過度の重複を避けるようにしたが、各章の執筆者の個性に応じて、同じ語り手がやや異なった顔を見せることもあるにちがいない。本書はインタビュー調査に応じてくれた人々のご好意に多くを負っているが、とくに本書に登場している人々は、「現代日本人の生き方」を考える上で示唆的な事柄を語ってくれた。以下の諸章は、それらの豊かな語りを反省的に語り直したものである。読者諸氏はそれらをどのように受けとめられるだろうか。

注

（1）本書では、「日本人」を広い意味で使っている。「日本」という地理的環境に住む人々で外国から来ている人々にも、インタビューに応じてもらっている。新しい自律やつながりの意識を探ろうとするとき、外国人や障害者などマイノリティのお話から得られるものが多いと考えたためである。

（2）インタビュー・プログラムの一二項目はおよそ以下のとおりである。

1　現在の仕事に就いた動機

2　現在の仕事の上でどんな時にもっとも充実感を感じるか、「難しさ」を感じるか

3　「仲間」と言われて思い浮かぶ人

4 現在の仕事、活動、生きている世界の中で自分の判断を下す時、どんな理想や責任意識に従うか
5 社会の変化は、現在の仕事、活動、生きている世界にどんな影響を及ぼしていると思うか
6 「自分らしさ」へのこだわり――人がどう思おうと損得がどうだろうと、自分のこだわりとしてやり通したいと思うこと
7 「仕事」や「活動」を離れて、「個人」として生活の中で抱いている理想や信条
8 配偶者と子どもの自分にとってもつ意味、家族への責任の担い方
9 家族以外で大切だと思っている人間関係
10 地域社会に対する責任、自分の見知らぬ人、例えば出会ったこともない地球上の人々への責任についてどんなことを考えるか
11 「善い社会」とはどんな社会か
12 現在の夢はなにか。仕事とは別に取り組んでいること

（3）「つながり」に関わる従来の学術用語を探すと、「関係」(relations)、「共同体」(community)、「結合」(ties)、「コミットメント」(commitment)、「他者」(others) などがあげられるだろう。ここではこの語を「個々人と他者や共同体の間のさまざまなきずなや関係」を漠然と表す語として用いたい。日常語に近い用語を用い、意味や価値の次元を組み込むとともに、さまざまなニュアンスを込めることによって考察の幅を広げようという意図に基づくものである。

（4）「間柄主義」を論じているのは、以下にあげる村上泰亮他 (1979) だが、「集団主義」については間宏 (1971)、「間人主義」については浜口 (1977) が代表的な著作である。

（5）「宗教」と訳されている現代西洋語「religion」は、ラテン語の「religio」に由来するとされる。教父時代のキリスト教はこの「religio」を「re-legare」、すなわち「再び結びつけること」に由来する語として説明した。「神から離反してしまった人間が再び神との関係を取り結び直すこと」という神学的意味を込めた

語源解釈である。

文　献

「現代日本人の生き方」調査企画委員会編（2000）『「現代日本人の生き方」調査報告』財団法人上廣倫理財団
間宏（1971）『日本的経営——集団主義の功罪』日本経済新聞社
浜口恵俊（1977）『「日本らしさ」の再発見』日本経済新聞社
村上泰亮・公文俊平・佐藤誠三郎（1979）『文明としてのイエ社会』中央公論社
ルークス、スティブン・M（1981）『個人主義』御茶の水書房（原著 1973）

第一部　自己の再定位へ

1 自由の条件

越智 貢

歴史を自由の拡大の歴史と見る見方があるが、私たちがこれまでの日本の歴史でもっとも自由な世代であるのは間違いない。面接記録には、不自由を叫んで自由を求める声はほとんどない。企業等の経済活動における自由の拡大、すなわち各種の規制緩和を求める声はあっても、それを離れて、個人として生きる上でさらなる自由を要望する人々は少ない。その意味では、今日の日本人は、自由に満たされているように見える。

面接記録でむしろ目立って多いのは、自由が行き過ぎているとする意見であった。しかも、そうした意見は特定の領域に集中している。すなわち、モラルの領域である。多くの人が、モラルにおいては自由に制限を加えるべきだと考えている。

この章では、現代日本人の自由の意味を、モラルの視点から考察することにしたい(1)。

一 マナーが悪い

まず、面接資料を全体的に眺めてすぐさま気づかされることは、モラルに言及した調査対象者の意見の多くが、日本人のマナーの悪さ、モラルのなさを気にかけていた点である。

善い社会ってあんまり考えられないわね。これからがなんかあまり……。やっぱり日本ってマナーもすごく悪いし、不愉快な面もますます多くなってきているじゃない。それを直せるとも思わないし。少なくとも若い子がしていることを、自分の子どもが私の目の前ではしないでというね。(白川良子さん、海外在住経験のある専業主婦、三〇歳代後半)

道徳、みんなが生きていくのに必要な最低限のマナーが、守られるのが当たり前の社会になって欲しいと思います。（野島秀典さん、農業、三〇歳代後半）

だが、思い出してみよう。かつて日本がマナーの欠如した国だと言われたことがあっただろうか。しかも、日本人自身が日本人の振る舞いに対してそのような評価を下した時代があっただろうか。これまで、辛抱強い国民、礼儀正しい国民、柔和な国民など、多くの言葉が日本人を描く形容として用いられてきたように思われる。昭和の時代に入っても、そうした形容はなお生き続けていたはずである。それを耳にした日本人も、そのことに一種の誇りを感じていたように思われる。

だが、現在は、引用した発言にも見られるように、日本人のマナーの悪さを日本人自身が指摘する時代である。それをテーマとして書かれた書物も少なくない。中野孝次は『現代人の作法』のなかで、空缶のポイ捨て、携帯電話の乱用、クルマの運転マナーの悪さなど、目に余る行為が日常茶飯のように繰り広げられる状況を描きつつ、日本人のマナーの悪さを嘆いている。確かに、彼の指摘を待つまでもなく、それらはかつての日本ではそれほど目立つことのなかった光景であるように思われる。面接の中の多くの人の意見は、中野と同じ意見を共有している。

いや、現在のわれわれ日本人が抱えている問題は、マナーの欠如といったレベルを超えていると言ってよいかもしれない。そのことは政府の報告書レベルですでに言及されてもいる。たとえば、平成一〇年に出された中教審答申「新しい時代を拓く心を育てるために」では、マナーの低下ではなく、モラルの低下が問題にされている。「生きる力」というモットーを教育界に導入したこの報告書は「次世代を育てる心を失う危機」という副題をもっており、その第一章には「社会全体のモラルの低下を問い直そう」という節が含まれている。そこには、日本の「モラルの低下」の状況が次のように記されている。

（i）社会全体や他人のことを考えず、専ら個人の利害得失を優先する
（ii）他者への責任転嫁など、責任感が欠如している
（iii）モノ・カネ等の物質的な価値や快楽を優先する
（iv）夢や目標の実現に向けた努力、特に社会をよりよくしていこうとする真摯な努力を軽視する
（v）ゆとりの大切さを忘れ、専ら利便性や効率性を重視する

これらは、これまでしばしば若者の「モラルの低下」が問題にされる際に持ち出されてきた諸特徴である。だが、この報告書では、若者のではなく、「おとな社会全体のモラルの低下」を示す特徴として述べられている。しかも政府の教育方針を指し示す文書がこのような「モラルの低下」の自覚（＝自己評価）から議論を始めていることに留意しよう。こうした諸資料を読み返していると、日本が変わった、あるいは変わりつつあることを、否応なしに思い知らされる思いがする。

二　他人なんか関係ない

「自分さえよけりゃいい」

確かに、日本人のモラルは変わりつつある。だが、その変化を「低下」と呼ぶことができるのだろうか。モラルの低下に与する意見を平易な言葉で語っている人の意見に耳を傾けることにしよう。村岡信夫

さん（四〇歳代後半）の意見である。彼の家は戦前から米屋を営んでおり、彼はその長男として生まれた。地元の町会や商工会の役員を務めながら、消防団の一員でもある彼は、その眼で長年、町やそこに住む人々の変化を眺めてきた。彼の眼から見た現在の日本のありようは次のようになる。

今本当の思いやりなんてないんだから。自分だけよけりゃいいっていうことだから。戦時中なんかは、お互い思いやっていた。今は、あまり干渉しないようにしましょうということになった。困っている人がいたら助けるとか、それが根本だよ。俺はいつもそう思っている。まあ、口で言うのは簡単なんだけど。

そこが今の日本が病んでいるところだよね。自分だけ何とかなればいいじゃないかという考え。根本はそこ。そして何をやればいいか分からない。日本全体が、みんなこれで行こうって一丸になれば、必ずうまく行く。昔は何もなくて大変だったけど、親の時代はみんなが努力してこんないい国になった。それはみんなが戦争負けてから、一からがんばろうってやった結果なんだ。それが今は、あぐらをかいちゃって、それ相応の生活ができるから、そんな気になれない。

他人なんか関係ない、自分さえよければいい。若い時とかそういう年頃の時もあるけど、節操がなくなった。何考えてんだという人間が増えてきた。昔もいたけど、そこまではしなかったっていう感じ。

今は、さわらぬ神に祟りなしっていうか、知らん顔してる。何かあったら自分が損するだけだから、見て見ぬふりっていう時代だから。近所探したって、おかしなのいっぱいいるから。

四〇歳代後半の村岡さんは戦時中の日本人のことを直接知っているわけがない。それゆえ、彼の発言には、両親等から聞かされたかつての日本の状況を理想化した部分が含まれているに違いない。だが、それはそれとして村岡さんは、現在の日本が「お互いの気持ちが分かり合え」ない世界になっていることの原因を、他者への「思いやり」のなさに求め、さらにそれを「自分だけよけりゃいい」という意識だと言い直している。こうした意見を共有している調査対象者は多い。彼らの眼には、現在の日本が抱える多くの問題がそこから生じているように見えている。どのような社会が理想かという質問に対して、村岡さんは「そりゃ一言だよ！　お互いの気持ちが分かり合える、そういう世界ですよ。要は思いやりがあること、それが地域から始まって、ずーっと広がっていく」と答えている。

他人への思いやりのなさが日本を暮らしにくくさせているという実感の射程は広い。そして、そうした実感を、多くの人はエゴイズムの意味を込めて、「個人主義」「自己中心主義」という言葉に託している。個人主義は、原義からはなれ、日本を住みにくくした元凶のように語られる。

「俺は俺」主義

だが、「他人なんか関係ない」と思わせる光景は、「自分だけよけりゃいい」というエゴイズムの結果だと単純に考えてよいのだろうか。世の中がエゴイスティックな方向に進んでいるから、挨拶も礼儀もそして思いやりも軽んじられている、と見なすことができるだろうか。

こうした観点から面接記録を読み返すと、本田茜さんと高田省一さんの意見が興味深い。彼らは、「他人なんか関係ない」ことの意味をエゴイズムとは違った観点から眺めているからである。

本田さんはやや複雑な少女時代を過ごした経験があるためか、学生時代に、経済的自立を図るという目的でスナックを開店した。以来、二七年間、独身でスナックを経営している。そのため、若い世代とも近い距離にあり、また長年同じところに店を構えていることもあって客層の変化にも敏感である。職業柄、比較的自由主義的な思想をもっている彼女は、しかし最近の若者の考え方に対しては不満がある。彼女は最近の若者の個人主義を「いい意味の個人主義」ではないと言う。彼女は件の個人主義を「身勝手個人主義」だと言い放ち、その理由を次のように語っている。

変わってますよね。昔の、ジャズビレッジ〔ジャズ喫茶の名前〕の頃の若者は、フーテンやっててても、どこか何か大きい夢っていうのがあったけど、今は感じませんね。将来とか、おとなとか信じられないんじゃないですか。だから目の前の形あるものしか信じられない。「今こうすれば、明日はどうでもいい」っていう、超短絡的だよね。昔の「明日は明日の風が吹く」ってのと違うんだよね。それは、「明日は何とかなるさ」みたいなものだったけど、今のは開き直りにしか聞こえない。それと、私らの時は友達同士でも、呼び捨てで呼んで、互いにけんかしてぐっちゃぐっちゃになってたけど、適当にくっついたり離れたりしてバランスがよかった。でも今の学生は呼び捨てにしないんだよね、ちゃんと自分は自分で、距離を置くのがうまいという気がする。

本田さんは「距離を置くのがうまい」ことを褒めているわけではない。彼女はそれを「ある一定以上は自分のテリトリーに入れない」と言い直し、糾弾する。ある意味での反骨精神を高く評価している彼女が、にもかかわらず、最近の若者に上のような不満を抱く主な理由はこの点にある。「自分のテリトリー」の中に居つづけて、「自分は自分」という印象を漂わせている現在の若者は、かつて彼女が若者の典型と考えていた「ケセラセラ」のフーテンのイメージから遠く離れている。そうした若者らしさがないことが本田さんをいらだたせる。

会社組織の中で暮らす人々の中にも、本田さんと同じ印象をもつ人がいる。私鉄に勤める高田省一さんは三五歳の電車運転士だが、彼もまた後輩に対してそうした印象をもっている。

……職場に入ってくる感じが、「俺は俺」とか「仕事は仕事」って考えているような人が多いというか。仕事が終わって、「一杯飲もう」ということになった時、昔は先輩と飲むの嫌だなとか言いながらも、付いていったものだけど、今は「じゃあ、用がありますので」という感じで帰る。仕事が終わって飲みにいって、仲良くなるといったようなこともあるんですけどね。今は、飲むんだったら、自分の仲間と楽しく飲みたいという感じですね。それは、われわれ自身にしてもそうではあるんですけど。そういう意味では、今の人は割りきって考えているんでしょうね。

高田さんは、「ものの考え方が変わった」と語り、それを「俺は俺」という具体的な言葉で表現している。本田さんが「自分は自分で、距離を置くのがうまい」と語った印象が、ここでは「俺は俺」「割りきって」と表現されている。三五歳の高田さんが一世代前の人々に対して抱く違和感は、エゴイズムなどではなく、むしろそれ以前の人と人との関わり方に向けられている。

「自分は自分」「俺は俺」という言葉は、自己と他者とを明確に線引きしようとする言葉であり、また「仕事は仕事」も仕事と仕事外の、つまり公と私の線引きを意識した言葉である。ここでは、エゴイズムの視点ではなく、いわば非関係主義（「俺は俺」主義）の視点が問題視されている。こうした視点に立って、改めて面接記録を検討してみると、言葉はそれぞれ違っても、多くの人々がそのことを表現しようとしているのがわかってくる。実は、村岡さんも同じである。彼らが困惑しているのは、他者との関係を遮断しようとする姿勢であり、その風潮であるように見える。思いやりの欠如とはその一つの表現にほかならない。

三 人に迷惑をかけない

モラルと迷惑

面接資料に現れるモラルに関わる発言の中で、もっとも多く登場するのは、実は「人に迷惑をかけない」というフレーズである。多くの調査対象者が「人に迷惑をかけない」ことをモラルとして重視している。そして、後に確認するように、このモラルが上述の「俺は俺」主義ときわめて親和的である点を見逃してはならない。

まず、「人に迷惑をかけない」というモラルに触れている何人かの発言に耳を傾けることにしよう。高校の教頭である梅津和伸さんは、「人に迷惑をかけない」ことが「社会生活の基本」だとして次のように語っている。

　今の社会の子どもに残したいと思うのは、物質的なものよりもむしろ、難しいですが、精神的なものです。善い社会のためには、中学校卒業するまでには他人の迷惑をかけない倫理観を身につけさせる教育が重要だと思っています。教員になりたての頃はあまり感じなかったのですが、重要なのは教育方針だということを感じますし教育に携わってることの重要性を認識しますね。

電力会社に勤める工藤忠治さん（四〇歳代前半）は、「社会の一員として守らなければいけないルール」に触れ、それを具体化する中で、「人に迷惑をかけない」ことに言及している。

理想とか、基準ということで言えば、単純な言い方ですけれど「曲がったことはしない」とか「真っ直ぐに生きる」ということかなと。例えば、「人に迷惑をかけないで生きる」とか、そういうことかな。（中略）それは両親の生き方を見てきたからかなと思いますね。もちろん、今までで一回も法律違反をしたことがないとは言いませんけれど、心のどこかで、いわゆるモラルというか道徳っていうのか、社会の一員として守らなければいけないルールというのは、法律とかで決まってなくてもあると思うんですね。それは単純に言ってしまうと「人に迷惑をかけない」「自分が正しいと思っていることをきちんとやる」ということではないかなと、そう思いますね。

私立大学に職員として勤めている小泉澄子さん（三〇歳代前半）も、工藤さんとほぼ同じことを述べている。彼女は、自分自身の「生活の中で判断をするときの基準とか物差し」を「迷惑をかけない」ことと答え、その観点から、マナー違反者に注意することも辞さない女性である。

自分なりに「これは人として、人間としてやっちゃいけない」というようなものがあるみたいなんですよね。そこが大きな基準になっていて、人になるべく迷惑をかけないことにすごく左右されちゃうんですよ。これをやったことによって、あっちにまで影響が出ちゃうかな、ということがすごく気になってしまうんですね。神経質と言えば神経質なんですけれども。自分が結果的に悪いくじ運を引いちゃったりとか、損をしちゃったりとかがあってもなんです。人に迷惑をかけないこと、人としてやっちゃいけないこと、それが基準になっていると思います。

小泉さんは、この点に触れて、最近の「モラルの低下」の状況の原因を次のように語っている。

やっちゃいけないと思ってない、という感覚が増えているんじゃないかな、というふうに思いますね。そういうことは、一番近いおとな、家庭で教えるべきかなとも思います。私の父は道徳漢というか、割とそういうところを守る人なんですよね。自分が損をしてでもやるっていう感じの人だったんです。それを見てきてしまったこともあって、父には及ばないですけどもそういうところは持っていますね。

「迷惑をかけない限り、何をしてもよい」

迷惑という言葉の歴史は古い。今日の意味と同じではないが、迷惑という言葉自体は平家物語にも登場する。不利益、不快、負担といった今日的意味での使用は、一五世紀頃成立したとされる『丹後物狂』でも認められるし、さらに一八世紀後半の災害に対して用いられた「島原大変、肥後迷惑」という言葉は有名である。「人に迷惑をかけない」というモラル（以下、このモラルを「迷惑の倫理」と呼ぶことにする）の成立期が、どの時代であるかは定かではないが、近代以前に遡ることは間違いない。

ただし、現代日本人が迷惑の倫理に言及する場合、特異な言及の仕方をしている点にも注意を向ける必要がある。面接資料においても、多くの場合、迷惑の倫理は、あることの「条件」として登場する。たとえば、ＴＶ局プロデューサーである加藤孝さん（四〇歳代前半）の発言は、そのことに触れている。彼は、「座右の銘」は何かという質問に、次のように答えている。

ここ数年、決めなくちゃなと思っているんですけれど……ないです。何かいいのないですか。ただ、人に迷惑をかけないで自分の生きたいように生きるというのをモットーにしています。今を精一杯生きるというか。我が人生に悔い無しといって死にたいですね。本当に日常そういうことを意識して生きているかと振り返ると何となくだらだら過ごしている部分が最近多いんで、ちょっとこの辺で今後のことを考えて生きていきたいですね。

加藤さんにとって重要なのは、「人に迷惑をかけない」ことではなく、「自分の生きたいように生きる」ことである。迷惑の倫理は、「自分の生きたいように生きる」ための一条件として登場する。こうした加藤さんのモットーは、多くの人に共有されているように思われる。それをパラフレーズするならば、「迷惑をかけない限り、何をしてもよい」という今日いたるところで耳にする表現になる。

「自分の生きたいように生きる」ことと「迷惑をかけない」こととの関係は、憲法における自由と公共の福祉との関係に似ている。どのような社会、どのような時代においても、何でもありの自由、わがままいっぱいの自由を容認する意見はない。他者に迷惑をかけない限り自由を認める、そのように多くの人は考えているように見受けられる。

実際、「人に迷惑をかけない限り、何をしてもよい」あるいは「何をしてもよいが、人に迷惑だけはかけてはならない」という表現は、現代日本のいたるところで確認することができる。[2]家庭でも学校でも、迷惑の倫理に制約された自由が唱えられ、子どもたちにも教えられている。

ただし、迷惑が特定しがたい点には留意する必要がある。迷惑を量的に計ることは難しい。その限りで、迷惑の中身に関する社会的なコンセンサスも取りにくい。言うまでもなく、迷惑の中身が異なれば、「人に迷惑をかけない」というモラルはほとんど用をなさないことになる。迷惑を共有観念として特定するものが存在しなければ、迷惑の倫理は、単なるお題目に後退する。

この点で、先に引用した小泉さんの指摘は興味深い。「やっちゃいけないと思ってない、という感覚が増えている」のだとすれば、それゆえ、迷惑を感知する社会的感覚が鈍くなっているとすれば、「人に迷惑をかけない」というモラルは何も語っていないことと等しくなる。このことは「俺は俺」主義の問題とも無縁ではない。なぜなら、迷惑の倫理が機能しないとき、それは自他の結びつきを強化する方向にではなく、逆にその線引きを強化する方向に作用するにちがいないからである。次節で、このことを確認しておきたい。

四　誰にも迷惑をかけていないのに

自己正当化の論理

面接の中でこの点に触れているのは、児童文学者で短大教授の岡田信子さん（四〇歳代半ば）である。彼女は最近の学生の気質を説明している中で次のように述べている。

大学生活の面でも、クラブ活動は盛んではありません。学生はアルバイトに精を出しています。でも、そのアルバイトには、ちょっと常識では考えられない様なものも少数ではあれ含まれます。学生に「どうしてそんなアルバイトをするのか」と問い質しても、「何が悪いの。自分で稼いで、誰にも迷惑を掛けていないのに」という答えが返って来ます。学生サポート委員の先生はその壁を話し合いで乗り越えるのに苦労しています。

女子学生の返答は、迷惑の倫理に言及している。自由の制約として迷惑の倫理が使用される場合、先にも触れたように、「迷惑をかけない限り、何をしてもよい」という表現になるが、彼女はこれを、自己を正当化するための論理として使用している。迷惑をかけない限り、何をしてもよいのだとすれば、迷惑をかけていない状況は、すべてが許される免罪符になる。他者から非難される彼女の行為は、彼女の立場から見る限り、誰にも迷惑をかけてはいない。とすれば、彼女は、彼女の行為が非難に値しないことを正当化できることになる。そのように自己を正当化して、他者の非難を「何が悪いのか」と逆に非難するとき、彼女が「他人なんか関係ない」とする「俺は俺」主義に立っているのは間違いない。少なくとも、彼女の主張がエゴイズムによるものではないことは確かである。

若者への面接が含まれていない今回の資料では、この種の若者の発言を直接読み取ることはできないが、こうした発言はさまざまなところで認められる。筆者が勤めている大学でも耳にすることがあるし、子どもたちの問題行動に関する新聞報道の記事にも見出すことができる。喫煙、暴走行為、「不純異性交遊」等に関する弁明の中に同じ正当化の論理が使用される例は多い。

興味深いのは、岡田さんが「話し合いで乗り越える」のが難しいと述べている点である。なぜ難しいのか。その理由の一つは、女子学生が岡田さんやその同僚の先生たちの論理と同じものを使っている点にある。その限りで、迷惑の中身が問題にならざるをえないが、それが共有されていなければ、言うまでもなく水掛け論に終わってしまうことになる。女子学生に対してばかりか、先に記した問題行動を引き起こす子どもたちに対しても、しばしばおとなたちが有効な反論を示すことができないのはそのためである。反論する場合、モラルの問題であるはずなのに、法律などの別の権威に頼らざるをえなくなるのも、同じ理由による。

こうした迷惑の倫理の使い方（より正確には、それを用いた自己正当化の論理）は、若い人たちに顕著であるように見えるかもしれない。だが、必ずしも若い人々に特有の使い方なのではない。先に登場したプロデューサーの加藤さんの例で確認したように、おとなも同じように用いている。「人に迷惑をかけないで自分の生きたいように生きる」ことをモットーにしている加藤さんの振る舞いに対して、誰かが非難するとき、彼が「何が悪いか。自分で稼いで、誰にも迷惑を掛けていないのに」と応えて不思議はない。そして、先の女子学生も、加藤さんと同様、少なくとも彼女の立場からすれば、人に迷惑をかけることなく彼女の生きたいように生きていることに変わりはない。

違和感の理由

女子学生の見解に深い違和感をもっている岡田信子さんでさえ、「迷惑をかけない限り、何をしてもいい」ということ自体に異論を持っているわけではない。にもかかわらず、彼女が違和感を感じるのは、そこに別の理由が働いているからである。岡田さんは「自立」という言葉でそれを語っている。

怒ってくれる方が居れば良いんです。ですが、今の学生達にはそういう方が少ないんですよ。「自立」と言っても、子育てとは面倒で手間の掛かるものです。子どもを社会常識に無知のままに放っておいて勝手に「自立」させている、という親が多いんです。（中略）幼い頃に体験する、人との接触って、大事なんですよ。結局、子どもの頃に、人と人との絆や結び付きを得られてそれを保っていられれば、お互いに責任を感じ合えれば、他者との関係の中で自立が得られるんです。そういうことが欠けると、今お話しした様な例みたいになってしまうのですね。ですから、個々の学生と個別に接する様に私が心掛けているのは、人と人との結び目、関係性、を体験して欲しいからです。上から話し掛けるのには限界があると思っています。

岡田さんの違和感の根は、「何が悪いのか」という女子学生の悪びれぬ態度にあるのではない。そうではなく、彼女が社会常識を身につけた「自立」した人になっていないと感じている点にある。もし「そんなアルバイト」をしているのがこの女子学生ではなくおとなであれば、おそらく岡田さんが苦言を呈することはないだろう。つまり、ここで問題になっているのは、自立した人とそうでない人との、要するにおとなと子どもとの区別なのである。その区別の指標が上で言及されている「社会常識」である。先の文章にあるように、岡田さんにとって、女子学生が行なっているアルバイトは「ちょっと常識では考えられない様な」アルバイトにほかならない。岡田さんはその常識を身に付けさせなかった子育てに問題の根を求めている。

確かに、迷惑の倫理がうまく機能するためには社会通念としての常識が不可欠であるように思われる。言葉で明示できないものの中身を共通観念として保持するシステムは、常識以外には考えられない。だが、面接全体について言えることだが、常識について語っている人はきわめて少ない。それほどに常識の社会的地位は低くなっているのかもしれない。しかも、それについて触れている人の意見の中では、かえって、常識そのものが揺らいで、かつての地位を失いつつある様子すら見受けられる。前節で登場した電力会社に勤務する工藤さんの発言はその一例である。彼は、自分の常識が他人の常識と重ならないと感じている。

世の中には、自分の常識とは違う人がいるということを身にしみて感じますね。まあ、私は、何かそのことにおもしろさを見出すこともありました。もちろん、未払いの際には「何でこんな人が」と思ったこともありましたけど、終わってみれば、第一線で、そういう体験をしたことで、それから後の仕事をする上で自分たちの価値、基準だけがすべてなんじゃないんだと、自分たちが非常識だと考えることを「常識」と考える人もいるんだという、そういう意味での勉強になりましたね。(中略)ああ、まあ私も自分でいう程、自分は強くないんだと。すぐしょうがないと思っちゃうんです。自己主張は実はうまくないんですよ。いろいろな考えを持った人がいていいと思いますし。ただ、やっぱり私はその中でこれだけはどんな価値観を持っていたとしても守らなければならないというものがあると思うんです。人間として社会の中で生きていく上でのコモンセンスはあると思います。

ただし、工藤さんは彼のコモンセンスが社会一般のコモンセンスでもあるとは考えていない。子育てについて彼は次のように語っている。

難しいですね。妻と、自分の子どもがどうしたら「いい子」というか「真っ直ぐな人間」として育つのかと話すこともあるんですけれど、やっぱり自分たちがお手本を見せないとだめなんじゃないかと思いますね。われわれの両親も無言のうちに生きざまを見せることによって、人格を形成してきたと思いますね。だから私のなかのコモンセンスが社会一般のものかどうか分かりませんけれど。

このように、彼には自分の常識=コモンセンスが社会のコモンセンスと一致しているという確証がない。自分と社会との共通の基準が見当たらないと言ってもよいのかもしれない。本来、コモンセンスは共通の観念という意味をもっているはずなのだが、彼の場合、常識=コモンセンスは、個人のポリシーに近いところに後退しているように見える。

このことは、逆に見れば、世の中の常識が揺らいでいることを意味することになるのかもしれない。そして、もし常識が揺らいでいるのだとすれば、たとえば若者の常識とおとなの常識との間に連続性がないとすれば、モラルに関する主張は同じでも、行為のレベルでの現象は大いに異なってくるにちがいない。とすれば、先の女子学生の迷惑の論理とそれを用いた自己正当化の論理は、社会常識の弱体化の上にこそ成立しているとも見ることができる。

五　最低限のルール

もう一つの条件

これまで、迷惑の倫理が自由の制約として使われている状況を描いてきたが、いま一つ、自由の制約として使われている言葉がある。「最低限のルール」「最低限のマナー」「最低限のこと」といった一連の言葉である。「人に迷惑をかけない限り、何をしてもよい」という考え方と並んで、「最低限のルールを守る限り、何をしてもよい」という表現がそこここに認められる。中には、電鉄会社の保線作業員である吉崎力さん（三〇歳代後半）のように、迷惑をかけないことを最低限のルールとして言及している人もいる。

吉崎さんは、自分のまだ幼い子どもたちの将来について語る場面で、次のように述べている。

やっぱり、当たり前のことを当たり前に出来る子どもになって欲しいですね。自分が、それを目指しているものですから。お袋がよく言っていたんですよ。「らしくしなさい」と。学生なら学生らしくしなさい。会社員なら、会社員らしくしなさいと。難しいなと思いましたね。抽象的ですね。○○らしくしなさいと。それで、ある程度の年になると、あれはやっぱり親の逃げだなと思いましたね。（中略）もう最低限のことだけやってもらえれば。本当に、人に迷惑をかけずにそれなりに頑張ってくれれば。自分の子どもですから、ろくな者にはならないと思いますけど。

このように、吉崎さんは「人に迷惑をかけない」ことを「最低限」のことと考えている。それすら守ることができれば、親として望むことはない。彼にとってそれは「当たり前のこと」なのである。

この言葉は教育の場面でも活躍している。小学校教諭の藤田孝徳さん（三〇歳代半ば）は、「自分がよければいい」という「個人主義」の世界では「最低限度の基本的なルール」が欠かせないことを強調している。

自分がよければいいんじゃないかっていう方向に行っちゃう。今、そうなりつつありますよね、感じとして。本当に個人主義なんですよ。教育が悪い方向に行ってるってことだと思うんですよね。確かに、ひとりひとりを大切にするとか、個性を大事にするとか、基本的にすごく大事な考え方だし、若いうちに何でもやりたいことをどんどんやっていいっていう、それを許容する社会であっていいと思うんだけど、そこだけじゃなくて、自分がひとりで太平洋の離れ小島に生きてるわけじゃないんだから、皆んなが一緒に生活している社会だっていうことを考えると、自ずとそこに最低限度の基本的なルールがあったりとか、節度があったりとか。そこも責任を持って実践できるような社会でないと。それも、ちゃんと教育で教えなきゃいけない。

この「最低限」という言い方の背後には、人間として、だれもが守るべきモラルという意味での普遍性を顧慮する気持ちが働いているにちがいない。だが、その言葉に等しく込められているのは、それ以上のこと、あるいはそれ以上の高いモラルは要求しないから、せめてそれだけは守ってほしい、という思いであるように思われる。「最低限のルール」さえ守ってくれる人であれば、どのような人とであっても、たとえ「俺は俺」と思っている人とであっても、付き合っていくことができる、そうした思いが伝わってくる。いわば、それは、相手に対して自分が譲歩しうるギリギリの要求なのである。

ところで、この「最低限のルール（マナー等）」という言葉は、いつの頃から使用されているのだろうか。これについて、右記の吉崎さんがヒントを残してくれている。成績がよくなかったと語る彼は、高校時代の素行を振り返りながら、当時出会った教師の思い出の中でこの言葉に触れている。

高校のクラス担任が、作業場の裏で吸ってた煙草の吸い殻をホームルームの時に、ビニール袋の中につめて、タオルで隠して持ってきて。今日はこれだけ、落っこちてた。自分も好きだから、吸うなとはいわない。だけど、缶を置いておくから、その中に捨てろ。たまったら、俺が捨てておいてやるから。火事になったら、俺らも困るし、お前らも困ると。学校なんか来れなくなっちゃうぞ、と。それは、最低限のルールだぞと。それが出来ないなら、ここにはいられないんだよと。最低限のルールは、守りなさいよということですよね。……ずっと、「なんだよ、あいつは」と思っていたけど皆で「オー」と。普通なかなか、そういうことはね。怒るだけでアフターケアまでしてくれないですからね。

吉崎さんがこの言葉に出会い、ある種の感激を体験したのは高校生の頃だから、今からほぼ二〇年前のことである。当時、その言葉は、高校生にはおそらく新鮮であったにちがいない。なぜなら、「最低限のルール」という言葉は、その頃から徐々にモラルの圏内に入り始めた言葉だからである。

この言葉の由来がどの辺りにあるのかは必ずしも明確ではないが、それほど以前から用いられているわけでないことは確かである。少なくとも、「最低限のルール」という言葉が短い歴史しかもっていないことは、手近のデータベースを調べてみれば一目瞭然である。ちなみに七五年から八五年の一〇年間に、その言葉が「日経四紙」に掲載されたのはわずか三回でしかない。しかも、それらはモラルの領域で用いられてはいない。これに対して、九一年から九五年までの五年間での使用は二九回を数え、さらに九六年以降になれば四九回になる（日経テレコン21による調査）。今日、この言葉が活躍する主な舞台は、モラルに関わる問題圏である。このことからも、「最低限のルール」等の言葉が、ここ二、三〇年の間に徐々に市民権を得て広まったものであることが推測できる。

最低限のルールの性格

最低限のルールという言葉が登場するコンテキストはさまざまだが、それらには共通点がある。先に指摘しておいたように、ともにその言葉を自由の条件のように捉えている点である。それを守ることが出来さえするなら、あとは自由に振舞ってもかまわない。そのような意識が見て取れる。

だが、もしそうだとするなら、ここには無視できない問題が横たわっていることになる。なぜなら、それは、いわばモラルを自由の条件として捉えようとする考え方にほかならないからである。そうしたモラルの地位は免罪符や必要経費のそれに近い。これまでの長い歴史を眺める限り、そうした地位は必ずしも一般的なものではなかった。何らかのものを得るためという条件を背負ったモラルは、例えばカントのように、似非モラルだとして退けた倫理学者は少なくない。

無視しえない問題点はそれにとどまらない。最低限のルールという表現は、さらに、そうしたモラルが外的な性格をもっている（内在化していない）こと、またそれがネガティブな性格（「……するな」「……すべきでない」）をもちやすいことをも示唆していよう。とすれば、容易に思い至るように、それは限りなく法律に近いモラルだと言うことができる。最低限のルールとしてのモラルは、ルールという言葉が示しているように、行為を指示するモラルであっても、人間性を指示するモラルとはなりえない。そもそもルールは行為準則として行為のルールでしかないからである。とすれば、このモラルには人間性を問う視点が抜け落ちていることになる。

そのように考えるなら、最低限のルールは、人間性のモラルに代わる代替物であるように見えてくる。「俺は俺」として他者と交わろうとしない人に向かって、他者に対する配慮を要求することは、ないものねだりでしかない。だが、社会生活を円滑に営むためには、たとえ「俺は俺」主義的な人たちとではあっても、何らかの仕方で関係を結ぶ必要がある。最低限のルールの要求は、そうした彼らと関係を結ぶための無意識の工夫なのかもしれない。

この種の人間関係は、カントが「非社交的社交性」と呼んだ社交のあり方によく似ている。嫌々ながらでも関わらざるをえないという社交である。そして、現在の日本で、そうした社交を支えているのが、最低限のルールの共有であるとすれば、それと同じ機能を、「人に迷惑をかけない限り」という自由の条件（＝制約）が果たしていることはけっして偶然ではないように思われる。

六　人に頼らないで生きる

おとなへの不満

迷惑の倫理は、それを支える常識のようなシステムがしっかりしていれば、おそらくそれなりの有効性を保持できるにちがいない。だが、そうした支えのない世界では、いかなるモラルも言葉の上で空転するばかりで、本来の機能を喪失する。迷惑の倫理を自己正当化の論理として使用するレトリックはその延長線上にある。

常識という言葉が主題化されていなくても、その力が衰弱しつつあることを多くの面接資料が示唆している。すなわち、常識の担い手であるおとなたちの在りようを通してである。常識を支えるおとなに負の変化が認められるのであれば、それまで常識として通用してきたことがらもその力を失うのは間違いない。

この度の面接調査で興味深かったのは、若者への不満と並んでおとなへの不満が多く見出されたことである。問題があるのは若者ばかりではない、同じことはおとなにも言える、という意見は少なくない。「最近の若者は云々」という嘆きは昔から続いているとしても、おとなも同じく反省すべきだという意見は、少なくとも日本では比較的新しい傾向と言えるように思われる。

茶道教師の小林晶子さんは、第二節で登場した村岡さんと同じく、「自分の立場ばっかり考え」るおとなが気になって仕方がない。

自分の立場ばっかり考える世の中というのはまずいですよね。大臣だってそうじゃないですか、自分の立場ばっかり考えていますよね。そういうことはいけないと思いますね。自分が、尽くして、尽くして答えが出ないならそれは仕方がないんで、尽くしもしないで要求ばっかりするという社会じゃないですかね。私はそう思うんですけれども。施して初めてプラスになるような人柄でないと、尽くしもしないで自分のプラスにならないと思います。そうでないとお互いに和が取れない。皆欲張ってわがままだったらいけませんね。

先に登場した小学校教諭の藤田さんも、「手本」となるべきおとなの不甲斐なさを嘆いている。

おとなが手本を示さないと駄目でしょう、やっぱり。厚生省の官僚のことなんか見たら、やっぱり悪いことしますよ。正直者が馬鹿を見るって感じですよね。子どもたち見てても、真面目にやってる子が損をするっていうか、正義が通用しないって感じだよね、悲しいことに。だからそういう子の方が悩んじゃったりするんですよね。

おとなに対する不満の中で最も多いのは、次のような「怒れるおとな」を求める声である。自動車会社の製造部に勤めている岡崎利夫さん（四〇歳代前半）はそのひとりである。

最近少年犯罪なんかも増えてますけど、僕が思う善い社会っていうのは、例えば地域で悪さしている子どもがいたら、知り合いでなくても怒れるおとながいる社会。昔は「このガキ！」なんてぶん殴る親父があちこちいたんです。今、叱れるおとなっていうのがいないですね。だからそういう叱れるおとなのいる社会、それが僕は善い社会だと思います。

よき「手本」がない社会、怒って行ないを正してくれるおとながいない社会、それは常識が常識として機能しない社会を意味していよう。先にも述べたように、よき「手本」は、多くの場合社会常識の担い手にほかならないからである。手本や模範の不在あるいは負の手本や模範の存在は、常識ばかりか、尊敬や品位や思いやりなどを体現する人々の不在なのであり、そしてそれはそれらモラルに関わる言葉の意味をことごとく空虚にするに違いない。

上記の人々の意見は、要するに、おとなであるならおとなの自覚をせよ、という意見である。第四節で、おとなと子どもの区別について触れた際、岡田さんが両者の違いを社会常識の有無に求めていたことに言及したが、彼女の発言でも示唆されているように、おとなのモラルと子どものモラルとは違っている。前者のモラルは後者のそれに比べて格段に重い。かつてノブレス・オブリージュ（高貴な地位に伴う責任）という言葉で考えられていたことは、そうした格差の倫理に根ざしている。おとなの自覚とは、子ども以上に重いおとなのモラルの自覚にほかならない。よき「手本」がない社会とは、そうした格差が不明瞭になることで、おとなと子どもの差異が不明瞭になる社会であるように思われる。

前節で、最低限のルールが人間性のモラルに代わる代替モラルだと述べたが、このこともそうした状況と深く関わっている。模範や手本は、人間性の模範であり手本である。それゆえ、手本や模範に「最低限」は存在しない。最低限の模範はそれ自体もはや模範ではありえない。とすれば、最低限のルールが支配する社会は、模範の不在、すなわち立派なおとなの不在につながる社会だと言ってよいのかもしれない。

自助と迷惑

このような社会で生きていくためには、「俺は俺」として自分のみを頼りとする以外にないのかもしれない。それを示唆している意見もないではない。ソーシャルワーカーの藤野文子さん（三〇歳代後半）は自分のモットーを「人に頼らないこと」だとして、次のように語っている。

極力人に頼らないで生きる。私、自分が人に頼らないから相手にも頼らないでって突っぱねちゃうわけではないんで、そういう意味ではないですけど。だから、人には優しく接していきたいなとは思っていますが、中途半端な介入はしたくないんで。

「人に頼らないで生きる」ことは、近代日本の教育目標となってきた自助努力の思想である。他人の力に頼らない姿勢は、福沢諭吉や夏目漱石の思想の中にも息づいている姿勢であり、日本人は、明治期以降、この姿勢を懸命に自らのものにしてきたと言うことができる。たとえば「みずから助くということは、よく自主自立して、他人の力によらざることなり」という言葉で知られている、中村正直訳のスマイルズ『自助論』（日本訳は『西国立志編』）は、福沢の時代の一八七一年に出版されたが、以来ミリオンセラーとなって日本人に大いに影響を与えたと伝えられている。

だが、先の藤野さんの発言には気になる部分も含まれている。すなわち、「中途半端な介入はしたくない」という言葉である。これは、自助努力の精神にはつながらない。それはむしろつねに他者と一定の距離をおこうとする「俺は俺」主義の圏内にある。

藤野さんとほぼ同様のことを、タクシー運転手の田辺宏孝さん(四〇歳代後半)が語っている。彼は、過去を振り返りながら人に頼らないという彼のモットーを「彼ら(=仲間)を頼りにはしてない。(中略)昔は悪いことをしていても、これは自分でかぶるくらいの気持ちでやっていたから、何があっても人には迷惑をかけないでするからね。ぎゃくに、してあげるというのもないね。(中略)自分のけつくらい自分で始末して生きてきているからね」と表現している。「ぎゃくに、してあげるというのもないね」という彼の言葉は、「俺は俺」主義の主張である。

しかも、興味深いのは、ここで「人に迷惑をかけない」ことが、「自分のけつくらい自分で始末する」こと、すなわち「自助努力」の精神で生きることとして語られている点である。第三節で問題にした「人に迷惑をかけない」という言葉は、特定の行為によって相手に負担や不快感などの被害を与えないことを意味していたが、ここでは、同じ言葉が「自分でかぶる」という意味に変じている。田辺さんは、「迷惑をかけない」という言葉で「俺は俺」主義を土台にした「自助」の主張を語っているのである。(3)

第四節で問題にした女子学生の言葉の中にも、実は、この田辺さんの意見と重なる部分があることに注意しなければならない。彼女は、人に迷惑をかけていないという主張とあわせて、田辺さんと同様、人に頼らないで自分の力で生きていることをも述べている。「自分で稼いで」という彼女の言葉はそれを直裁に示す言葉である。

七　自己のためのモラル

強い人

「俺は俺」主義のもとに自助の姿勢を貫きうる人は、強い人だと言えるのかもしれない。強い人でなければ、どのような状況にあろうとも、他者と距離をおき、自分の力だけで生きていくことなどできそうにない。自己本位を主張した夏目漱石はそうした生き方の孤独を予想して、次のように述べている。「我は我の行くべき道を勝手に行くだけで、そうしてこれと同時に、他人の行くべき道を妨げないのだから、ある時ある場合には人間がばらばらにならなければなりません。そこが淋しいのです」(『私の個人主義』)。強い人でなければ、こうした孤独に耐えられそうにない。

むろん、強い人は、他人から力を貸してほしいと頼まれれば、その人の力になることだろう。前節の藤野さんや田辺さんは、ともに、助けを求められれば応じると述べている。だが、求めてこない人に対してはどうか。あるいは、助けを求めてくるほどにも強くない人に、強い人はどのように対処するのだろうか。助けを求めることができる人に対するのとそうでない人に対するのとでは、当然、接し方は変わってくる。第三節で、米屋の村岡さんがあこがれていた「思いやり」とは、助力を求めることすらできない人に対する接し方を含んでいる。

強い人ばかりの社会なら、「俺は俺」主義的な自助の生き方で十分かもしれない。また、日本人のほとんどがそのような強い人になったと言えるのかもしれない。だが、中には確実にそうでない人々がいる。

彼らを強い人に対するのと同じ仕方で接して、自分から近づこうとしないなら、それはもはや不干渉というより、傍観や放置に近い。その意味では、ここで問題にしている強い人は、相手の状況を見極めようとしない人だと言ってよいのかもしれない。そして、村岡さんたちが問題にしているのは、そうした強い人たちで溢れた日本の姿なのである。

ところで、面接資料の中には、その種の強い人とは異なった強い人、ある意味ではその種の強い人以上の強さを感じさせる人たちがいる。くわしくは４章で紹介されるが、元女優の吉田豊子さんはそうした強さを彼女特有の言い回しで語る人である。

あたしが常々念頭に置いてることは、自他共になるべく正直に、自他共に。それと、人を裏切らないこと。とにかく誠実に。（中略）あたしは、人生は生きるに値するかどうかという問題について、生きるに値しないっていうふうには思うわけです。思っている部分もあるわけです。それで、生きるに値しない人生に対して、自分を、魂を明け渡すことは何一つしたくない。だからあたしは自分が正直で純粋で、ある意味じゃ誠実だし、いいとこいっぱいあるわけですよ。良質な人間だと思うわけ。自分のことを。そういう良質な部分は何一つその人生のためには売らない。決めたの。自爆してもこれは売らない。だからそこは鮮烈に自分になってると思う。自分の大事な部分はその人生のために、人に迎合したりなんかして、金や野心のために取り入って、そういう事は一切したくない。

「大事な価値とは何か」という質問に対して、彼女は右記のように、正直や誠実を答えている。だが、それらが他者に対してばかりか、自分に対しても向けられていることに注意する必要がある。とりわけ、彼女は、自己を裏切らない（＝「売らない」）ことが重要だと語っている。彼女は他者に要求する以上に自己に要求しているのである。吉田さんの強さはそこにある。

先に登場してもらった電力会社勤務の工藤さんも、自分を裏切らない強さをもっている。彼は、組織の中に生きていても「譲れない」一線を守ろうとする。

……組合の役員をしていた際に、選挙で違法スレスレのことをやるように、委員長から指示された時に、自分は役員だから責任があると思うけれど、自分の手が後ろに廻って経歴に傷がついた時に、組合は責任を取れるのかと議論したことがあったんです。結局やらないで済んだんですけれどね。委員長は毎日顔を合わせる人なので、断るとその後、色々と気まずいとも思いましたが、拒否しました。逮捕された時に、社会的には「あいつは会社のために」と言われるのか、そうでないのか、どう評価されるかは分かりませんが、それとは無関係に、自分としては最低限のルールを守らなければならない、と思ったんです。だから、総会屋のニュースが流れて「会社のためにやりました」と聞いた時に、ふとそんな事を思い出したこともあります。自分は、たぶん、その会社の方針に従わないために冷や飯を食ったとしても、その点は譲れないと思います。「自分としてはこう思うのですが」と、まず言って、自分が納得しなければ動かない。

注意したいのは、工藤さんが「譲れない」と語る「最低限のルール」が、他の多くの人々の使い方とは異なり、他者のためのルールではなく、自己のためのルールとなっている点である。彼はそれを自分のものとして大事に守ろうとする。つまり、吉田さんや工藤さんの場合、モラルは他者のためである以上に、彼ら自身のためのものなのである。それを破る自分自身を彼らは許すことができない。彼らの強靭さはそこに由来しているように思われる。

自己のためのモラル

これまで検討してきた日本のモラルが、「他者のためのモラル」という性格を強くもつものであったことを思い起こす必要がある。「マナー」から「ルール」に至るまで、それらはすべて他者に対する振る舞い方として問題にされていた。現代日本人のモラル意識を描くために分析した「迷惑の倫理」や「最低限のルール」も、ともに「他者のためのモラル」の枠内にある。

だが、吉田さんや工藤さんにとって、モラルは「他者のためのモラル」である以上に「自己のためのモラル」であった。だからこそ、それを裏切ることは、自己を裏切ることに等しくなる。彼らの言葉が強さを伴っているのはそのためであるように思われる。(4)

総じて面接事例の中には、そうした強さを感じさせる人は多くない。今日モラルと言えば、「他者のためのモラル」として理解されるのが普通である。その中にあって、「自己のためのモラル」は息を潜めている状況にある。家庭でも学校でも、モラル一般として、最低限のルールや自由の制約としての迷惑の倫理が変わらず子どもたちに教えられている。だが、モラルはそれにとどまらない。もし、自己のためのモラルが他者のためのモラルに匹敵するほどの力をもつことがあるとすれば、迷惑の倫理を自由の条件とする考え方や最低限のルールが現状と異なった位置に置かれるのはまちがいないことであるように、私には思われる。

注

(1) 面接で用いられたインタビュープログラムには、直接、モラルに関わる質問項目は含まれていない。面接によって明らかにしようとしたのは、現代日本人の「自律への在り方」であり、それを調査対象者からうかがうべく案出された質問リストには、仕事、家庭、仲間、理想、信条、地域、社会、自分らしさ、夢などを問う項目が並んでいた。そのため、モラル（あるいは道徳、倫理）について正面から言及した人々はそれほどは多くない。

だが、モラルが主題化されていないインタビューであるために、かえって直裁に特定のモラルの姿が垣間見えるように思われる。どのような生き方にも何らかのモラル意識が潜んでおり、またその生き方と結びついた言葉の端々には、特定のモラル意識がその片鱗をのぞかせている。我知らず非主題的に語られた言葉には、たとえ断片的であっても、その人自身の偽りのない意識が映し出されている。

その意味で、この考察は、個々の調査対象者の発言からモラル意識の片鱗を拾い出し、それを形あるものに再構成したものである。

(2) 「人に迷惑をかけない限り、何をしてもよい」という考え方は、これまでの自由論の系譜の中では、J・S・ミルのそれに近い。ミルの思想を基にして自由主義のモデルを描いた加藤尚武は、自由であるための条件を次のように分析している。すなわち、「1 判断能力のあるおとなら、2 自分の生命、身体、財産にかんして、3 他人に危害を及ぼさない限り、4 たとえその決定が当人にとって不利益なことでも、5 自己決定の権限をもつ。」これらの項目の1と2の規定を緩くして、3を「他人に迷惑をかけない限り」

と書き換えれば、ほぼ私たちが直面している現状をそのまま説明する文章になる。ここから、中には、「人に迷惑をかけない限り、何をしてもよい」をいう考え方を「ミルの原理」（高橋隆雄）と名づける研究者もいる。

だが、本文でも指摘しておいたように、「迷惑」という言葉は日本独自の言葉であり、その歴史は古い。さらに、倫理的場面で使用される場合もあれば、そうでない場合もある。少なくとも、ミルが「危害 harm」と呼ぶ事態とは、はなはだ異なる意味を持っており、後の研究者が危害の範囲を拡大するために導入した「不快 offense」とも必ずしも重ならない。この点で、「人に迷惑をかけない限り、何をしてもよい」という考え方が、あたかもミルの思想を経由して日本に流入してきたかのように捉えるのは短絡的であるとの誹りを免れない。

確かに、迷惑の倫理を自由の条件として用いることに、ヨーロッパとくにイギリスの思想の影響が認められるのは間違いない。たとえば、自己本位の重要性を唱えた夏目漱石には、ミルの「危害則 harm principle」を彷彿させる思想がある。彼は、日本人にとって他にではなく自己に拠ることが肝要だと主張したが、同時に自由の平等のためには、他を妨害してはならないとも主張している。例えば次のようにである。「近頃自我とか自覚とか唱えていくら自分の勝手な真似をしても構わないという符牒に使うようですが、その中にははなはだ怪しいのが沢山あります。……われわれは他が自己の幸福のために、己れの個性を勝手に発展するのを、相当の理由なくして妨害してはならないのであります」（『私の個人主義』）。ただし、彼においても、迷惑ではなく妨害という言葉が使用されている点を見落としてはならない。

漱石とほぼ同じ考えは、福沢諭吉にも存在する。福沢をはじめとする明治期のインテリたちは、中国からの借り物である自由という言葉に明確な意味を与えることに努力した。自由とその制限について意を注いだのはそのためである。彼は、『学問のすすめ』の始めのところで次のように述べている。「ただ自由自在とのみ唱えて分限を知らざれば、我侭放蕩に陥ること多し。すなわちその分限とは、天の道理に基づき、人の情に従い、他人の妨げをなさずして、わが一身の自由を達することなり。自由と我侭との界は他人の妨げをなすとなさざるとの間にあり。」

このように、他人を妨害しないことを自由の制約とする考え方は、明治期以降、日本に徐々に浸透していった考え方であったと言うことができる。その考え方の中に、妨害に代わって迷惑が導入されたとき、「人に迷惑をかけない限り、何をしてもよい」という今日に特有の倫理が成立したと考えることができる。

（３）「人に迷惑をかける」という表現が曖昧なのは、「迷惑」という言葉が多義的であるからばかりではない。その命題が使われるコンテキストに応じて倫理的意味が生じる場合とそうでない場合とがあるからでもある。田辺さんが用いている「人に迷惑をかける」という表現は、倫理的意味をほとんどもっていない。少なくとも、そこには、他者が彼の行為の被害者となることが含まれていない。むしろ、彼が言う「人に迷惑をかける」事態は「人に面倒をかける」「人の厄介になる」「人の世話になる」といった表現によって翻訳可能な事態である。だが、「人に迷惑をかけない限り、何をしてもよい」という場合、ここでの迷惑は、何らかの行為を通して他者を被害者にする行為として想定されている。けっして「人の世話になる」ことが問題視されているわけではない。この意味で、迷惑の倫理における迷惑と田辺さんが使用する迷惑との違いは、「倫理的」迷惑と「倫理外的」迷惑の相違として捉えられ、さらに他者との関係に注目すれば、自律と自立（＝独立）の違いとしても理解されうるように思われる。

（４）このような強さは、歴史上、良心という言葉とともに語られてきた。自分が自分を許さないという状況は、良心の働きによると考えられてきたからである。良心は、たとえば良心の呵責が生じるときに明らかなように、つねに自己と再帰的な関係を結んでいる（私が私を……する）。上の引用文に含まれる、自分が自分を裏切らないという関係も、言うまでもなく再帰的な関係である。

だが、面接記録を見る限り、良心はほとんど死語の地位に陥っているように見える。一昔前、良心は市民権を得た言葉であった。一八世紀のカントは、良心をモラルの「内的法廷」として捉え、これに大きな役割を与えていた。今世紀始めのフロイトは、良心を「超自我」の働きとして説明し、それに関わるモラルを内在化された父親や教師の声だと考えた。

いや、四〇年ほど前、小学校の教場の黒板上に掲げられていた徳目には、礼儀や節制とともに良心という言葉も並んでいた記憶がある。君の良心に聞けとか、良心にもとることをするな、といった言い方は、けっして特殊なものではありえなかった。憲法でさえ「良心の自由」（第一九条）に触れている。「私のためのモラル」の地位と良心の地位とは相互に深く関わっているように思われる。

文献

加藤尚武（1997）『現代倫理学入門』講談社
カント、イマヌエル（1972）『道徳哲学』小倉貞秀訳、岩波書店（原著1797）
スマイルズ、サミュエル（1991）『西国立志編』中村正直訳、講談社（原著1858）
高橋隆雄（2001）『自己決定の時代の倫理学――意識調査にもとづく倫理的思考』九州大学出版会
中野孝次（1997）『現代人の作法』岩波書店
夏目漱石（1978）「私の個人主義」、『私の個人主義』講談社（原著1914）
福沢諭吉（1978）『学問のすすめ』岩波書店（原著1872-76）
フロイト、ジークムント（1970）「自我とエス」、『フロイト著作集6』小此木啓吾訳、人文書院（原著1923）
ミル、ジョン・スチュアート（1971）『自由論』塩尻公明・木村健康訳、岩波書店（原著1859）

2　性・結婚と女性

――性規範・結婚・主婦役割からの自律――

上林千恵子・三浦直子

一　女性と市民

社会学理論と女性

女性固有に期待される役割、たとえば結婚、出産、育児、両親の介護、あるいは親や夫に従うこと、などをここで女性役割と規定しよう。確かに男性にも育児、介護が期待され、育児休業は英語でも両親休暇（parental leave）と表現されているが、どの国でも育児は基本的には女性の役割である。女性役割を律する規範は、一般的には男性のそれよりも範囲も広く、数も多い。家父長制の影響が長期にわたっていたためであるとされる。

社会学理論の上でも、これまではジェンダーの視点が欠如していたことが理論上の不備となっていることが判明し、現代に相応しく理論を練り上げるためのさまざまな試みが行われてきた。

たとえば、市民資格（シティズンシップ）という概念の再検討もその一つであろう。T・H・マーシャルはその有名な著書『シティズンシップと社会階級』において、市民資格の発展について歴史的に触れている。彼はイギリスの歴史を例にとりながら、一七～一八世紀は公民権または自由権（個人の自由確保に必要な法的権利）、一八～一九世紀は政治権、一九～二〇世紀は社会権がそれぞれ確立されたとして、人間の権利の発達の歴史を振り返り、福祉国家の理論的基礎を提供した。しかしここで「人間の権利」と称されているものが、その実そこに「女性の権利」を含んでいないことはマーシャルも述べているとおりである。たとえば政治権の発達は女性の参政権を含まない。社会権においても工場法で女性が保護の対象とされた理由は、彼らが市民ではなかったからであり、一方、成人男性は自由契約の前提のもと、工場法の適用除外とされたという。この著書は五〇年後の現代でも市民資格、市民権を考察する際の出発点とされているが、出発点において市民の中に女性を含めていなかったという事実が存在するために、今日改めて女性の権利の観点から従来の市民資格が問い直されている。たとえば、この論文が発表されてほぼ四〇年後の一九九二年にこの論文を再検討したトム・ボットモアは「当時のほとんどの社会科学者と同じくマーシャルもジェンダーの差異を大筋において無視している」と指摘している。[1] そして市民資格という概念ではジェンダーの差異をカバーできないために、近年ではダイアン・リチャードソンが「セクシャル・シチズンシップ」「セクシャル権」という概念を提出している。[2]

また社会階層論においても、女性の社会的地位は、これまで夫あるいは父親によって測定されてきた。その事情を日本の階層研究者である原純輔・盛山和夫は次のように述べる。「一九七〇年代になるまで、世界の階層研究がすべて女性を無視してきた、というのは事実である。もっともそれは、女性が階層とは無縁な世界で生活していると考えていたということではない。理由はもっと単純でかつ根深いものである。それは階層研究において〝世帯共同性の前提〟と〝男性代表制の前提〟とが真であるとして疑われないできたからであった。つまり、女性が無視されてきたのは、ただたんに、女性について特に研究しなくても男性だけで階層現象は分かる、と思われてきたからにほかならない[3]」としている。女性単身者の増加、女性世帯主の増加はこれまでの世帯概念の見直しを迫っている。もっとも、「豊かな労働者」シリーズで有名なイギリスの社会学者ジョン・ゴールドソープの場合は、依然として女性の地位は父親と夫によって測定可能と主張している。女性の地位が多様化した現状を理論にどのように反映させるかについて未だ混乱していることが分かろう。

女性と社会諸制度

女性がこれまでの女性役割から飛び出して、社会的に一人前の市民として、一人の人間として権利と義務を負うようになってきた事実は、社会学理論へ影響を与えただけではない。社会学理論の変化以前に、既に社会制度上にその影響が濃厚に現れてきている。女性は従来短期間の家計補助労働でしか就労してこないことを前提にしていたが、パート労働者の増大とその長期化によってパートタイマーにも正社員と同様の権利を認めるパート労働法が一九九三年に成立した。女性にも男性と同様の就業機会を保証する男女雇用機会均等法は一九八五年成立、その後一九九九年に改正施行された。現在ではさらにパートの厚生年金加入基準の見直し、配偶者特別控除廃止など税制の見直し、男性世帯主と専業主婦の組み合わせを前提とした厚生年金の見直し、男性世帯主を生計支持者とする賃金制度の見直し、など法律、年金制度、個別企業の賃金体系など、様々な既存の制度の見直しが実施され、また検討されてきている。そして年金の個人化への動きは、現実的にはフェミニズム運動の成果以上に、社会保障政策上、年金財政の逼迫からもたらされたと思う。

そして賃金制度の見直しは、企業の業績悪化やグローバル市場を前提とした競争激化によって、男性一人分の働きに対して妻や子どもの扶養を可能とする世帯主賃金を支払う余裕がなくなり、賃金コスト抑制の要請からもたらされていると見たほうが適切であろう。市場経済の拡大そのものが、女性の雇用労働への参加を促しているといえる。

しかし、社会理論の再検討にしろ、社会制度の再検討にしろ、いずれも社会全体の変化を視野に入れた課題である。この日本社会で生きている個々の女性にとっては、そうした総論よりも、自分が現在生きている家庭で、あるいは職場で、あるいは地域社会で従来から女性に課せられてきた女性役割、特に性と結婚という二つの領域をめぐる役割をめぐって疑問が呈されてきている。彼女たちは、自分たちがより良く生きていきたい、人間として自分に正直に生きていきたいと希望した結果、従来の女性役割を見直したり、否定したり、あるいは外面的には従来と変わらぬ主婦であっても、そこに自ら積極的意義を見出して自分の生き方の支えとしている。

そこで以下では何人かの女性の生き方を検討しながら、日本における女性役割の内容と自分らしく生きていきたいという葛藤、あるいは最初からそうした役割を軽々と否定できた根拠などを見ていきたい。葛藤やその克服の中に、日本社会の抱えているジェンダーの問題が構造として浮かび上がってくるのではないかと思う。

二 性規範への問い直し——産み育てる性は自明か？

日本でも他国と同様、戦前・戦後と一貫して女性に課せられた役割は、その女性性（セクシュアリティ）に起因させた性規範、すなわち次世代を「産み育てること」であり、家族の「世話をすること」であった。戦前の家制度の下では、家を継ぐために子どもを産むことは嫁の義務であり、良妻賢母が理想の女性像とされた。

戦後、家制度に由来する規範が弱くなり、個人の自由な選択を尊重する価値観が広がるとともに、「明るい家族計画」と銘打った人口抑制政策が進められた。こうして家庭での出産コントロールが奨励され、中絶や避妊などの生殖医療の普及がそれを可能にした。だが、男性が避妊に無頓着な結果として望まない妊娠をした場合でも、女性が中絶手術を受けるという形で、結局は妊娠が女性の精神的・身体的負担となる。出産コントロールは、直ちに女性の自律的な生き方やセクシュアリティの自律性をもたらしたのではなく、むしろ新たな拘束を課したともいえよう。他方で、核家族化と同時に「子どもの数は二人か三人」という選択的画一化が進み、小人数となった家族の面倒をきめ細かく見ることが「母親のつとめ」として女性に求められるようになった。加えて、家事・育児を全うするための「女らしい」感性の豊かさや深い愛情も要請される。こうして、あたかも女性に生まれついたこと自体に、いわば女性本来のセクシュアリティに起因させる形で、「母性」が強調されるようになった。このように、戦後とくに「母性」の重要性が説かれた背景には、日本社会の高度経済成長を支えるサラリーマンの心身の世話や、育児・介護をめぐる諸問題を、無償で家庭に・女性に従属させてきた経緯がある。

出産は、たしかに女性のセクシュアリティに特有な身体的行為である。しかし、そのことが直ちに、育児や家事を女性の領分と見なすことには結びつかない。例えば吉田民人は、自然（身体）と文化（社会）の在り方について、三つの可能性を示唆している。(4) 一つは、自然を誇張・拡大する「最大化の文化」であり、出産を経験する女性だけが育児を担うとする立場である。二つ目は、自然の影響をできるだけ極限・限定しようとする「最小化の文化」である。これに則れば、女性だけが当事者として出産を経験するため、むしろ育児場面では男性こそが積極的に当事者となるべきであるといえる。三つ目は、自然と関係なく当事者意志により選択可能とする「最適化の文化」である。これは、出産できるという女性のセクシュアリティとは別に、育児は男女問わず関わりたい方が担当できるよう、社会の制度や設備を整えるべきだと考える。このように、自然（身体）と文化（社会）の対応関係の実際は、じつに多様である。出産が可能であるという女性のセクシュアリティから、女性が育児・家事を担当すべきであると決定することは、多様な選択肢の中の単にひとつの性規範（社会規範）にすぎない。

そこでまず、女性のセクシュアリティや身体化された性規範に注目し、現代社会を生きる女性たちが、いつの間にか家庭内部へと囲い込まれてきた姿や、また新たに外へ・社会へ・自律した個人の生き方へと目を向けていく過程について考察しよう。ここでは、単に楽観的な可能性を提示するよりも、むしろ「女性であること」の制約の中から生まれる覚悟や宿命から、逆説的に生じてきた解放と自律について論じたい[5]。

産み育てる規範を負うこと

最初に、「産み育てる性」という女性性を自明なものとして無自覚に受け入れることで、多くの女性が直面している生きづらさについて考えてみたい。

この性規範を極端な形で背負ってしまった典型例として、三〇代半ばの白川良子さんについて見てみよう。白川さんは二一歳で結婚し、二〇代前半で二人の子どもを出産、二〇代後半から三〇代にかけての二年半を夫の赴任に同行してアルゼンチンで暮らしている[6]。彼女についての考察から、海外生活という経験ゆえに浮かび上がる現代日本の性規範に注目したい。

家事・育児への没頭——家庭の中への囲い込み

白川さんは、アルゼンチンの第一印象を日本とは比べものにならないほど豊かな国だったと語りながらも、当時を次のように振り返る。「〃豊かだった〃というのは私自身がすごく感じたこと、私自身にとってそれがよかったかどうかというのは別にして、そういう〃キチッとした社会〃だというほうが強いかな。残念ながら、それによって私は豊かだったという訳じゃない。」アルゼンチンはヨーロッパからの移民が多い国であり、日常生活の中で夫婦単位・大人同士の社交を大切にする。しかし、「女性は子育てを全うすべし」という日本の性規範から見れば、お腹を痛めて産んだ子どもをベビーシッターに預けてまで遊び歩く母親は、非難の対象とさえなる。白川さん自身もそうすることには強く抵抗を覚えており、なるべく外出先にも子どもを連れていき夫婦で面倒をみたという。反面、「今になってみれば、ちょっと楽しんでくれればよかった」と後悔してもいる。彼女は、この自らの内面に生じたヨーロッパ型の夫婦の社交文化への憧れと日本的な母親役割との葛藤を、異文化を経験した外的な豊かさ（ハッピーだという思い）に目を向けることにより、積極的に解消しているようである。「日本ではなかなかできないこと、ゴルフなんかも出来て。すごくハッピーだと思う。何て言うのかな……。ゆったりしていたし。子どもを連れていてもすごく優しく声を掛けてくれたり。なんか日本って、いつも皆焦っているような感じ。」ここでは日本人一般を語っているだけでなく、おそらくは白川さん本人も日本で「忙しく」「焦って」家事をこなしてきた様子がうかがわれる。帰国後も、子どもの塾の送り迎えから、勉強部屋の片付け、食事の用意まで、良き母親として愛情深く子どもの世話につとめていた。

しかし白川さんは、過保護なまでに子どもの世話を焼くことは、母親のつとめというよりも自分の気休めであったと自ら指摘している。もうすぐ中学生になる娘が料理もできないのは、白川さんが何も手伝わせてこなかったからだと話す。そして、その理由を「私はとてもせっかちだから、彼女たちがやっているのを待っててあげられない。自分でやっちゃった方が楽」と、自分の個人的な性格に起因させて説明している。けれどもそれは、何も手伝わせないこと・何もできない子どもの世話をすることで、白川さんが自らのつらさや生きにくさと向き合わないようにする説明でもあろう。彼女自身が気づきつつあるように、親離れ・子離れは、子どもの発育課題であると同時に、子どもの面倒をみることで家庭の中に居場所を確保してきた母親自身にとっても重要な課題なのである。

あまりに早くに結婚し出産して、忙しく家事や育児に追われる毎日。またそうすることが当然であったので、自分の人生について立ち止まり考える間もなかった、と白川さんは寂しそうに笑う。言い換えれば、家族の世話に没頭し日々の生活に忙殺されて、自分の人生について考えることを先送りせざるを得なかったのだろう。彼女は、子離れした後の生き方についても、「これから考えなければいけないこと」「みんなどうしているんだろうね」と話すばかりで、具体的な未来像を描けずにいる。そして、そんな将来への不安を払拭するかのように、楽しく生きることを自らに課している。

とりあえず子どもへの責任として、生き生きとだけは生きててあげなくてはかわいそうかなと。生き生きと楽しく。「今日もつまらなかったのよ」とかって、そういう頼り方だけはしたくないから。何をしていても楽しくさえあれば、子どもが許してくれるかなと。それは最低限の子どもや主人に対する責任かなと思っているし。申し訳ないけど私にはそれくらいしか出来ない。寂しい……。

ここでは、精神的に依存しないこと、自律して生きることとさえ、子どもへの責任の延長として消極的に語られている。(7) 将来と同様、これまでの人生について話すよう促されても、「戻れないと言うか、何と言うのか、恐いような気がする。だから、私はそこまでのレベル、そこまでの考え方はまだ出来ない」と過去を振り返れずにいる。女性として・母親として期待される役割に献身的に頑張ってきた白川さんであるが、子どもには自分の生き方を真似しないで欲しいとさえ話す。控え目な口調で語る言葉の節々には、まるで自分の人生から疎外されているかのような深い寂しみが感じられる。

夫婦関係の分業化と個別化

それでは、妻としての白川さんは、どのように夫に接してきたのだろうか。彼女はアルゼンチンで唯一傷つき嫌だと感じた経験として、お互いに筒抜けになってしまう友人関係をあげている。夫婦の不干渉と性別役割分業を良しとする白川さんにとって、アルゼンチンでの夫婦単位の交友関係は、この分業が崩れて自分の生活領域が侵犯されるという不安を抱かせたと思われる。また、アルゼンチンは男女のカップル文化でもあり、子どもの親である責任を中心に組まれた白川さんの日本型性別分業とは相容れなかっただろう。夫婦同伴の交友関係への違和感の中には、このように夫に日常的に「女性」として扱われることへの戸惑いも含まれていたかもしれない。

もちろん白川さん夫婦は決して仲が悪いというわけではなく、帰国後も週末には一緒にテニスに興じる。しかし、「遊ぶことに忙しくて」現在の夫婦関係や二人の将来に思い至る余裕がないと話すことは、ちょうど子どもの世話をするのに忙しくて自分の人生を考えてこなかったという言い方とも酷似している。夫婦の分業化・個別化を問い直すことは、そうせざるを得なかった、彼女が置かれている孤独で厳しい状況と向き合うことでもある。その背景には、サラリーマン生活を送る夫の職業生活のままならなさが、そして家庭を妻にまかせ、夫は会社優先・職業生活優先にさせてきた日本の社会構造が影響している。「だって出張も多くて、一年のうちの二ヶ月以上はいないものね。最近の土、日だってゴルフに行ったり……。アルゼンチンでも出張なんかがすごく多かったし。子どもが熱を出したり、そういう本当にいて欲しい時に限っていないことってすごく多い。だからだんだん自分で強くなってくるんでしょうね。出張に一回行かれる度に何か強くなっていくのかなと思うくらい。だから、やっぱりそれぞれで生きていくしかないかなという風に思ったのかもしれない」と白川さんは語る。

社会に根強い性規範、「男は仕事、女は家庭」とする性別分業の下では、子どもを抜きにした夫婦の絆の確立はことのほか難しい。いきおい家庭は子ども中心に組まれていく。与えられた自明な日常生活に忙殺され、その忙しさに耐えうる精神的な強さを養うことで、彼女は自分自身の置かれた状況の不安定さ・社会的な閉塞感（つながりのなさ）と向き合わないようにしてきたのかもしれない。ここに、家庭へと囲い込まれ孤軍奮闘する女性の深い苦しみを見過ごしてはならないだろう。

「考えられない」ということ——身体化された性規範

最後に、社会について白川さんが抱くイメージを通して、女性が置かれている社会的位置について検討したい。「善き社会」について尋ねられ、彼女は次のように答えている。

> 本当に、今の社会が当然の生活であるなんて思ってもいけないですし。これより悪くなることだってある。そこだけはね、私達も覚悟しておかなくちゃいけない。だから、子どもだけではなくてもちろん自分も、本当に耐えられるだけの精神力みたいなものはつけておかなければいけないし。だ

から、「善い社会とは」って聞かれても……。「善い社会とは」ねえ……。「善い社会」ってあんまり考えられないわね。私にとって「善い社会」とは何だろう。分からない。ごめんなさい。

社会への不安を感じながら、それを解決するための社会的回路をもっていない白川さんにとっては、話が個人の精神論・道徳論に読み替えられている。このことは、まさしく現在の彼女自身が、社会とのつながりが希薄にならざるを得ない社会的位置へと囲い込まれていることを反映している。インタビューを通じて、たびたび白川さんの口から発せられた「考えられない」「分からない」という言葉の意味は、決して彼女の個人的な思考能力のなさを示すものではない。社会とのつながりを持ち得ない個人が大きな規範・社会構造と対峙した場合、それ以上答えない・先を考えないことは、自分自身を客観視する苦しみから身を守るためにとる賢明な態度のひとつといえる。煩雑な家事が引き起こす思考停止は、社会から切り離された私的領域である家庭に囲い込まれた孤独や、「産み育てる性」として有形無形の圧力を受け続ける女性の社会的位置に由来する苦しみ、そしてそれらを産出し再生産する性規範を、不可視にしてくれるのである。

白川さんは決して特別なインタビュー回答者ではない。むしろ社会から期待される性規範に真摯に応えようとしたため、いっそう現代日本の女性が直面する課題の重さに窮してしまったといえる。女性の生き方は自由で多様であるとみなされる現代日本にあって、今なお強固に作用し続けている「産み育て、家庭を守る」という女性性と結びつけられた性規範。この性規範は、自由と多様性を制限するのは「社会」であるにもかかわらず、これを「自ら」の無力さや努力不足として回収してしまうほど、女性の身体深くに浸透し、彼女たちの認識・感覚・ふるまいを拘束している。それはまた、専業主婦だけでなく、共働きでありながら当然のように家事・育児を背負わされている女性、家事・育児に支障を来さない範囲でのみ自分に就労を許し仕事との両立に喘いでいる女性にとっても、護身・保身のための無自覚的なメカニズムとして作用しているのである。「多様化」と「画一化」というダブルバインド、いわば矛盾する新旧両価値観の圧力に引き裂かれる苦しみから、いかなる距離とバランスをとって生きるべきなのか。これこそが、現代日本の女性に突きつけられている大きな課題なのであろう。親離れ・子離れを契機として新たな自己像について考え始めた白川さんも、この先、手探りながら自らの人生を模索していくに違いない。

産む選択がないということ

次に、前述した白川さんのケースと異なり、自明であるはずの「産み育てる性」からの逸脱を余儀なくされた根本美佐さんのケースを検討することで、女性性の捉え直しを通じた新たな自律とつながりについて探求していこう。根本さんは現在三〇歳代半ば、二二歳で結婚し専業主婦となった。結婚三年目で流産を経験し、子どもに恵まれなかった彼女は、身体の異常を感じて半年かけて検査を行った。だが身体的な原因は特定できず、その後八年間にも及ぶ不妊治療へと踏み出していく。

女性性とアイデンティティ

現代では、結婚した夫婦の一〇組に一組が不妊といわれる。「不妊」とは、二年以上にわたって子どもを望んでも妊娠できないカップルに対して用いられる。しかし、たとえ男性の身体的理由によって妊娠がかなわなくても、妊娠の確率を高めるためには、女性の身体に対して侵入的な数々の医療的介入が施される。また治療の結果、妊娠の是非が明らかとなる目安は、女性の月経（生理）の有無である。このため、不妊治療を行っていた八年間、根本さんは自分の女性性を強烈に意識させられた。彼女は当時を次のように振り返る。

本当に早く普通に結婚して、何も考えないで専業主婦をしていたわけ。まだ若かったし、二二歳だから、結婚して誰でも通る「母親」という、あれがぽっかり空いちゃった時に、女として考えちゃったわけよ。やっぱり正確に生理があるということは、そこで女性であることが思い知らされるわけ。だけど、そこがちょうど虚しくなるのよね。毎月のそれが虚しいの。それも、夫婦生活も実りにならないわけ。結局それやったってという気持ちが自分の中にあって。子どもはどうせできないんだから、やっても無駄みたいな。気持ちもだんだん枯れていってしまう。

ここでは、妊娠することが、根本さんにとって女であることの象徴と見なされている。不妊であること、つまり通常通りに月経が繰り返されることは、むしろ女としての自分を否定する結果を見せ付けるものであり、彼女の女性としてのアイデンティティに激しい動揺をもたらす。様々な治療を試しては失敗し、毎月、始まってほしくない月経を迎えるたびに、期待と失望、祈りと挫折といった気分の激変を体験する。また、不妊治療に従属させられ、排卵日に合わせて行われるセックスは、実らない虚しい作業として感じられるようになる。月経やセックスの解釈をめぐって、女性であるという自らのセクシュアリティから、やがて強烈な疎外感を抱くようになるのである。

と同時に、子どもができないという事態に直面した女性は、母親になれたはずの自分の可能性の一部をも失うことになる。「子どもを産んでこそ一人前の女性」と見なされる社会にあって、多くの女性が母親となることを当たり前の人生の出来事として経験していくのを横目に、自分だけがそれを経験できないことは、自尊心を大きく傷つける。当たり前の経験が得られないという深い喪失感は、不妊「治療」を通じて、女性には自分の身体の欠陥として解釈され、逸脱の烙印をより強く自覚するに至る。これらの経験は、自己の身体からの疎外、そして内面化された「母性」からの疎外として意識される。いわば、女性としての資格を問われ、自己の存在に関わる重大な問題として、不妊治療が開始されるのである。

不妊治療の開始と転機——自分を見据える

不妊治療を始めた根本さんは、「トコトンやってみる」ことを自らのモットーとしたという。人工授精のための卵子採取がまるで鮭の採卵のように感じられたとき、彼女の夫は治療を断念するよう提言した。しかし彼女は、多少の無理を承知で挑戦を重ね八年間にわたりトコトン治療に励んだ。むしろ、十分に治療に専念したと納得できたことで、治療を止めて不妊であるという運命を自ら引き受け、主体的な選択として意味づけし直すことが可能となったのであろう。子どもがいないからこそ今の自分があるという逆転の発想をするなかで、彼女は新たな人生を模索し始めた。長年にわたる不妊治療の過程を振り返ると、母親役割を欲するあまり、他に選択肢をもたないまま治療を煽り続けられた自分がいたという。そこから根本さんは、医療体制ひいては不妊に悩む女性を作り出す社会一般に対して疑問を抱くようになる。やがて彼女は、不妊をめぐる社会状況についての研究を志し、大学の通信教育課程へと進学を決めたのである。自分を見据えることで研究へと向かった動機を、次のように語っている。

（不妊治療を開始した）その頃、みんなから言われてくるの。みんなに言われてくることに敏感になってくるわけ。「お子さんは？」「なぜ子どもをつくらないの」といろいろ言われてくるの。そういうことが、おかしいんじゃないかと思うようになってきて、こんなことで悩むということは、いったいどこからこの悩みが出てくるのかという疑問があって。その悩みの解決にいたらなくても、この悩みの実体は何かと思った時に勉強してみようと思ったわけ。

不妊である状態そのものは、当事者に身体的な苦痛や生命の危機をもたらすことはない。むしろ、「女性は子どもを産み育てるのが当然である」という性規範によって生じる精神的な苦悩が、不妊カップル、とくに不妊治療を続ける女性を追いつめていくのである。性規範は、根本さんの周りの人間関係だけでなく、子どもを追い求め治療を続けていた彼女自身の中にも深く根づいていた。根本さんにとって、自分の苦しみを知ることは、社会を知ることでもあった。

しかし当初、学問・研究への道は、彼女が自ら積極的に選び取ったものではなかった。子どもがいるという理想の家庭もかなわず、不妊外来への通院に明け暮れて就職もままならない。ようやく治療を止めて就職をしようとしても、いずれは出産・育児を機に退社するだろうと見込まれ、まるで社会からも弾き出されてしまったような孤立感を味わった。彼女は、家庭にも社会にも所属がないまま、勉強することでしか自分を支える足場を築くことができなかったのである。不妊カップルのうち男性の側は、おそらくこれほどの思いをすることなく会社で働き続けられたかもしれない。

問題を抱えているからこそ、自分の力で解決したいと語る彼女にとって、自分を見据えるために不妊問題を「研究する」ことは、ひたすら家庭と病院を往復する中で不妊の苦悩に埋没する生活からの解放をもたらした。それはまた、私的領域を離れて、公的・社会的な広がりを持った地平から、自らを突き放して考える自由を彼女に与えた。不妊治療の渦中にあるとき、当事者である女性には、無神経な職場の同僚や友人、不躾な姑や親類、そして無理解な夫というように、彼女の生きづらさの源泉は個々の具体的な人間関係として映り、「産み育てる」ことを課せられた女性性に由来する社会的な差別として認識されることはない(8)。しかし根本さんは、自らを突き放して考えることで、社会的な次元で不妊をめぐる苦しみを捉え直すことが可能になったのである。

セクシュアリティと家意識・女性間格差

こうして彼女は、大学の通信教育課程を経て進学した大学院で、さらに不妊問題を研究すべく女性学を吸収していった。そして、不妊で悩んだ経験を振り返る過程で、自らの中に深く根づいていた「家意識」を自覚し始める。根本さん夫妻は長女と三男のカップルで、夫の実家から孫を切望する声はさほど大きくなかった。しかし、長女であった根本さん自身は、無自覚なまま後継ぎを産むことへの圧力を自ら背負っていたようで、妹夫婦に子どもが生まれようやく肩の荷が降りたと感じている。

また、この家意識は、不妊であるという状況を忌まわしい運命と見なし、自らの血が呪われているという発想にも結びつく。夫の兄夫婦にしばらく子どもができなかったとき、冗談のように「ウチの家系、呪われているのかなぁ」と話し合うのを聞いて根本さんは驚いたという。また彼女の夫も「ウチは、やっぱり呪われているんじゃないか」と言っている。しかし、不妊で悩む夫婦が、それゆえ家意識や血の繋がりにこだわりすぎると結論づけるのは早計であろう。出産を障壁なく通過した多数の夫婦こそ、当たり前のこととして家を意識しないまま、その継承システムに組み込まれているのかもしれない。むしろ、不妊によって偶然レールから逸脱した人々が、家の存在を痛感し、その圧力を体現しているだけかもしれないのである。(9) そして、長年にわたって不妊治療を続け、家意識の圧力を自ら感じてきたからこそ、根本さんは言う。「不妊が呪われているというのは、怖いのね。私なんか冗談に受け止められるけど、それも本気で受け止めるような女の人はいるわけよ。その人たちはどうなるのかというところが、やっぱり同じ女の人として、同じ問題に悩んだ者としては、そういう人たちを助けていかないと。」

研究を進める中で、彼女は強い実感をともない、セクシュアリティを介した女性間格差を浮彫りにする不妊の側面に注目し始める。女性同士でありながら、母親になる女性と不妊で悩む女性との境界が、例えば公園や病院において、日常生活の些細な場面で浮上してくる。「産み育てる」という女性性をめぐって、女性の間に社会的かつ空間的隔離が生じることから、根本さんは「女の敵は女」だと痛感する。不妊で悩む女性たちは、女同士だからきっと分かり合えるはずと期待し切望するものの、「あんた、子どももいないのに私たちの何が分かるの」と母親たちから発せられる拒絶のメッセージを察知することで、かえって「自分が気安かった」「甘えがあった」と自らの傷を大きくしてしまうのである。子を持つ女性にこそ性規範からの逸脱の苦しみが理解されないという当時の孤立感を振り返って、根本さんは次のように語っている。

どこか（自分の考えを）出す所がない、言う相手もいない。周りはみんなお母さんばっかりで、子どもとか。そういう所では疎外感があって。どうして私だけ、とウジウジしていく。それは、つらいことなのよ。共感してくれる人も周りにはいない。

このように、女性性をめぐっては、しばしば指摘される男女間の対立（産ませる性／産む性）だけでなく、女性たちの間にも、産める女性／産めない女性という対立が生じる。加えて、不妊治療が行われる医療現場でも、（医師の性別に関わりなく）医師／患者という対立軸が導入され、医師の立場からは治療を目的とした「患者性」が主要な関心事となり、「女性性」は疎かにされかねない。不妊であることは、世代的つながりを失うだけでなく、社会的なつながりの喪失と孤独感にも結びつくことは、想像するに難くない。

選択可能な社会を目指して——母性から生成継承性へ

しかし根本さんは、沈黙を強いられた不妊女性の声に耳を傾けること、また自らを生み出した社会構造を研究し理解することを通じて、個人的に体験された不妊であることの苦悩を、社会的・福祉的な提言へと昇華させていく回路を切り拓こうとする。そして、自らの経験や研究成果が少しでも社会に還元され、不妊で悩む人々を解放する助けになればと、カウンセリング機能を備えた医療コーディネーターの可能性に注目し、将来は自分もそのような職に就きたいと考えている。それは、医療の現場にあって、「治療をしない」という選択を含めた多様な不妊との向き合い方を、不妊外来を訪れた夫婦に提示する仕事である。自分自身の治療体験から、根本さんは「善き社会」について、選択権の与えられた社会、別の生き方が提示される社会を構想しているのである。

治療を受け続ける人々は、次々と新しい医療技術が開発されるにつれて、治療をやめる機会を失い、わずかな希望を頼りにいっそう治療に専念することになる。現代医療の進歩は、多くの人々に希望を与えた反面、以前なら「治療できない」「医者でもどうしようもない」との理由で受容せざるを得なかった・受容することができたことに対して、「治療できる」「それなのに治療しないでどうする?」と煽りつづける存在として当事者に重く圧し掛かる。加えて、自己実現を奨励する現代の風潮が、不妊である自分を受け入れることをさらに困難にさせる。努力しているのに出来ないという事実が、ますます妊娠願望を強くさせてしまうのかもしれない。

他方で、「母親役割にのみ女性を閉じ込める性規範には囚われるべきでない」という励ましは、ともすると「もっと広い視野をもつべきだ。子どもにこだわるのは自我を確立していない女性の甘えだ」という非難にもつながる。不妊の悩みに直面している女性にとっては、悩むことさえ許されず、ときには「子どもを産んでいないから女性として一人前ではない」という性規範以上に過酷なものとして自らの胸に突き刺さろう[10]。それは、社会的な不妊の問題、すなわち女性性（女性のセクシュアリティ）の捉え直しが必要であるという社会的な次元の問題を、性規範に耐えうる個人の強さを強調することで、個人的な精神論へとすり替えていることに他ならない。いわば、現代日本では、子どもを持たない・持てない女性にとって、既存の性規範と自律した女性像という二重の圧力（ダブルバインド）が待ち受けているのである。

そのような意味でも、自他ともに期待される「産み育てる」という女性性を自明なこととしてきた社会的な女性像を見直し、変容させることのもつ意義は大きい。女性のセクシュアリティを生殖性へと囲い込むのではなく、「生成継承性」としての generativity（次世代を育てる力）へと広げていくこと。これはまた、新たな社会的・世代的つながりの形成可能性を示唆するものでもある。我が子にだけ愛情を注ぎ、誰も実の母親の身代わりになれないとする排他的な「母性」概念ではなく、女性も男性も、子どもを産んでも産まなくても、次の世代を育むという「生成継承性」への転換は、いわば社会的なつながりの中で次世代の育成を担おうとする点で、女性の身体やセクシュアリティへと強固に結びつけられた性規範に変化の余地を見出す可能性を秘めている。[11] また、生成継承性に加えて、生殖性に直結されないセクシュアリティや新しいつながりについて考察するには、同性愛の研究にも学ぶところは大きい。[12] 少子高齢化が急速に進む現代日本にあって、生産性・生殖性を至上の価値とした近代以降の人生観を問い直し再構築する作業は、女性だけでなく全ての人々にとっても新たな生き方の地平を切り開く原動力となろう。

女性の身体と結びつけられた性規範である「産み育てること」という選択肢を失いつつも、根本さんが自ら紡ぎ出した新たな人生の軌跡は、もちろん彼女の逞しさ、彼女の個人的パーソナリティに多くを負っている。しかし、血のつながりを越えた新たな社会的・世代的つながりを自らの日常生活の延長に紡ぎ出せるようにすること、そして手探りながら新しいつながりを形成し始めた人々を支援できる制度や設備を整えることなど、誰もが接近可能であるような新たな社会的回路を検討することは、女性の生き方の多様性を考える際に必要不可欠なものとなろう。

三　一人で生きる——結婚への疑問

個人の単位

明治以降を近代日本と一言で表現するには多くの留保が必要であろうが、近代市民の倫理規範がそれ以前江戸時代の封建道徳に対抗して多少とも賞揚されたのは明治維新後である。市民社会の理想の夫婦、家庭とは、封建時代の家父長制、夫に妻が隷属するべきであるという規範に取って代わって、夫婦平等、男女平等がその理念であり、そこに上下や支配—従属の関係がないことであった。そしてその結合の紐帯としては「家」よりも「愛」が理想とされた。この背景を家永三郎は『日本道徳思想史』において次のように説明する。すなわち、「さうして個人を家父長家族から解放することは、延いては前述の身分秩序からの解放と相呼応して、個人を国家構成の独立不可侵の個体たらしめ、人格の尊厳と公共的社会形成の能動的主体たらしめる重大な歴史的方向につらなるものであったのである」[13]と述べられている。しかし、注意すべきはここで「個人」と表現されたとき、これは男女の単身者を意味しているのではなく、あくまでも「今や夫婦単位の小家族が市民的家族の理想として掲げられるに至ったのであった」[14]という指摘である。個人とは一夫一妻制を営む核家族であって、単身一人住まいの人間を指しているのではない。結婚があまりにも当然のこととして前提にされている場合、個人と夫婦との間の乖離が意識化されにくい。

このような結婚の規範化は日本だけに限られない。西欧のキリスト教、とりわけパウロ神学は宗教の使命と結婚とは両立しないのであるから、精神的エリートである修道士・修道女は未婚のまま宗教に献身するが、そうではない大衆は、姦通の罪を犯さないためにも結婚しなければならないと教えた。[15]西欧世界の根本を形作るキリスト教、聖書の教えが結婚を規範としている事実は何にもまして重要であり、だからこそそれに対する反逆としてフェミニズムが誕生する背景もある。たとえこのキリスト教道徳を思想として否定したとしても、生活慣行の中では日本以上にカップルで行動することが基本になっている国々だから、教会の規範は無視しえても、孤独感に由来する結婚・同棲への圧力を考慮しなくてはならないだろう。

少子化社会の結婚思想

二一世紀を迎えた今日の日本でも、結婚への規範が厳然として存在している。たとえば「パラサイト・シングル」という言葉が共感を込めて人口に膾炙した背景も、こうした規範価値が働いているように思える。この概念は、親に寄生して豊かな生活を味わうことが可能であるために生活水準を落とすような結婚を嫌う未婚者を意味している。「親自身の学歴や生活水準が高くなった結果、〃よりよい子育て〃のために子どもの数を絞るか、または豊かな経済環境が保証されないかぎり結婚しないという戦略が、若い世代の間で採られていると推測される」[16]という推測がパラサイト・シングルの根拠である。ここでは結婚の決定を生活水準の維持・向上にのみから説明するという功利主義的人間観が前提とされていて、ロマンチック・ラブからのみ結婚決定を説明することの単純さに共通する図式の荒っぽさを持っているが、それだけに分かりやすく、単身者のエゴイズムを強調する役割を果たしている。

また日本の少子化現象が顕著になるに従い、その原因の一端を女性個人の都合を優先させるフェミニズムの影響や子育てフリーライダーの増大に求める論拠も出てきた[17]。将来の年金を支払う子どもを育てず、他人の子どもの働きにおんぶするのはフリーライダーに過ぎないというモラル上の断罪である。しかしこの論点の矛盾は、日本全体に見られる出生率低下の原因を、一部の女性には大きな影響力を持っていても日本社会全体にはその影響力が限定されているフェミニズム思想に求めている点である。論旨として唐突であり、フェミニズムを著者の意図とは逆説的に過大評価していることになる。ただここに象徴されている時代の雰囲気、いわば女性が個人を主張することへの反感と子どもを産まない人への反感は、少子化社会の現代日本社会の雰囲気を良く伝えている。出産・育児を拒否することが個人のエゴイズムであり、反社会的行為であるという考え方である。前節で見たように出産不可能な人が現に存在しているにも拘らず、少子化社会の到来に警鐘を鳴らすいくつかの議論は人間の価値を結婚の有無、子どもの有無によって短絡的に評価しており、それでは大衆の持つ素朴な感情に迎合していただけではないかと思う。

結婚しないという選択

文筆を生業とする評論家や学者でなく、したがってその考え方が文章として残るわけではないが、一市井の人間として自分の生き方に固執してきたら、現代の日本社会への批判者となってしまった人がいる。結婚をしない、という生き方を選んだことで、本田茜さん（第1章、第4章参照）は社会の周辺者として弾き出された思いを強めることになったようだ。ここに、結婚に対する現代社会の圧力の大きさが見られるように思う。

本田茜さんはスナックを始めてから二七年目になり、年齢も四〇代後半になった。スナックを都心の文教地区に開業したそもそもの動機は、まず自分の家からの独立であった。身分違いの結婚ということで母親が父親の死後に家から追い出された後、おじ夫婦から大学入学を機に手切れ金をもらって上京した。その後、恋愛中の人を待つつもりで現在のスナックを開業したという。

ここのお客さんはストレートに変なことを言う人はいないんだけど、こういう仕事って、一番つらいのは、友人なんか連れてきて、一生懸命私をほめようと思って、「この人二〇年前は、すごく美人だったんだよね！」って過去形で言われるんだよね（笑）。その時は、「ああ、こういう仕事って、ほんとに年を取りたくないなあ」って思う。やっぱり家庭に入ってたりとか、外に出てない女の人は、そういうのあまり直面しないじゃないですか。「悪気がないから余計傷つく」ってことありますよね。

四〇代後半になっても、美人だったという過去形で気持ちが傷つくということは、本田さんの気持ちが若いということと同時に、今でも美人であることに自負を持っていることの証左であろう。二〇代そこそこでスナックを始めてこれまで経済的には順調に来たのであるから、男性に囲まれて仕事柄さぞ華やいだ生活であったことと思われる。従って結婚話も一つや二つでなく、山ほどあったことだろう。その辺りの事情を本田さんは次のように語ってくれる。

私は、カッコよく言えば、「不自由な安定」より、「自由な不安定」を選んだんですよ。自分はどっちに向いてるかって考えたら、好き勝手なことをして、だけど責任転嫁とか泣き言言わなくて、この年齢になって思いますけど、だから「自由な不安定」の方を選んだ。（決断については）やっぱり、ポイントポイントでは何かありました。若いときにはT大野郎のプロポーズも何度かありました。T大野郎ってホント軟弱だなあって思うんですけど、「おれについてこい」みたいなこと言ってた。

るやつでも、みんな親が出てくるんです。（中略）「これから先、あれをしてはいけない。これをしてはいけない」っていうんだったら、守れるかもしれないけど、今までやって来たことを否定されたら、もといが利かないじゃない？

「不自由な安定」より「自由な不安定」という言葉は格好が良すぎて、いくつもの決断をした後にその決断を振り返って思いついた言葉であって、真実は「今までやって来たことを否定されたら、もといが利かないじゃない？」という言葉のほうが実態に近いと思う。これまでの過去を否定されたら、「今の私」はないわけで、それならば、私の過去を否定するような母親がいるような人とはどんなに好きでも、またどんなにそちらの方が将来が明るく見えても結婚しない、という決断だったのだろう。ここには、見事な意気地があって、九鬼周造が『「いき」の構造』で分析したような日本人の美意識のひとつの典型である、「いき」が示されているように思う。

九鬼によれば、「いき」とは媚態、意気、諦念の三つの要素によって構成されているとしている。異性間の関係であるから媚態があるものの、「武士は食わねど高楊枝」の心、意気地のもつはり、あるいは犯すべからざる気品と拮抗している。さらに、諦念とは「運命に対する知見に基づいて執着を離脱した無関心」「現実に対する独断的な執着を離れた瀟洒として未練のない恬淡無碍の心」であるという。

本田さんの生き方を自律した生き方といってもよいが、そうなると彼女が陰で涙を流した部分が抜け落ちてしまうような気がする。自律（autonomy）という言葉には含まれていないような、やや暗くてネガティブな側面がここにあろう。今の日本社会で結婚しない選択をしたという事実は、しかもそれが中高年齢以上の女性にとってはなおさら、自分の自己実現を図ったためという積極的な結果というよりも、諦念といった消極的なものに由来することが本田さんを見ていると分かるように思う。一人で生きることがエゴイズムの発露であるよりも、能動的な断念の結果である。戦中世代であるために未婚のまま生きた女性たちは七〇歳代後半から八〇歳代に入り、既に死亡した人も少なくない。同世代に若年男性が少ない、という理由で結婚を断念した女性はもはや存在しないだろうが、別の理由、たとえば自分の親の面倒を看る、あるいは自分の生き方を模索した結果として今の社会では結婚が不可能と断念する女性は少なくないだろう。未婚＝エゴイスト、あるいは半人前、という思想そのものが、彼女たちの諦念を深めていくことになる。

都市計画コンサルタントの高橋さん

別の女性に、一人で生きていくもうひとつの事例をみておこう。高橋さゆりさんは四〇歳代前半で、都市計画コンサルタントをしている。ここ四年半くらいは一緒に暮らしている人がいて、同棲の形をとっているが、家族という間柄ではなく、経済的にも精神的にも一人立ちをしている。職業の上では、友人と都市計画事務所を開いてコンサルタントをしながら、彼女が自分で「自主研究」と呼ぶ外国人の住宅問題を解決するための活動を行ない、外国人のための通信も出している専門職女性である。

彼女がそもそも都市計画を学び、現在の自主研究を開始した動機を次のように語る。

普通に高校を出て、美術と理科系が好きだったので、高校生の知識なんて知れてますから、「じゃ建築学やればいいんだ」と思っちゃったんです（笑）。小さい時からプラモデルが大好きで、都市モデルをつくったりしていました。建築も美大系ではなくて工学部がいいと考えて、一浪してA大学の工学部に入りました。

彼女は何でもなさそうに語るが、注意してほしいことがある。現在では工学部に進学する女性が多くなったとは言えその数はまだ少なく、二〇年以上前ならばさぞ稀であったと思う。そして私大の工学部に一浪してまで入学している。単に、美術と理科とプラモデルが好きな一八歳の少女が好きなことをしたいから入学したとは思えない。大学進学の時点で、女性として経済的な自立を目指していたのではないかと思う。イメージの上では、ヘルメットをかぶり、ジャンパーを着て、長靴をはき、胸に計算尺を入れた女性を自分の妻にと考える男性は稀だったと言っても差し支えなかろう。

第8章でも触れるが、高橋さんにとって建築専攻は、単に職業を得るという手段としてだけでなく、学問内容それ自体も面白かったのだろう、一年生の時からゼミに押しかけて学び、また大学院へも進学している。現在でも街づくりや外国人の住宅問題などの自主研究を行ないつつ、経済的にペイさせるためにも、事務所で「あまりやりたくないな」と思う仕事も引き受けている。自分の関心、社会的貢献、生計の維持などの相互に目配りがきいて非常にバランスがよく、傍で見ていてもどれもが長続きするだろうな、と思わせる。実際、独立するにあたって辞めた事務所との関係もよい。次のように語っている。

（仕事をしていくには）何人かのチームワークがどうしても必要です。それに支えられていると思っています。専門職だと多少張り合ったりすることはあるんでしょうが、私の場合たまたま仲間にめぐまれていて、事務所のＯＢの人たちとの付き合いも続いていて、彼らが仕事を回してくれることもあり、よい関係だと思います。同業の人には「珍しいね」などと言われるくらいで……。同業の人に珍しいと言われるくらいだから、仲間内での評判もよく、信頼できる仕事を日頃からしていることが分かる。

こうした生活の中では、結婚は特に彼女の生活目標にはなっていなかった。彼女は、「私は、二〇代の頃から、結婚して幸せな家庭を築くなんてイメージがもてなかったんですね。いつも「束縛されて怖い」というような気持ちがあったんですよ」と正直に語っている。その彼女が、図らずも恋愛をした。結婚を念頭に置いていなかったのだから、結婚するかどうかは自分でも分からなかったという。三〇歳の頃のことで、先方の親の反対もあり結局のところ、この恋愛は破局に終わった。それが聡明な彼女にとっては「半年間もボーッとする位のショックだった」というのだから、相当の影響力があったのだろう。しかし、この経験を機に、彼女がシングルで生きる決心をしたわけではない。彼女はもう少し自分の生き方に柔軟だった。年上の女性とたまたま中国を旅行した際に、自分の行き方を振り返って、仕事もあるし、友達にも恵まれているけれど、「このままいくと変に自分に自信をもってしまうのではないか、とふっと怖くなって……」と反省している。一人で生きていけるという自信が、傲慢さへつながっていくことを懸念したのであろう。「そんな時にたまたま向こうから自分の所に押しかけてきた人が現れて」、今パートナーとして暮らしている。

ところで、一人で生きる、ということは必ずしも孤独を意味しない。本田さんの場合は、商売柄、なじみのお客さんとの長年にわたる仲間意識があり、また何よりも毎日亡くなったお母さんとお兄さんの仏壇に手を合わせている。高橋さんも、パートナーがいるだけでなく、長年一緒に暮らしているお母さんと自宅の別の階に住み分けて、よい距離を保っている。もちろん自主研究の仲間たちがいる。

善い社会について

そして彼女たちにとっての善い社会とは、本田さんの場合は、「アートだとかそれぞれ好きなことをやって、それが許される社会」であり、高橋さんの場合は、「自分がこうありたいと思ったそういう方向に素直に行ける、そんな社会が一番よいのではないかと思いますね」と言う。両者に共通しているところは、いずれも自己実現が可能な社会、個性が伸ばせる社会という点であり、それぞれが個性的な女性であるだけに語られるべくして語られた言葉のように思われる。さらに、一人で生きていくことの決断によって生じた日本社会との摩擦が、こうした言葉を語らせているようにも思える。

現代の日本社会は、一見すると男も女も自由に生きているように見える。しかし明治期には理想の形態に見えた一夫一妻制が強固な規範として存在していて、結婚しない生き方を貫くためには、諦念が必要とされるか、あるいは職業上自立するだけの能力を持たなければない。夫婦が社会の一単位とされる現代にあって、女性が文字通り個人として生きていくことの生き難さがまだ継続されているだろう。

四　主婦の責任とアイデンティティの確立

主婦の地位の下落

女性が単身で生きていくのも現代の日本社会ではなかなか容易でないが、結婚したからと言って女性が生きていくことが楽になるわけでもない。落合恵美子は主婦の持つ悩みや漠然とした不安感を「ニューファミリーの思秋期」としてまとめている。[18] ニューファミリーの理念とは家族からの解放ではなく、家からの解放を目指していたこと、すなわち日本の近代家族の理念を体現しており、主婦として家庭に入った人の割合も高かった。しかしその分だけ、主婦に対する不安や怨念も多くなって思秋期（子どもが成長した後の四〇歳代前半の時期）の悩みが出てきたと分析している。

また先に触れた明治時代の市民の家族道徳思想を分析した家永の場合も、家父長家族を否定する市民的家族道徳は先駆者たちによって主張はされたものの、封建的生活様式が存続して現実にそれを受け入れる基盤が未熟であったため、広く普及するに至らなかったとした。これに続けて、「女性の社会的活動の封ぜられていた当時の日本では、妻は単に夫の賃金俸給に依存する消費生活の管理者に過ぎなかったので、夫婦の共同労働によって生計を維持して来た前代の庶民よりも妻の地位がかへって低下するような結果もあらはれ、市民的家族道徳思想の勝利の日は猶前途遥かなるものがある、と云はねばならない有様であった」[19]と述べている。今日の妻の地位の低下を彼は明治期の文献中から予言していたことになる。

女性がもはや、家族従業者や自営業主として就業する必要性が薄れたこと、さらに家庭内でも商品の流入や電化製品の普及で家事労働が全般的に軽減されたこと、そして決定的には出産し、その後の育児や教育を施すべき子どもの人数が減ったこと、これらの要因が重なりあって主婦の労働はこれまでになく軽減されたが、それがかえって主婦の地位の低下となって現れてきているようだ。もちろん、育児期の主婦の大変さは現代になっても決して軽減されているわけではない。それに加えて現代の日本社会では、これまで知識階級以外で普及していた素朴な子宝思想が薄まって個人の選択、自己責任という市民社会の規範が強まっているから、育児期の両親を精神的にバックアップするような暖かな配慮が求めにくくなった。したがって育児責任を負った主婦の負担は当事者しか理解できないほど大変であることは十分認めるが、育児は永遠に続くものではなく、その責任が徐々に解かれてきた中年以降の時期に、主婦はどう生きていったらよいのだろうか。まして子どものいない主婦の場合は、どんな生き方が想定されようか。主婦の責任とそのアイデンティティを三人の主婦の生き方から探ってみよう。

再就職した飯田さん

飯田玲子さんは三〇歳代半ば、銀行員の夫との間に五歳の男児がいる。彼女は大学を卒業していったん就職したが、夫の留学のために退職、帰国後に外資系の会社に勤務し出産した。飯田さんはつぎのように語る。

実は、今の会社へ入ってから休職したことがあります。子どもが生まれましたし、主人が米国へ行くので専業主婦として付いて行ったのです。帰国後、また今の会社へ戻ると主人に言った時は、さすがに揉めました。と言うのも、今の会社は滅茶苦茶忙しいのです。子どもを生む前は、午前二時三時まで仕事するのは当たり前、週末は殆ど寝て過ごさないと身が持たない、という状態でしたから。そういう会社へまた戻るのか、と主人に言われ、喧嘩になりました。ただ、三年間専業主婦をやってみて、参ってしまって、私は仕事をしていなくちゃ駄目になる、と思っていました。ですが、仕事に戻る頃にはバブルも崩壊していて、なかなか職も無かったし、今の会社からも戻ってくれという話があったので、結局復職したのです。主人は「何で復職するのか」と言いましたが、私は「なぜバックアップしてくれないの」と思って、まあ、喧嘩になりましたが、そういうことが対立と言えば対立なのでしょうね。

飯田さんは、忙しくても、子どもがいても、専業主婦のつらさよりはマシということで、夫と喧嘩してまで仕事をしたいと思い、それを実行している。「専業主婦をした経験から、もう専業主婦には戻りたくありません。あの頃の私の精神状態だと、子どもにとっても可哀想だと思います」とまで言い切っているのだから、よくよく専業主婦には向かない人なのであろう。飯田さんにとっては、仕事を持つことが自分の解放につながっているようだ。

母親の介護と趣味の前沢さん

前沢さんの場合は、年齢も五〇歳前後、三人の子どもを育てた専業主婦である。長男はもう会社勤め、長女は留学中、次男は学生である。経済的にも恵まれている。彼女は特に職業を持つことを望んでいなかった。

学生の時に、自分が将来何をやりたいかが見つからなかった。それから、実家のほうに会社があったのと、自分の将来の目標はなかったものですから、それじゃまず結婚をして、それから自分の目標を探そうと思ってしまいました。

高校三年生の時に父親を亡くしたために大学進学をあきらめ、実家の事務手伝いをして二二歳の時に結婚した。そしてそれからは、自分の責任を母親、主婦、妻の三役と自覚して、三人の子どもを育ててきた。

私の場合は、若い頃に、子どもをきちんと育てなくちゃという責任感で、結構厳しかったのです。余裕もなかったし。自分が一人っ子だから、子どもをなるべく多く欲しかった。子どもに教えられ、子どものおかげで成長してきた部分がだいぶあると思います。子どもも一人でなく、三人でよかったのです。それぞれの問題も違うでしょ。子どものおかげで、いろんな人とも関わってきたでしょ。先生とか、親同士とかね。その中で楽しいことや良いこととか、いろいろ体験してきましたね。逆に今度は子どもが大きくなって、就職活動とか、子どもが一応大人として一人前になってゆくのをみながら、なんとなくもう少しで最低限の親の責任が終わるかなと思います。

と、これまでの生き方を振り返っている。こうした言葉から、子どもを一生懸命育てる中で、前沢さん自身も成長してきたことがうかがわれる。特に、子どもを通わせた幼稚園の園長先生を尊敬している。今は、ガラス工芸に凝っていて、その教室の女性の先生に魅力を感じているそうだ。前沢さんにとっては趣味のガラス工芸に携わっている時が一番充実感を覚える時で、家族皆寝静まった夜の一一時以降から作業に取り掛かるという。しかし、充実感を覚えれば覚えるほど、その限界も感じている。

若い頃子育てで忙しかったが、それでも子育て以外に、自分自身にとって何かというのをずっと手探りで探して、できる範囲でいろいろやってみました。でも、これは、例えば作品を作って売って商売にするとか、作家になるまでにもいかないし。趣味の世界っていうのは、なんとなく中途半端ですね。

どんなに頑張っても、暇のある奥様の趣味の域を出ないからであろう。彼女の友達はほとんどパートに出ているが、前沢さん自身はその気がない。それが出来ないのは、次の事情による。

私の場合は、(これだけはしなければならないと思うことは)今のことに関して言えば、母の介護ですね。母が寝たきりなので、その介護はずっと続くでしょうね。母と同居していますが、食事とか身の回りの世話などを毎日、朝から晩までしなければならないでしょ。

何気なく発言しているけれども、寝たきり老人の介護は大変な負担であることは想像に難くない。他人には、このように何気なくしか語り得ないほど大変な事項と言えばよいだろうか。寝たきり老人の介護は、職場と家庭とが一緒になったようなもので二四時間、日曜・祭日もないから、実際に気晴らしの場がない。だからこそ、気持ちのはけ口として趣味に熱中するのであろう。また介護の大変さを知っている家族も、前沢さんが趣味に熱中することに協力的なのであろう。家族の中に病人を抱えた場合、家族であるためにそれを他人に打ち明けにくいから、どこかに気晴らしが必要となる。先が見えないだけに介護を担う主婦の責任というのは大きい。こうした責任は「豊かな生活を求めて専業主婦になることを望む女性」といった図式とは程遠いだろう。前沢さんは、趣味の世界を自分の中に作り出すことによって、女性役割としての介護の負担を和らげている。

ボランティア活動の伊藤さん

伊藤幸子さんは四〇歳代なかば、子どもがいない。夫はキャリア官僚で、自分自身も東京の四年制国立大学を卒業している。試験を受けて公務員となる。何事にも生真面目に取り組む性格のせいか、仕事にも精を出し、それが楽しかったようだ。しかし、夫の仕事もいそがしく夜中に帰宅することが多く、伊藤さん自身も仕事量がかなりあって睡眠不足が続き、体調を崩して退職した。

その頃ちょうど夫の仕事が忙しくて夜中に家に帰ってきていて、私はずーっと睡眠不足になり体調が悪くなって、胃腸の調子が悪くて、痩せて顔が青白くなって、病院に勤めてましたから診てもらってました。非常に疲れていて「もう休もうかな」と思ったんです。辞めたときは後悔はなかったし、そのあと一年ぐらいは疲れていたのか、とにかくよく寝てましたよ。

このように楽しんでいた仕事を辞めざるを得なかったのは、体力の上でぎりぎりのところまで来ていたのであろう。女性と仕事、あるいは仕事と家庭の両立、という問題を提示した時に、しばしば夫の家事手伝いの有無など家庭内の分業構造が問題にされるけれども、問題の主眼点はそこにはないだろう。それよりも女性と仕事の問題は仕事そのもののやり方にあり、仕事が家庭外の他人との関係によってしか成立し得ないし、また仕事とは他人との結び付きを促すだけに、仕事の内実が問われなければならない。伊藤さんの場合は、体を壊すことで退職を選択した。現在の日本の社会制度が基本的には既婚女性のキャリア追求を前提として構築されていない以上、その制度に逆らってキャリアを追求すると何らかの障害にぶつかる。そしてその障害はしばしば伊藤さんのように、本人が体を壊すか、もし子どもがいれば子どもの精神的・身体的な病気となってあらわれたり、あるいは夫の身体の不調、キャリアの断念という場合もある。あるいは、育児を担当する祖母にたいして再度の主婦・母親役割の強制、という場合もある。いずれにしても、専業主婦を置く核家族が前提となっている産業社会のメカニズムの中で、女性自身が自分のキャリアを追求すること、すなわち主婦役割を超えようとすると、壁にぶつかることは必至のことであろう。伊藤さんは、まず自分のキャリア追求という点で本人にとっては不本意であっても、そんなことも考える余裕もなく、疲れきって挫折した。

その後、伊藤さんは夫の海外転勤についていったりしたが、四〇歳を越える頃に、夫の両親の介護を経験する。二年半、義父の看病に東京から遠い郷里の町まで通い、義父の死後、義母を自宅に引き取って死ぬまで一年半看病した。

（義母と）一緒に住みだしますと、すごく立派な人だったんだけれど、やっぱりどうしてもトラブルがありますよね。病人の看病って嫌なものだし、あまり楽しくないですよね。本人は元気なときは明るい人だったけれども、そういう病気に侵されていることを分かっているから気も弱くなるし神経質になって、病人だからわがままもでるし、嫌だなと思うこともあったの。どうしようどうしようと思いながら、病院に通っていたんです。（中略）どんなに信頼している人でもその人の立場がありますも。自分の親や兄弟に話すといっても、私もあまり心配はかけたくないし、事情を直接知らない人に全部話せるわけでもありません。そういうときはどうするかというと、全知全能であらゆる関係を超越した無色透明の存在を想定したくなるわけです。神様とか仏様とか。家庭のなかのごちゃごちゃした気持ちを訴えかけられるところは、最後にはそこしかないのではないかと思いました。

「事情を直接知らない人に全部話せるわけでもない」という介護の問題に直面して、彼女のような理性的で合理的思考をする人が、「神様、仏様」を想定するまでになるには、相当に悩んだことであろう。そしてその悩みのひとつが単に疲労や金銭的負担や被介護者との心理的トラブルばかりでない。介護をしている期間の孤独感も含まれる。彼女は、「介護とかばかりやっていると、もう一回世の中に出ることができるだろうか、という気持ちになるんですね」とその頃の自分が持っていた孤独感、世の中から取り残された一人ぼっちの気持ちを話してくれた。この孤独感は、先の飯田さんと相通じる側面があろう。
伊藤さんは今、夫と二人だけの生活である。

私と夫の二人の家族だけれども元気に暮らしていくために、家事、ご飯の支度などは一番大事だと思うので、それは手を抜かずにやっていきたいといつも思っています。（しかし充実感は）あんまりないですね。家事自体は打ち込むというものでもないような気がして。ちゃんとやりますけど。

むしろ空いている時間に、ボランティアのことと関連して本を読んだりしているときの方が充実しています。

と現在を語っている。伊藤さんにとって自分のキャリアを全うできず、家事に価値が見出せず、介護期間中、社会と隔絶した孤独感を癒す手段としては、ボランティアしかなかったとも言える。彼女は現在、週一回、「日本語の会」というサークルで外国人に日本語を教えている。そのために、日本語を教える資格も取得した。

インドネシアから一時帰国したとき、それまでトラブルばっかりで何かあると必ずトラブルだったのに、日本の場合は非常に効率がよくてかえって「さびしいな、冷たいな」って思ったの。いいような悪いようなね。人と人との関わり合いっていうのは、たいていの場合嫌なことが多くてトラブルばっかりだけど、そういうことがあると人と人との接触っていうのがすごくあるんですよね。で、日本の場合はないの。すーすーしてるの。もし外国の人が来た場合も同じように感じるんじゃないかなと思ったの。スムーズだけど取り付く島がない、というかね。それがいまボランティアやってる原点です。

人と人との間に摩擦が生じても、何もないよりはよい、と考えるこの積極性が伊藤さんのボランティアの原点であり、そこには介護期間中に味わった孤独感が現在の積極性を支えていると想像しても、あながち的外れではないだろう。だから、第8章でも強調されるように伊藤さんにとってはボランティアは、正真正銘「自分のため」であり、また楽しい、やっていて面白い経験なのだと思う。

ボランティア活動については様々な評価がある。アマチュアリズム、非効率、高学歴中産階級女性の自己満足活動、政府・地方自治体の実質的には安価な下請け機関、等々。確かにそうした活動がないこともないだろう。しかし伊藤さんのボランティア活動にかかわるまでの軌跡を見ると、自分のためにも、人のためにも役立つという理想的な意味でのボランティア活動の在り方が透けて見えてこないだろうか。

ところで、伊藤さんにとって子どものいないことが女性役割と抵触するとは考えていないようだ。インタビューで子どものいないことが話題に上らず、それよりも仕事、介護経験、外国人と日本人の比較などが中心的話題であった。子どもがいないという事実は、伊藤さんにとって従来の女性役割への見直しの契機ではなかった。ところが、先に見た根本美佐さんの事例では、不妊が女性役割への見直し、これまでの社会の在り方への見直しの契機であった。子どもがいないという事実がある人にとっては深刻な問題でも、他の人にとってはそうではなかった。女性役割とは、その役割すべてがどの女性に対しても同じように投げかけられるのでなく、内容が異なったままでありながら、ジェンダーとしての女性に課せられた役割の重さそのものに共通点を見つけられるのであろう。

主婦の責任

主婦の責任というテーマで三人の主婦をみてきたが、それぞれが自分の責任を果たそうとする中で、何らかの自律を見つけてきた。趣味が自律というと一見奇妙に聞こえるかもしれないが、当人にとっては生きていくうえで趣味が不可欠にまでなっていること、他人の目にはどうであれ、本人にとっては疎かにできない事項なのである。専業主婦は「三食昼寝つき」、と揶揄しているのは男性であって、仕事の報われ方の少なさを知っている女性ではない。アンペイド・ワーク（unpaid work／無報酬労働、無償労働）という概念が、日本ではなく欧米の研究者から提出された理由も、主婦労働が欧米においてもその重責に対して低い評価しか与えられていないことへの抗議からであろう。主婦の責任とは、家事の機械化と合理化が進んだ現代にあっては、かつてのような肉体的負担というよりも、個々の家庭内で子どもを無事に育て上げたり、親を介護していかなければならないところにあるのではなかろうか。

しかし、従来まで主婦の責任とされてきたことは出産・育児にしても、親の介護にしても現代ではもはや主婦だけで責任を負えるような生半可なものではなくなってきている。それは単に夫のサポートが必要というだけでなく、介護保険にみられるように社会全体のサポートが必要とされるような重要な事項である。主婦の仕事内容が軽減化されその地位も下がってきた今日、主婦の責任とは前沢さんのように子どもの教育を通して自分が学んだり、あるいは飯田さんのように再就職したり、伊藤さんのようにボランティア活動を選択したりして、何らかの社会的活動を自分の生活に付加していくことであり、それによって自分のアイデンティティも確立されるのではないかと思う。

五　自分の生き方

これまで七人の女性の生き方を参照にしながら、各人が従来の女性役割を超えようとする生き方を見てきた。性（出産）、結婚、主婦と、規範としてのあり方はそれぞれの人によって異なっていたが、共通してそれは各人に重くのしかかっていた。その女性役割を引き受けたり、あるいはそれを拒否することによって、女性役割を見直し、自分の生き方を通していくことが彼女たちに可能であった。

ウルリッヒ・ベックは近代社会の男女関係について次の三つの命題を提起している。[20] すなわち、①性別役割分業は、産業社会の基礎であって、伝統社会の遺物ではなく、近代的な身分制度である、②人間が階級文化から解き放った個人化（individualization）の力学は、家族という扉の前でも止まってはくれず、個人化の傾向が家庭内でも強まる、③男女双方に生き方の選択可能性が高まり、また選択そのものが強制と感じられるようになったために、女性と男性の共同生活において男女間の紛争が増大した、の三つである。言い換えれば、性別役割分業を必要とした近代社会の発展そのものが、完全な産業化と完全な市場化を要求し、それが家庭内に進入して家庭内の分業と規範も破壊しているという矛盾である。個人化が家庭内でも進行していくために、男性と女性との関係は伝統的形態や役割分業から解放され、男女双方が「自分の人生」を追求するようになる。しかしこれは結婚していようとしていまいと、男女の共同生活における紛争として私的・個人的に経験されるようになる、ということだ。

「自分らしく生きたい」という、考えてみれば本人にとってみればごく当たり前の小さな要求が、実は近代社会の中では途方もなく我がままで、理不尽な要求になってしまっている。そして女性役割を遂行していくことが「自分らしく生きる」ことの妨げになってしまっている。それはベックの言うように、女性役割が近代社会の中であくまでも進行していく個人化の傾向に矛盾しているからであろう。従来の女性役割が近代社会と結びついていたのは一定期間のできごとに過ぎず、これからは個人化の流れの中でその役割も見直されてくるのではないだろうか。その場合には、個人化というものが必ずしも利己主義や孤独とは結びつかず、「自分らしく生きる」ことによってかえって人と人との結びつきを強めるような方向へ持っていける展望を本章でとりあげた女性たちの生き方が示しているように思う。

（執筆分担／第一、三、四節・上林、第二節・三浦）

注

（1） Marshall, T. H., Bottomore, Tom（1992）, 原著六七頁。

（2） Richardson（2000）. セクシャル権というと唐突に聞こえるが、健康で文化的な最低限の生活を営む権利である社会権の延長上に想定された権利で、政治的・経済的権利というよりも文化的な権利の側面が強い。実践の上では、リプロダクティブ・ライツと言われている生殖・性への自己決定権を中心に、障害者や同性愛者が性生活をおくれる権利、アイデンティティの上では、同性愛者が社会的差別を受けない権利を含む。そして後者の発展形態として、現代社会の市民権が男女カップルを前提にしていることに異議申し立てをし、個人の権利の確立を主張する。たとえば、母子家庭の母親の社会的給付への権利要求がその最たるものであろう。そして他面では、ドメスティック・バイオレンスの禁止に象徴的にみられるように、これまで家庭内には介入してこなかった法律という公的権力が、個人の権利保護という名目で家庭に介入し、男女で作り上げた核家族という聖域が見直される過程であるとも言える。

（3） 原純輔・盛山和夫（1999）、一五七頁。

（4） 吉田民人（1991）、一九三〜五頁。

（5） 本節では、「産み育てる性」として期待される女性のセクシュアリティの側面に限定して話を進める。それゆえ、性愛と夫婦関係の歴史的変遷や、高齢者や障害者の性、性自認や性的指向の多様性といった側面には言及していない。（もちろん、これらの側面について調査時に私たちが考慮できなかったことも、現代社会で未だ軽視・タブー視されるセクシュアリティの在り方を象徴しているのかもしれない。）

（6）旧報告書では、このインタビュー回答者に「三浦良子」という仮名を採用していたが、本節執筆者の三浦と区別するために、「白川良子」という名に変更している。（姓は異なるが、両者は同一人物である。）この本のなかでは、他の章でも「白川」の姓で統一してあるので、了承されたい。

（7）子どもの犠牲にならず自分らしく生きようとする主婦のパラドックス、子育てと自分探しを両立させることの葛藤については、江原由美子「母親たちのダブル・バインド」（目黒依子・矢澤澄子編（2000）二九～四六頁に収録）を参照されたい。

（8）柘植あづみ（2000）、一八四頁。

（9）同書、一八六～七頁。

（10）大日向雅美（2000）、一九五～六頁。

（11）原ひろ子・舘かおる編（1991）、三一七～三二七頁。

（12）アンソニー・ギデンズ（1995）や小倉康嗣（2001）等を参照されたい。

（13）家永三郎（1954）、二二六頁。

（14）同書、二一四頁。

（15）ブライアン・S・ターナー（1999）、一二六～一四三頁。

（16）目黒依子・矢澤澄子編（2000）、八二頁。

（17）金子勇（2000）、二四三～二四七頁。

（18）落合恵美子（1997）、一四一～一六八頁。

（19）家永三郎（1954）、二二六頁。

（20）ウルリヒ・ベック（1998）、二一三～二五一頁。

文献

Marshall, T. H., Bottomore, Tom（1992）*Citizenship and Social Class*, Pluto Press（岩崎信彦・中村健吾訳『シティズンシップと社会的階級』法律文化社、一九九三年）
Richardson, Diane（2000）*Rethinking Sexuality*, Sage.
家永三郎（1954）『日本道徳思想史』岩波書店
海老坂武（1988）『シングル・ライフ』中央公論社
大日向雅美（2000）『母性愛神話の罠』日本評論社
小倉千賀子（2001）『セクシュアリティの心理学』有斐閣
小倉康嗣（2001）「ゲイの老後は悲惨か」、『クィア・ジャパン』vol.5
落合恵美子（1997）『二一世紀家族へ（新版）』有斐閣
金子勇（2000）『社会学的創造力』ミネルヴァ書房
ギデンズ、アンソニー（1995）『親密性の変容――近代社会におけるセクシュアリティ、愛情、エロティシズム』而立書房（原著1992）
九鬼周造（1930）『「いき」の構造』岩波書店（岩波文庫再録1978）
ターナー、ブライアン・S（1999）『身体と文化』小口信吉・藤田弘人・泉田渡・小口孝司訳、文化書房博文社（原著1984）
柘植あづみ（1999）『文化としての生殖技術』松籟社
同（2000）「生殖技術と女性の身体のあいだ」、『理想』二月号
原純輔・盛山和夫（1999）『社会階層』東京大学出版会

原ひろ子・舘かおる編（1991）『母性から次世代育成力へ――産み育てる社会のために』新曜社
ベック、ウルリヒ（1998）『危険社会』東廉・伊藤美登里訳、法政大学出版局（原著 1986）
目黒依子・矢澤澄子編（2000）『少子化時代のジェンダーと母親意識』新曜社
山田昌弘（1999）『パラサイトシングルの時代』筑摩書房
吉田民人（1991）『主体性と所有構造の理論』東京大学出版会

3

自己を超える——生きる力の源泉

島薗　進

一　宗教と「生きる力の源泉」

日本人は「宗教」に関心が薄いと言われることがある。現代の日本人にとって、宗教は日常生活の重要な事柄には関与しない形式的儀礼にすぎなかったり、特殊な変わり者が閉じこもり、市民を引き込もうとして迷惑をかける「カルト」のような形でしか姿を見せないものなのではなかろうか。世論調査で「あなたは何か宗教を信じていますか」と尋ねると、三〇パーセント弱の人々が「はい」と答える（石井研士 1997）。しかし、それは高齢者になるほど割合が高い。これから社会の中で自分らしい活動の場を見出そうとしている二〇歳前後の若者や、この調査研究が主たる対象として考えた三〇代、四〇代、の社会の中堅として働く人達にとっては、宗教はまことに縁遠いものではなかろうか。

だが、そう言われるわりには、宗教団体は多いし、目立つ事件もよく起こる。そういえば宗教集団に属している人は身近に少なくない。とはいえ、現代日本では宗教集団という側面からだけで宗教を見ようとするのでは足りないようだ。たとえば、ひとりひとりが「生きる力」をどこから引き出しているのか、問うてみよう。案外、生き生きとした語りが帰ってくるのではないか。そして、「生きる力の源泉」について語るとき、人々は何かしら宗教風の言い回しに近づいていくのではないか。現代日本人の「自律とつながり」を考えるとき、このような「宗教風の言い回し」にまで関心を広げてみよう。

つながりと自律と超越

宗教の機能を社会統合に見たのは、エミール・デュルケムだった（デュルケム 1941, 1942）。宗教は人と人とのつながりの基盤を提供するものという理解だ。宗教が他者との関係を断って、個人として達成すべき究極目標に人を導くこともあるから、宗教を社会的なつながりの側面からだけ見るのでは足りない。にもかかわらず、宗教が「ともにあること」を基礎づける働きの重要さは否定できない。日本の場合、家族の結合と死者の霊、先祖の霊の祭祀との関わりがどれほど根強いものだったかを思い起こせば、それは納得されよう[1]。

他方、宗教が自律の根拠を与えるものであることもしばしば身近に観察されることだ。宗教的な信念をもった人は、世の風潮や集団の大勢に従うことなく、不変の価値に従おうとし、信ずるところに従って屈することなく行動しようとすることがある。宗教は個々人が直面する圧力や規範を意識的、批判的に評価し、自ら自律的に熟慮し判断するためのリソースを提供してきた[2]。二〇世紀も終わりに近づく時期の日本人の間で個人主義や自律の気風が強まっているとしたら、それは何らかの形で宗教とも関わり合っているのではなかろうか。

宗教は単に社会的なつながりや自律の基盤となるだけではない。それはそもそも自己を、「自己を越えたなにものか」につなげようとする装置であるとも言えるだろう。自己が自己であり、自己が社会や他者との安定したつながりの中に定位できるのは、宗教が提供する超越的なものとのつながりによるところが大きいのであろう（本書終章、参照）[3]。

「宗教」にあたる西洋語は religion であるが、それはラテン語の religio に由来するという。その religio の語源を語るのに「re+ligare =再び結びつける」という語根から来ていると説明されることがある。キリスト教の神学で好まれてきた説明であるが、そこに一脈の真理が含まれていると見てよいだろう。「つながり」をもたらす恵みと「つながり」に由来する思わぬ災厄に関わるものとして宗教を理解することにしよう。では、現代日本の個々人にとって「自律」の源泉として、そしてそれ以上に「つながり」の源泉として、宗教はどのような姿で表れているだろうか。

二 教団の中から

ささやかな試み

伝統的な仏教宗派の一寺院を預かる住職、板東武男さん（三〇歳代後半）は親から寺を引き継いだにもかかわらず、伝統仏教のあり方に十分にはなじめず、なお外様的な意識を持ち続けつつ、何とか新しい寺院のあり方を実現したいものと地道な努力を続けている。

大学の理系学部を卒業し、サラリーマンをやり、次いで五年間、高校の教員として勤めたのだが、生徒指導の役を割り当てられ、生徒を抑えつけるための徒労に近い仕事に嫌気がさし、教師であることに挫折感を味わった。もともと僧職を継ぐ気がなかったわけではなかったが、ちょうどそんな時に父の要請があり、代々住職を勤めてきた地方の寺を受け持つことになった。

ところが葬祭や檀家の月参りにあけくれる住職としての生活にすなおに満足できたわけではなかった。現在の日本の仏教寺院のあり方全般に疑問を持っていたし、地元の宗門の寺仲間のあり方にも納得できないものがあった。同じような思いを持つ若い僧侶、数人が集まって、仏教と宗派の教えを伝える小さな新聞を出し、檀家に読んでもらうという試みを始めるようになった。

地元では、月まいりを一ヶ月にのべ百軒、一日三軒平均やっているんです。そのときに、行ってこんにちはと言ってお経あげてお茶飲んで今度の約束をして、はいさいなら、という繰り返しなんですが、やっててなんか虚しくないかということがあって、たまたま私と同年代の人たちが近所にいたんですが、やはり同じことを考えていて、こんなんでええんやろうか、何のためにお経あげに行ってるのかということを考えたわけなんです。法を広めることが仕事ではないか、ただわけのわからんお経あげてお布施もらって帰ってくるというんではやってて虚しいんでないか。といってもいきなり仏法の話しても聞いてもらえるわけないし、する話といえば天候の話ですね、それでもいい方なんですね。どういうふうにして布教したらいいかを考えたときに、押しつけがましくなくて、でもちゃんとしたものをお伝えできるものといったら、こういう新聞をつくって机の端にでも置いておくと。そのときは見てもらえなくても、後で置いてあったらちょっと手にとって読んでくれる人も出てくるんではないかと思ってつくりはじめたんですよ。

宗教者にふさわしい、宗教的真理を伝えながら充実した日々を過ごしたいという願いがある。人々にも正しい宗教に目覚めてほしい、少なくともいい加減な宗教に迷ってほしくないという思いは強い。ところがその思いはなかなか信徒には通じない。「反応はどうですか」と尋ねると、板東さんは次のように答える。

人によって様々ですね。そんなんあったっけなという人もいれば、一号から全部綴じてあると言うて下さる方もいらっしゃいますね。気になるのは、寺に対して熱心な方で手伝いをよくしてくれるいい門徒さんで、こういうものは、寺に対する思いと違うという人がいます。門徒さんはこういうことを決して寺に要求してるわけではないということがわかってきました。あんたええ人やけど、ちょっとやっとることが違うんやないかとか、最近うちの坊さんちょっとおかしなったんちゃうかと人に言うてるんやと言われたことがあるんですね。それが非常に残念です。僕ら僧侶やから布教するのが当たり前やけど、門徒の人は決してそれを求めているわけではない、そこのギャップをどう埋めていくのかが問題ですね。

宗門人としての困難

一方、宗門はというと、とてもこのような悩みに答え、真摯な僧侶の願いを受け入れるような状態にない。檀信徒をおきざりにして難しい教義解釈に自己満足してしまっており、檀信徒の方は僧侶の言うことに耳を傾けようとさえしないというのが正直なところだ。それでは僧侶としての責任を果たしたとはとても言えない――こう板東さんは感じている。学者中心の宗教ではなく、もっとふつうの生活人の感覚に即した宗教にならなければならない。習俗的なつながりの中で現状維持に甘んじているだけで、宗教的な精神に基づく自律にはほど遠い。

差別や戦争などをなくすために、宗門が十分に動いていないこともものたりない。ヒューマニズムでは間に合わない困難な問題を、仏教の教えこそが克服できるはずだと思う。しかし、そうした理想を目指して自律的に生きていくことと、日々の僧職の現実とはかけ離れている。現代日本の僧侶とは「労多くして喜びの少ない仕事」だと思わざるをえない。板東さんは芸能のサークルに入るなどして、教団という閉鎖社会からの息抜きと自由な交わりの場を求めている。単なる息抜きでなく、そういう場を通して、仏教の理解も深まる。教団と距離をとることで、かろうじて宗教的自律の可能性を探っている。

板東さんは現在の仏教教団のあり方や寺院の存在形態そのものに限界があると感じている。新聞を発行するなどの現在のささやかな試みでは、先が見えていると自覚している様子である。「今どんな夢をもっていますか」という問いに、板東さんは漠然とながら、仏教教団の存立構造の根本的な変革の展望を語ってくれもした。檀家に依存する住職という立場ではなく、もっと自由な立場に立って、仏教を広めていけるようにならなければならないのではないかというのである。といっても具体的な方策には思い至らない。「お寺の重要性はあると思ってるんですけど、いまそれが重荷になってきた部分があるのではと思う。時代にあわせて容れ物も変わっていかねばならんという気持ちはありますね。(中略)具体的にどうしていいかはちょっと分からないですけど……」。

古い共同体や家族親族の結合を土台とした人々のつながりと仏教の教えと儀礼がかみあっていた時代もあった。寺の儀礼をめぐる営みに、人々が「生きる力の源泉」を見出していた時代もあった。しかし、もはや共同体や家族・親族の結合は小さく脆弱なものでしかなく、僧侶は形式的な儀礼の場に短時間呼び出され、人柄や生き様に関わりの薄い小さな役割を果たすに過ぎない。信徒個々人の人生にとって重要なメッセージや導きは、もはや寺や僧侶に求められてはいない。それでも保って置かねばならない人間関係の和を乱さないだけの気配りがあればよい。そんなところで自律的な宗教者としての本音を出そうものなら、とんだ場違いの仕業と見なされかねないのだ。

嘆きや諦めといっても板東さんは地道な努力を放棄しようとしているわけではない。小さな可能性を追求し続ける責任を果たした上で、その限界を痛切に感じ、根本的な打開の方向性を望まずにはいられないのが板東さんのような立場の僧侶である。しかし、真摯に自律的な宗教性の広まりを願うからこそ、行き詰まりに悩まずにはいられない。教団の中からそのような変革の渦は巻き起こってきそうにない。

三 「宗教」を超えて

気づきのセミナーの体験

そろそろ五〇歳の大台に近づこうとしている関根浩也さん(四〇歳代後半)の職歴を説明するのは難しい。定職というのがはっきりしないが、それを苦にしている風でもない。同時に「だいたい三つぐらいのことをやると一番調子がいい」という。ギターや邦楽など音楽を教えていたこともあるし、社会科や英語の教師をしていたこともある。音楽関係で知り合った夫人の収入も当てにしているし、不労所得もある。自然食の会社に関わっていたこともあり、今は「波動の研究所」に通って最低限の収入を得ている。

しかし、もっとも重要な職業経験は「気づきのセミナー」のトレーナーということになろう。「気づきのセミナー」とは七〇年代にアメリカの若者の間で流行したもので、当初はヒューマン・ポテンシャル・

ムーブメントなどとよばれたが、日本では八〇年代の後半以降に流行し、「自己啓発セミナー」（当事者は単に「セミナー」とよぶことが多い）として知られるようになったものである。[4] ホテルの会議室などに、高額の受講料を払った参加者が、数日間、数十人（時にはもっと多く）集まり、トレーナー（ファシリテーター）の指導の下、心理療法の知識や技法を用い、ゲームをしたり、瞑想をしたり、語り合いをしたりしながら、本来の自分を見出し、もっと自由でもっと効率的な人生を送ることができるよう、学びの時を過ごすものである。

関根さんはこの自己啓発セミナーの大手会社の一つに所属し、受講者に「気づき」による新しい人生の送り方、ものの考え方を指導する責任者として勤めた。会社を支える有能なトレーナーのひとりだったのだ。ところがいつしかA社との折り合いが悪くなり、独立して自らB社というセミナー会社を始めたが、それも立ち行かなくなった。セミナーとの関わりはかなりの長期に及び、セミナーで出会った人は一万何千人にも上るという。「人生の目的はやっぱりできるだけ多くの人に出会って、その出会いを通して、その結果自分のいろんな側面を引き出されることです。基本的にいろんな仕事に就くのはいいことだと。」

では、「気づきのセミナー」で得られたことは何だろうか。関根さんは今も、基本的にはその考え方の枠内でものを考えている。そのセミナー的な考え方は人類の心の進化、発達とも関わることだと関根さんは言う。

気づきのセミナーでね、根本的に問われてたことってのはかなり本質的に役に立つ部分があるんだと思うのね。立場・役割を超えて人と人とが同一の平面に立って、で、正しい答えに向かって行くんじゃなくて、私はこう考える、私にとってはっていう範囲内では正しいっていう恋愛観なり政治観なり宗教観、結婚観、それから金銭観、友人観。答えがない。あるとすれば人数分正しい答えもありうる。そういう立場から、人と人とが出会うような、そういう環境を、やっぱり幼稚園っていうか家庭も含めて、どんどんなっていくということしかないんだと思いますね。自己洞察っていうんですかね。自己認識。「気づき」ですよね。あれが唯一、一番、確実で――手っ取り早くはないんですけど――あの方法を抜きにしては、やっぱり人間的に進歩はないんじゃないですかね。

とらわれからの自由としての自律

「気づき」の方法とは何だろうか。関根さんの考えでは、それは個々人がとらわれやこだわりから自由になり、本来の自分の欲求を知り、もっと生き生きと生きていけるようになる方法である。人はたくさんのものにしばられ、自分を殺して生きようとする。それはお互いを抑圧しあうことなのだ。そうした社交儀礼的な固定観念(気づきのセミナーでは「ビリーフ」という)がなくなっていくことこそが、人間の心の進化の鍵なのだという。「こうでなければならない、この歳までに家を建ててとかね、こういう学術論文書いてとか、そういうものから逆に解放されていったときに、本当の安らかな悟りみたいな境地が来るんじゃないのかなぁ。ただ社会生活上のしがらみの中でそこまで突き詰めませんし、もちろん責任もありますから。(中略)本当にそこを突き抜けて、ずーっと自分の中に降りてった時に、何にもいらない世界みたいなね、あるがままの。サット・チット・アーナンダ〔存在・意識・至福〕というヨーガのあれじゃないですけど。」

関根さんにとって、「心の自由」の生き生きとした体験が繰り返され、「ほんとうの自分」と結びつけられていることが察せられる。もろもろのこだわりからの解放を進めていくことで、内面に大きないのちの解放の実感が獲得されるのだ。自律の極大化の体験といってよいだろう。しかし、こだわりが関係や所有に束縛されていることであるとして、それらすべてがなくなったとき、自由の喜びの後で、かえって途方に暮れてしまわないだろうか。個人の自律を極大化しようとすると、他者とのつながりから得られるはずのものを失ってしまわないだろうか。「何もこだわらなくっていいっていうのはかえってつらくないですか」と問い返すと、関根さんはこう答える。

その時に、なんか出てきたものが、本当のこだわりではないかと。どんなにささいなことであってもね。古い写真の整理だったかもしれないし。一般とか常識とかじゃなくて、多数決で決めるんじゃなくて、その人の個人のマニアック〔なこと〕でもいいんですけど、価値観の世界っていうんですか。もうちょっとそれをみんなで尊重しあうような、個性的な、そういう社会になったほうがいいような気がしますね。つまんないんですよ日本の社会見てると。

この意味でのこだわりとは何だろうかとさらに問うと、関根さんはそれは「人生の目的・使命」のようなものだという。では、関根さんの使命とは何なのか。セミナー以来続けている、人を自由にさせるための導きの活動であり、自らが瞑想の時に感じるような深い充実感を人々にも伝えていくことである。

「僕と会うことによって大げさに言うと人が幸せになれるっていうんですか。何かを教えるとかじゃなくて。そういうのは、小さいときからやっぱり感じてましたよね。どっか変なエネルギーがあるっていうかね。違うんですね、やっぱりね。」しかし、これを人に押しつけることはできない。個々人が自分が感じ取ることを基礎にし、自分らしさに忠実であるしかない――これが関根さんの自律のとらえ方だ。

自分のいのちを輝かすには

「気づき」のセミナーで体得した生き方の「ポリシー」とは、人間皆が実は、それぞれバラバラの個人なのだという自覚が基礎になる。他者とのつながりは、すべて仮のもの、偶然のものでしかないと関根さんは見ている。では、それでも責任というようなものが生じるのだろうか。社会人としては景気にも環境にも政治にも責任があるかもしれない。「でも、モラルとか倫理とか哲学って、心の方に問いつめていった時に、やっぱりそれは、いろんなものが消えていって、最終的には自分のいのちっていうものを、どういうふうに自分で輝かすのか、磨いていくか」というところに帰するのだという。「それでは、自分のいのちが確保できれば、他の人との関係は、それほど問題じゃないのかっていう疑問もあるのでは」と問うと、関根さんは次のように答える。

まあね。でもそこから始まるっていうことでね。他を否定するわけじゃないんですけどね。僕はよくあたたかい・優しい人だと言われるんですよ。世間一般にはね。頼まれたことはだいたい何でもやってあげるんですけど、ある意味ではものすごく冷たいんですよ。だから「切る」ことができるんですね。意識の中で、これは自分の問題、それはあなたの問題。だからあるところまでは一緒に行動・作業的にやってても、最終的に何か決断するのはその人であるっていうかね。請け負うのもその人であるっていう。そういうものすごい割り切りの二重構造。

強くたくましい個人主義が関根さんの考え方や生き方の基盤となっているように、聞こえる。しかし、また、何か極度にストイックで孤独で寂しい音調が響いていないだろうか。

関根さんの人生は一種、現代風の行者のごときものと見ることができるかもしれない。別に特別な禁欲生活や苦行を行なっているわけではない。しかし、ある使命観を信じ（また時に疑いながら）、世間的なつきあいやつながりを切りつめて、自らが霊性的に高まり深まっていくこと、そしてより多くの人たちを霊性的な成長に導くことに「人生の目的」を見出しているように見える。ただ、関根さんの試みはかつての時代の行者以上に孤独な試みのように見える。「仲間と言えるような存在は？」という問いへの答えは次のようなものだ。

少ないんじゃないですか。ある意味では自分が先生になっちゃうわけなんですよ。本当はなりたくないんですけど、潜在欲求はわかりませんけど。むしろそういう意味ではすごいエゴイスティックな人間ですから、自分がなにか学ぶことには興味がある。教えるっていうことは自分の持ってるものを出すだけで、もちろん相互啓発っていうのはありますけども、結果的には先生になってしまう。そういう、なんかカルマと言ってしまえばそれで終わっちゃうんですけど。信頼できる人はたくさんいますけどね。そういう意味での仕事の同僚とか何とかいう感じではないと思う。ひとりのゲームなんですよ。

宗教には関心がないが、精神世界やニューエイジとよばれるような、からだや心の変容の体験に高い価値を置く新しい文化（グローバルな現象として「新霊性文化」とよぶことができる〔島薗進 1996、参照〕）には強い関心があるという人たちがいる。宗教よりもっと自由な自己探求や霊性の開発を目指すというのだ。関根さんもそのひとりだが、当初抱いていた楽観的な希望にややかげりがさしている。その大きな理由は、しがらみとなるようなつながりからの解放を求め、自律を重視する生き方を求めると、結局は孤立に陥ってしまうところにある。孤立を脱して組織化を求めようとすると、宗教教団と似たものに行き着いてしまう。その間で途方に暮れているという例が少なくないようだ。

四　漂　泊

神秘体験と社会変革

アルバイトで生計を立てながら、芸術家として生きる道を探っている山田秀一さん（三〇歳代前半）は、宗教に深い関心をいだくようになった最初のきっかけは、一八歳のときに訪れたという。それは役者として舞台に上っているときのことで、このときから山田さんにとって、宗教と芸術は緊密に結びついた何かだった。

天界の場面になって、天界の人の間の話になると、バッハの「G線上のアリア」が聴こえてきて、するとﾞどこかわからないけれど、体の中からわき上がってくるものがあったんです。白いものが体中にぱーっと来て、気絶しそうになって、体がしびれて、目の前が真っ白で何も見えなくなる。光につつまれているような。そういう感じになって、頭がくらくらして気絶しそうになるんです。そうしたら、台詞が勝手に出て来ちゃう。で、びっくりしちゃって。

それだけだったら単なる不思議な体験なんだけれど、その後が大変な高揚状態になっちゃって。この世の中の人間で、憎い人がいなくなっちゃうんです。例えば、終わって、道を歩いているでしょう。道の人が、ひとりひとり、抱きしめたくなっちゃうんです。（中略）宗教にはいきませんでしたけれど。それからは、宗教には関心はあるし、今でも離れられないし。


演劇（芝居）だけではなく、美術やクラシックバレエもやっていた。いろいろなことをやって自己深化に努めていたが、今から考えてみると、「そこが全然ずれちゃってるんですよ。現実感覚がないっていうか。やたらと理想的になるばっかりで、思えばあれが失敗でしたね。」著名な大学で学位を得たにもかかわらず、愛の精神で芸術によって生きていこう、さまざまな芸術を総合した「総合芸術」を実現しようなどと考えているうちに、社会的に成功する、あるいは成功とはいわないまでも、堅気の道を歩むことなどはできなくなってしまった。そのことを山田さんはいくぶんか悔いている。しかし、もっぱら悔いているというだけでもない。自分が歩んできた道にそれなりに道理があり、足りないところや選択の誤りがあったとしても、基本的には誇るべきものだったと考えているようだ。

芸術を通して「世の中全体をよくしていきたい」という考えだったが、ある時期からもう少し現実的な問題に目が向くようになってきた。それを山田さんは、「社会的な意味に目覚めた」という言葉で表現する。「個人が問題っていうよりも、社会が問題だったから起きた」というような問題もあるということを思うようになった。そして、そちらの方へと深入りするようになってしまった。アルバイト先の病院で労働組合に入り、「社会変革」の行動に立ち上がるようになったのである。

具体的には病院が週休二日制に移行するとき、就業規則を変えないまま就業時間を延長すると言い出した。組合として規定の時間通りに仕事をやめて帰ってしまい、抵抗の意志を示そうということになった。ところが、実際には組合の書記長とひとりの執行委員と山田さんと三人だけしか帰らなかった。まあ、誰でもまずは自分の生活が大事なので、いざという時には積極的に協力できないのは当然だ。しかし、がっかりしたのは、そうして協力しない人たちが居丈高に、山田さんたちを批判することだった。「組合からお給料貰ってる訳じゃないのよ！」とか「一五分延長〔の妥協案〕なら〔処分を受けることは〕ないんでしょうねえ」などと。「闘っててそう言うんなら分かりますよ。闘いもせずにですよ、いい顔ばっかりしてて、こっちにそういう文句を言われても。もう、これ、無理だなあ、と思ってね。」上からも組合員からも攻められるという状況で、深い挫折感を味わい、アルバイトをやめてしまう。

オウム真理教で学んだこと

では、もどるべき「本業」の方、つまり「総合芸術」の方はどうか。そちらも考えてみれば、甘い見通しだった。限りあるエネルギーがさまざまな芸術に拡散してしまうことになり、達成感が乏しい。いわば二重の挫折だった。そのような挫折感に見舞われてバレエもやめてしまい、うちにこもって絵を描くことに没頭するようになる。「その時期ですよ。宗教は興味あったけれど、本を読む位で、修行って感じではやっていなかったけれど、禅寺に行って禅を組み始めたっていうのは、その時期です。」そこで修行するうちに、生活の面倒を見てくれるといういい話がもちあがった。禅堂の電話番とか娘や息子の家庭教師みたいなことをしながら、修行もやりつつ絵も描いていればいいという話もあった。ところがオウム真理教にひっかかってしまった。禅では見えなかった社会変革の展望がそこにはあったことも大きな理由の一つだ。山田さんが強い関心を持っていた神秘体験と社会的意義、その両方がオウムにはそろっていた。

オウム真理教に出家して道場に入ったのは地下鉄サリン事件（一九九五年）の少し前で、サリン事件以後しばらくして脱会したわけだから、オウムの道場にとどまっていたのはたかだか数ヶ月のことである。しかし、オウム真理教とオウム事件を体験することによって、山田さんの考えの中ではっきり確認されるようになったことがある。理想をもって社会変革を目指して人を巻き込むというような態度の欺瞞性がはっきり自覚されるようになったのだ。山田さんがオウム体験の反省によって学び取ったものは、次のようにまとめて述べられている。

理想というのは欲望から発しているというか、欲望と一緒なんですよね。食欲とか、社会のためとか、次元の違いはあるかもしれないけれど、結局のところ欲望に過ぎないと言うか。だから、そっくり返っていると、どうしても誤りの方に行っちゃうんですよね。みんなのためにやっていることが、結局は自分のためになっちゃう、っていうか、ね。そういう危険性もはらんでいる、それに気づいたって言うことは非常に大きいですよね。

そこから引き出される指針は、「自分の理想を主張はするが人に押しつけない」ということだ。「かっこいいことばっかり言って、やってることは逆」というのがオウム真理教のリーダーたちだった。「僕は別にいい人でも何でもないし、僕の中に、そういう分裂があるわけですよ。」そのことに気づかされたということを大事にしたいという。

自我の確立という課題

では、そのような認識をもって、これからどのような生き方や社会のあり方を目指すのか。自分の経験から学んだことに忠実であろうとすることはその一つである。「神秘体験で、何を得たかっていうと、いくつかあって。まず、人間以上の存在はいるなあ、と。」「あと、自分が何をすべき人間か分かった、と。確実に。こういう道を進んでいいんだ、こういう道を進んでいくんだし、進むべきなんだし、と。それが、分かったっていうことですよね。」その時に得た昂揚感というか、愛に満たされた感じで、それを表現する「べき」だ、というのがありますね。そういう、強い意志が生まれましたよね。ただ面白ければいい、というんじゃなくて、そういうもののために、という。それ以外のものはやりたくない、というか。

このように体験を基準としてものごとを考えていくと、特定の宗教にこだわることは意味がないことに思えてくる。山田さんはそのことを、「今は、宗教はみんな同じだっていう認識に至っている」という。

表面的にはまったくちがうように見えても、本質的なところは同じなのだ。そのような宗教の本質に関わるものを表現するのが、総合芸術でなければならない。では、その宗教にとって本質的なものはどのような言葉で表現できるだろうか。山田さんはそれを「本当の祈り」とよぶことができるという。ブラジルの貧しい人たちが唱える「今日も一日の糧を与えたまえ」というような祈り、しかし、それは形式的な祈りではなく、それなくしては一日が始まりえない本当に心からの祈りなのだ。

「今の日本社会の問題点」の一つは「自分というものをしっかり」もちえていないこと、つまり「自我の確立」がなされていないこと、もう一つはメディアに顕著に見られるように欲望をかき立てすぎることだ。前者について言うと、教師が子どもを理解できないなどというのはおかしい。「理解する必要ないと思うんですよね、僕。かえって傲慢だな、と思っちゃうんですよ。あんたに理解されたくないよ、って（笑）……そうじゃなくて、何が大事かっていうと、違いを認めることが最初じゃないかという気がしますよね。」このようなおたがいの認め合いとそれに基づく自我（自律性）の確立には、宗教的なものに通じるものがある。だが、自我の確立には一面、危険なものもある。孤立した自己の中に閉じこもって、ひとりきりになってしまうという可能性もある。とても自我の強い、とんでもない人間になる可能性もある（山田さんは、麻原彰晃のことを考えているのかもしれない）。

本当に、ですよ、自我を確立するということはどういうことかというと、僕はこう思うんですよ。世界の中に、六〇億、人がいるんですよ、その中で、たったひとりの人間、ということですよ。すごいことですよ。そんないっぱいいる人の中で、ひとりっていうことですよ。その貴重さを、身にしみて実感する。それは本当に大事なことだと思いますよ。
それで、そう認識すると、僕ね、それだけでは済まないと思うんですよ。どういうことかというと、六〇億分の一で、たったひとりの人間だということは、翻って考えると隣の人だって六〇億分の一のひとりなんですよ、れっきとした。そういう認識につながってくると、僕は思うんですよ。

仲間は絶対に必要

山田さんの人生は、これからまだまだ困難な山や谷を越えていかなければならないだろう。芸術の才能が認められ、経済的に安楽な生活ができるかどうかわからない。しばらくは「漂泊の人生」とでもよぶべきものが続きそうである。それは前節で取り上げた関根さんのそれと似て浮遊しそうな不安定な要素をはらみながらも、根を降ろして生きている定住の人たちがときに陥りがちな紋切り型や慣習への安住の中に潜む欺瞞性を、鋭くあばいてみせるようなところがある。しかもそれは批判のための批判ではなく、創造的なつながりの可能性をどこかに展望しようとしたものでもある。「仲間は必要か」という問いに山田さんは次のように答えている。

必要だと思いますよ。ただ、どこに同じ思想を持った人がいるかわかりもしないし、今、とりあえず、現状で言うと、ひたすら自己を見つめている段階というか、弾けてない〔演奏できていない〕段階だから。でも、仲間は必要です、絶対に。

山田さんの生き方、そして宗教的なものとの関わり方は、現代の宗教的「漂泊」の語で要約できるだろう。山田さんは広い意味での宗教的なものに高い意義を認め、そこに「善さ」の究極的な基準を求めうると考えている。しかし、そのように究極的なものを強く意識すればするほど、現実の特定の集団とは距離を置かざるをえなくなる。そしてその状態に満足しておらず、仲間の重要性を自覚している。したがって、孤独に見えるが、それは消極的なものというより、未来に向けた積極的な孤独ととらえるべきものなのだろう。

次節では、こうした「漂泊」の生き方と照らし合わされるべきもう一つの方向性を見ることにしたい。確かな信念の核になるものを抱き、自己を超えたものとのつながりのビジョンを育てながら孤独にさすらう生き方に対して、何らかの宗教的世界や社会空間にしっかりと身を置き、身近な生活の中に宗教的な意味につながる生きがいを実感しながら、日々を送っている人たちに目を移そう。すなわち「根を降ろして生きる」生き方の今日的な形を見ていくことにしたい。

五　根を降ろして生きる

生きる場を保証してやりたい

幼稚園の保父さんとして、自分の「責任」、あるいは「願い」は「〝その子が生きる場〟っていうのを保証してやりたい」ということだという河合昭一郎さん（二〇歳代後半）の話を聞こう。河合さんは大学で留年中の選択研究に保育所の実習を選んだのがきっかけとなり、卒業後、「幼稚園の先生」として働くことになった。「会社とかの仕事はしたくないっていうのが、ずっとあり」、「研究するよりも、実際子どもと遊んでいたほうが楽しいなってことを思」い、子どもと遊んでいる姿を見た指導教官からも「すごく生き生きとしているね」「お前の天職かな」などと言われ、決断した。今は結婚して一児があり、「嫁」にも「娘」にも、「自分の人生をしっかり生きてほしいという思い」があるといい、「家族より仕事の方が大事だって思っているかもしれない」と語る河合さんだが、「仕事」と「家族」という二つの社会空間は、彼が根を降ろすべき場所としてともに確かな存在感をもっている。

この河合さんにとっては、「根を降ろして生きること」が宗教的なものと結びついている様子である。まずは河合さんの仕事への取り組みの姿勢を通して、河合さんにとっての宗教的なものの意義を知る手がかりを得よう。河合さんが情熱をもって仕事に取り組んでいることはすぐにわかる。「その子が生きる場」を保証してやりたいということを説明する次のような発言がそのよい例だ。「今までの仕事のなかで、一番印象に残っている出来事は？」という問いに対する応答である。

前にいた幼稚園で年長組の担任をしていたときに、卒園する子たちを送りだしたことかな。前に勤めていた幼稚園は、カリキュラムもガチガチで、子どもひとりひとりのことを考えるようなところではなかった。それで自分はそういうことと結構戦ってきた。そういう経緯があって、三、四年目くらいかな、「もうやってけないな」って思って、辞めようかどうか迷っていた時期があった。そうした中、卒園生を送り出す前に、また改めてひとりひとりの子どものことを考えた。それまでは、他のことばかりで忙しくて、そんなこととしている暇がなかった。でも最後の何日間かだけど、そういったことを真剣に考えたし、逆に言うと、取り返しのつかない時間に対する悔いもあった。で、卒園式の時、ぼろぼろ泣いてしまって（笑）。子どもに向かって最後の言葉を話す時にね。本当にその子たちに申し訳なかったな、という思いがあった。まあ、そのことがひとつ、印象に残っていることかなあ。」

河合さんは保父という仕事の確固とした「理想」がある。「その子どもが本当に生きれるかどうかっていうことだね。〝生きる〟っていうことに対して、自分の場合でも子どもの場合でも、曲がってないかどうかっていうことですね。それが自分の一番の判断基準です。〝生きる〟ということから遠ざけるものは排除したいと思うし、そういう方向に向かっていけるような環境を用意してやりたいと思います。」また、「その子が生きる場っていうのを保証してやりたい。それが自分の〝責任〟だと思う。まあ〝責任〟というか、〝願い〟だね」とも語る。

「願い」を生きる

河合さんのこうした話では、「生きる」とか「願い」という言葉に大事な役割を与えられていることに気づく。それは日常的な語の意味とさほど隔たっているわけではないが、何ほどか特別の意味が込められている。たとえば、「生きる」ということについては、「子どもが生き殺しにされているって言うかな、そういうことがなされているときに、〝なんでそういうことするんだ〟という思いが起こってくる。で、なんとかしたいって思う。そういうときは、人からどう思われているかではないし、損得ではないと思うね」と語られている。また、「願い」ということについては、かつて出会った仏教の指導者（M先生やN先生）のことに関わって大事な発言がある。「〝自分でもこうなりたい〟って思うような人物はいませんか」という問いに対して、この二人の名があげられ、次のように語られる。

まあ、仏教の先生というか、仏教の話をする人なんだけど、何て言うか、生き方そのものが「願い」の中で生きているって言うかね、どんな人に対しても、自分の中に「こうなってほしい」っていう「願い」を持っていて、そのためには労を全然惜しまないんだよね。そのものが「人格」って言うか「行動」になっているような生き方は、やっぱりすごいし力強いしね、そういう生き方をしたいっていうのはある。

他の話題に転じた後の、「これまでの人間関係のなかで、一番嬉しかったことを教えて下さい」という問いに対する発言を見ると、実は、この「願い」というのは、河合さん自身に向かって投げかけられ、河合さん自身が「願いをかけ」られたという経験に根ざしたものであることがわかる。「自分という人間に〝願い〟をかけてくれる人がいるっていう関係があったのは、嬉しいことだったですね。自分に〝願い〟をかけてくれているからこそ、自分に声をかけてくれたり話をしてくれたりっていう関係に気づいたときは嬉しかったですね。」そうであるとすれば、河合さんが今、子どもたちに向き合いながら、「子どもが本当に生きれるかどうか」を問うて日々を暮らしているのは、M先生やN先生にならって子どもたちに「願い」をかけようとしているのではないだろうか。

「願い」という言葉が河合さんにとって特別の意味をもっていることが確かであるとすれば、河合さんの毎日のもっとも重要な関心事である子どもの生活について、「願い」という言葉で考えていると想定するのは無理なことではないだろう。河合さんは学生時代に仏教青年会に関わっていたことがあり、「仲間」といって思い浮かべるのは、まず仏教青年会の友だちだという。河合さんは学生時代にかなり深く仏教の教えに親しんだ様子である。そうだとすると、この「願い」という語の背後には、たとえば「阿弥陀仏の本願」というニュアンスがこもっているのかもしれない。宇宙に満ちわたっている仏の本願が、ひとりひとりの心を通して表れてくる。そのような宇宙的な「願い」の表れとしての個人の「願い」を「生き」たいという思想である。

河合さんは宗教の教義や教えで人生を解釈してしまおうというようなタイプではないようだ。だが、それは河合さんの中に宗教的なものが確固とした位置をもっているということと矛盾しない。確かに河合さんは、宗教が「日常生活においては、大きなウエイトは占めてません」とはっきり言っている。目の前にあることの方が大きなウエイトを占めていると思う。実際、宗教的なものに照らし合わせて自分の行動を考えているわけではないと思う。

ただ、ひとつ言えるのは、行動した後に、自分のやったことに対して思いかえすような眼があるってこと。例えば何か言った後に「ああ、またこういうこと言ってるな」とかいうね。自分は、最初に思いついたときにパッと行動してしまうタイプで、楽しむものは楽しむんだけど、そういう見返す視点を与えられている。よく分からないけど、宗教は、「そこに何かあるのじゃないか」と思うような対象ですね。

宗教のいい面、悪い面

続いて、同じく職場や家族に根を下ろしながら、宗教的な自律やつながりのあり方を視野に入れているもうひとりの若者に登場してもらおう。青年海外協力隊隊員として中米で印刷・出版の技術提供に従事し、現地の女性と結婚、今は横浜で企業研修のテクストや器材の印刷・販売の仕事をするとともに、外国人労働者のためのボランティア活動をしている荒川寿幸さん（三〇歳代前半）である。彼は幼児洗礼を受けたカトリック信者だが、両親や妻とともに自分も「一応」キリスト教徒だといい、信仰には「あんまり熱心ではない」という。宗教について荒川さんは「いい面もいっぱいあるし、悪い面もあるし」という。

宗教的な家庭で宗教に親しんで育てられたことは、ある意味でよかった。人生にとって確かに重要な宗教について、抵抗なく考えられる土台を与えられた。無宗教と思っている多くの人が無自覚のうちに宗教的なものに関わっているのを見ると、宗教について客観的に自分を振り返ることができることを幸いだと思う。だが、他方、キリスト教に関わっているということは、「こっ恥ずかしい」ところもある。「何かにすがる」というような印象を与えるし、熱狂的になる可能性が見えてしまうので「抵抗がある」。この「抵抗がある」という発言の意味は少しわかりにくい。会話の続きを見ると、その意味の一つは、宗教が正しさへのこだわりや評価されたいという「欲」につながってしまうことと関わりがあることがわかる。「良心に沿って行動したいとか正直でありたい」という考えがあるかという質問に、荒川さんは次のように答えている。

良心が正しければ……。それが「欲」みたいな感じになっていると避けることはありますね。だから自分に素直にっていうのはいいとは思うんですけれども、その自分が良くなかったら……。でも良心というのは良い心だから、いいって事なんですね。

正しいかどうかなんて自分では判断できない、その動機がなんなのかということを分析できないこともあったりするんで。(中略)正直を選んでいるようで、それを評価されたいという欲もあるかなかな。

向上していくこと

宗教が狭苦しい善悪への執着を強いるのは好ましくないが、善悪を自分で考え、判断して生きていこうという姿勢は好ましい。また、そのようにしていつも上に向かって、挑戦して生きていこうとする姿勢が重要だ。「常に意識だけ持っていれば、一つの事を毎日やっていることがありますよね、それをほんの少しずつ重ねていければ、毎日やっていればどんどん上に向かっていって、ある日気がついたら、例えば一年前と比べたら、こんなに自分はよくなっているなって思うこともありますし、そういうのでいいと思うんですよね。」そしてそうした「より善きもの」への姿勢は、宗教によって育てられたところがあると荒川さんは考えているようだ。

この「より善きもの」はがっちりと形を整えた厳格な基準があるわけではないが、かといって世間的な基準やまったく漠然とした理念なのではない。いわばゆるやかな基準があるのだが、それを荒川さんは「聖人」という言葉で指し示す。

判断の基準みたいなものですね。まあ、なるべく正しいものを選択しようという考えはいつも持ってますすね。正しいというのをどうやって選んでいくかっていうことになりますね。その正しさというのは自分で決めていかないといけないんですけれども、その正しさが本当に、理に適っているものかどうかとか、その辺のことも判断できる人になりたいとは思ってますよね。（中略）

特に尊敬する人はこの人だっていうのはいないんですけれどもね、その中で選ぶとしたら、出来れば聖人と呼ばれる人を基準に出来ればと思うんです……。たとえば、お釈迦様とか孔子様とかイエスキリストとか、そういう人達。」

荒川さんは会社や家族や教会など「根を降ろして生きる」場所をもっている。信頼してつながりを大事にしている人たちがおり、その人たちとの交わりをどのように豊かにしていくかが日々の関心事である。「自分自身が高まっていくこと」はそうしたつながりの中で確認されていくことなのだ。そしてその「向上していくこと」のよりどころとして、特定の「宗教」ではない、「宗教的なもの」がある。

「落ち着き場所」の諸相

河合さんと荒川さんは、どこかに「落ち着き場所」をもっている人たちである。これは序章に登場した張建宏さんも似ている。張さんの場合は落ち着き場所はチベット仏教の師弟関係だったが、河合さんの場合はまずは保父さんという仕事であろう。しかし、河合さんにとって保父さんという仕事は宗教的なものに通じる「願い」の具現の場所でもあった。そう言えば張さんにとっても、家族や仕事やボランティア活動など、世俗生活のすべてが修行の場と自覚されていた。荒川さんの場合も、家族、仕事（会社）、宗教（教会）、ボランティア活動のすべての「場所」が「落ち着き場所」といってよいだろう。

このように述べると、「落ち着き場所」という言葉の意味がぼやけてしまうようだ。むしろ二人とも「個人」としての強い自覚をもっていることに注目することから説明し始める方が分かりやすいだろう。荒川さんの場合は、ホンジュラスでの生活経験と結婚によって、日本社会の「当たり前」の環境になにがしかの距離ができ、意識的な関わり、つまりは自律性が強まったようだ。そして、そのように意識的な関わりをもつことが、宗教によって助けられたふしがある。これは台湾から日本に留学して日本人と結婚した張建宏さんの場合と似ている。

河合さんの場合は、学生時代に宗教（仏教青年会やいく人かの指導者たち）に深く関わったことで、人生の指針にあたるものをつかんだようであり、それが現在の仕事への意識的な関わり（子どもが「生きる」ようにしたい）を支えている。家族のつながりに対する自覚的な態度も、そうした経験から育てられたものなのだろう。「落ち着き場所」とは、この世のさまざまな活動領域と意識的自律的に関わることを可能にするような場所、現世の環境と距離をとり、「信仰」や「願い」とともにそこに関わることを可能にするような「地点」なのだ。

河合さん、荒川さん、張さんの三人について、ともに「根を降ろす」生き方をしようとしているといってよいだろう。それは現代の日本社会という与えられた環境になにがしかの距離を取ることができるような、いわば「超越的」な参照点とのつながりをもっているからであると言えよう。そしてその参照点を「落ち着き場所」としながら、家族や仕事や宗教やボランティア活動に意識的に取り組んで、生きがいを感じている様子だ。「根を降ろす」というのは、このような「超越」が可能にしている自律とつながり、豊かで多様な世界や他者とのつながりを指そうとするものである。

六　祈り・死者・道

リブ・イン・ラブ

ここまで取り上げてきたのは、その人の人生の中で宗教や精神世界への関わりが、比較的明瞭に見える人たちだった。しかし、私たちのインタビューの中で、そのように宗教や精神世界との関わりが明瞭である人は、必ずしも多数派ではない。この章のこれまでの叙述に取り上げなかった人で、宗教や精神世界との関わりが明瞭である人はごくわずかである。インタビュー対象者の九〇パーセント近くは、ふだんの生活の中で強く宗教や精神世界を意識してはいない人である。では、その他の多数の人たちは、宗教や宗教的なもの、あるいは精神世界とよばれるような事柄にまったく関わりをもっていないのだろうか。

そうではない。明らかに宗教的といえるようなものが生活の中心に位置していない人たちの場合でも、広い意味での宗教的なものとの関わりは生活のそこかしこに見られる。この節と次節では、一見、宗教や精神世界との関わりが薄そうに見える人たちが、実はそうした広い意味での宗教的なものに、生活の中の一定の領域を委ねている様子を見ていくことにしたい。自ら宗教的な探求を行ない、宗教的な選択を行なったという自覚はもっていないが、生活の中に広い意味での宗教的な振る舞いや態度や言葉遣いが見て取れる人たちがいる。今回のインタビューの中で、そういう人たちの話の「宗教的」な主題は、祈り・死者・道の三つに集約されるようである。

大学生のときに経済的に自立しようと、都心の文教地区にスナックを開いた本田茜（四〇歳代後半）さんは、第2章ですでに登場しており、第4章では詳しく紹介されている。この女性は、その店の名前を「リブ・イン・ラブ」とし、常連の客たちとともに、今もその名に強い愛着をもっている。四歳で父と死に別れ、母は家を追い出されてしまい、高校まで東京の叔父に育てられた。半ば叔父の家からの家出のような形で始めた「リブ・イン・ラブ」のその名には、本田さんの「人生の主題」ともいうべきものが託されている。

本田さんは祖母から西洋人の血を受けており、容貌にそれが表れていたので子どものときから特殊な目で見られることが多く劣等感をもって育った。たとえば近所の「朝鮮部落」の人たちから寂しさを癒されるようなことがあり、「優しさ」を教わった。高校生の頃から、新宿のジャズビレッジ（ジャズ喫茶の名前）にたむろするようになり、人から愛されることに慣れ始めた。スナックの客は仲間のようである。「充実してたときっていうのは、とにかくお店に出てくれば、みんなが来る、ひとりぼっちじゃない、仲間に会えるっていう、仕事に来る感覚じゃやなくて。」もちろん生計をたてるためのスナックだが、そこになにがしか、友愛に基づく人のつながりのあり方が希望されている。

経済的に自立して「愛に生きる」ということは、権威に屈しないというレジスタンス的な姿勢をわがものとすることと結びついていた。「そういう強いものとか権力とか、何か分かんないけど〝上から来る人〟？　例えば、T大野郎の父親とかでも、〝T大だから〟とか言う人には、絶対屈しないよっていうのがあって、そういうのは家を出てから、出た瞬間からですね。」また、スナックの交わりが良きものであるのは、単に和気藹々としているということではないようだ。目先の事柄に追われているだけでなく、「夢」や「超越した」ものに目を向けていることが必要だ。本田さんはそれを「もっと遠くを見て生きていたい」という言葉で表現する。

死者と向き合う

本田さんは最近の若者の元気がないように見えることを心配している。「でも、見てるとね、最近自分に甘い人が多い。そしてやっぱり、私もそうなんだけど、最近人間って目先ばっかり見てる気がしない？もっと遠くを見て生きていきたいんだけど、目の前の障害が邪魔で、遠くが見えない。」これは身近な空間を「超える」ものとのつながりをもっているという自覚の表明ではなかろうか。「そういう〝遠くが見えるとき〟ってあります？」と聞き返すと次のような答えが返ってくる。「ありますね、時々。ずっと、ぼおっとしている時とか。でも、そんなにめったにないですね。有象無象の世の中に金だ何だって言ってる中で、超越したところで生きているかもしれない人に偶然会ったとき、〝かもしれないな〟と思いながら、〝いや、そうに違いない〟って自分に言い聞かせたりする。」

最近の若者が遠くを見なくなっているのだとすれば、それはどうしてなのだろうか。

変わってますよね。昔の、ジャズビレッジの頃の若者は、フーテンやってても、どこか何か大きい夢っていうのがあったけど、今は感じませんね。将来とか、おとなとか信じられないんじゃない

ですか。だから目の前の形あるものしか信じられない。「今こうすれば、明日はどうでもいい」っていう、超短絡的だよね。昔の「明日は明日の風が吹く」ってのと違うんだよね。それは、「明日は何とかなるさ」みたいなものだったけど、今のは開き直りにしか聞こえない。

では、この本田さんにとって、「宗教」とは何だろうか。〝リブ・イン・ラブ〟そのものが「宗教」みたいなところもあるのではないだろうか。本田さん自身、「最近はいろいろ面白い名前の宗教団体があるから、〝リブ・イン・ラブ〟って宗教団体の名前でもおかしくないんじゃないかと思う」と言い、事実、「よく、みんな冗談で〝リブ・イン・ラブ教〟って、言って」いたそうである。では、本田さん自身にとって宗教とは何だろうか。

私の宗教は……、宗教心はすごく強いんです。どっかに所属するとかないんですけど。今は「母と兄」です。毎日必ずおまいりして出てきます。何か困ったら、母さんの写真見て、「どうしよう」って言って、自分で結論出すんです。ちっちゃい頃から、人に相談するくせがなくて、いつも判断とか決断とかは自分でしてきたから。それが、私の現実的な宗教です。

「神様のイメージなんかはありますか?」と尋ねると、「神様は……、でも結構信じてんだよ。無宗教だけど、宗教心はあるし、〝絶対いる〟っていう何かはある。それが何かは分からない」と答える。困ったときや迷ったとき、「誰か分かんないんだけど、〝そっち行っちゃだめだよ〟とか、〝こうしなさい〟って言ってるなあって感じる時はある。」それは一〇代のときからだという。敬愛する音楽家の兄は、八年ほど前、若くして亡くなった。同じ頃、長くともに暮らすことができなかった母も、ひとり暮らしの末に亡くなった。その母への本田さんの思いは複雑だ。数年前のお葬式の後、「母の独り暮らしの一軒家に戻って、飲みかけのお湯飲みと座布団を見たとき、私ひとりで、一生分泣きました。その時本当にもういないんだと思って、何でやさしくできなかったんだろうって後悔して、今は毎日おまいりして、それが親孝行です」という。

母と兄の死は相当の打撃で、半年仕事を休んだが、仕事があったおかげでその打撃を克服することもできた。そのように本田さんの人生でもっとも大きな存在だった母と兄に向き合い思いをこらすことが本田さんの「宗教」の主要な実践なのだ。

自己流の「陶芸道」理論

もうひとり、もっと年上だが、なお理念を語る人の話を聞こう。広告代理店で三五年間勤めて退職し、次いで小さな会社の役員をした後、福嶋拓治さん（六六歳）は陶芸の道に入った。生計を立てるための仕事に捧げた数十年の後、ある意味では初めて生計を離れて、自由に何をやるか自分で選べる長い時間が前にやってきた。「これから先、二〇年生きないにしても一〇年、その間飽きずにやれることは一体なんだろうかなあ」と考えた。焼き物を買い集める趣味があった親の影響で、自分も「人様が作るものが気にな」り、「御託ばっかり並べて……気に入ったものを買って」いた。いよいよ「サンデー毎日」（暇）になったとき、「今まで人様の作るものに能書きばっかり言ってたっていうのは失礼な話だと思って、そういう失礼をおわびする気持ちもあるし、長年飽きずにやれるのはこの仕事、趣味だなあということで」

「子安の里」の窯に通うようになった。一年に二〇〇日も通って三年が経ち、ようやく「ものになってきた」という実感を得ている。今は陶芸教室で指導も行なっている。

言ってみれば俗世の煩いを離れて「芸の道」に進むことになったのだが、ではそこにどのような精神的・宗教的な価値を求めようとしているのだろうか。陶芸をやるについての「こだわり」とよべるものを語ろうとして、福嶋さんは次のように語っている。

……僕がやきものを始めるって言ったら、広告会社時代のある若い友人が、「福嶋さんねえ、やきもの始めるんだったら、アートをやりなさいよ」って言うのね。「アートって何だよ？」って考えてね。アートっていうのは、やっぱり、哲学がないとダメだと思ってね。要するに、ソフィストケートされた何かが、一本筋があって、それを素にして、そこから発想して作ったものがアートになるんですよ。

陶芸をやることは何かしら実際的な利益を超えた次元のものを求めることだ。その高い次元のものを、福嶋さんは「アート」とか「哲学」とかよんでいる。それを言葉で表現すると自己流の「陶芸道」理論とでもいうべきものになる。

たいていの有名な陶芸家というのは、親子代々陶芸の道をやってる人たちですよね。その人たちのソフィストケートされたなにかっていうのは、「守・破・離」、伝統を守る、伝統を破る、伝統を離れる。そこに、今伝統を受け継いで仕事をしている人間の精神がある。だけど、昨日今日始めた俺にはね、「守」も「破」も「離」も何もない。まずそこの原点が明解にないわけですよ。それで、自分なりに考えて、「真・完・破」、これなんじゃないかなあと思ったんですよ。つまり、「真」というのは、自然（じねん）の美、もの自ずからに備わる美。例えば、土なら土の色。釉薬なら釉薬の色。それで物の原型。黄金分割のきれいさとか。それから、「完」とは何かというと、技の美だと。「真」の美をつかまなきゃいけないし、技の美をつかまなきゃいけない。それから、「破」というのは何かというと、創意の美なのね。そういうね、僕なりのモットーを立てようかなと思っているんですよ。

誠実の道から芸の道へ

福嶋さんは中学三年の時、父が病気になって以来、自分で自分のスタンダードを作らなければならなかった、それが「誠実」という価値だった。「仕事しているころは、出来てはいなかったと思うけど、相手に対しても、自分に対しても、〃誠実さ〃が一番大事だということでやっていました。そうやっていれば、自分は自分で満足が出来るということだよね。うまく行かなくても、〃ここまでやったんだから〃と。そういう時はしょうがないから、嵐が過ぎ去るのを待って、それからまたのこのこっとやるっていうね。」平凡かもしれないが、一本芯の通った会社勤めだったようだ。

福嶋さんは学生時代、「真実なるものはいったい何か？」を求めようとしてキリスト教にふれたが、「とにかく信ぜよ」というのに納得できず満足できなかったという。「今現在、宗教的なことについては？」という質問に対して、「全然ナシ。〃神は自らの心の中にのみ宿る〃というくらいなものだね」と答えている。だが、この答えの意味は、宗教や宗教にかかわる何かがまったく必要ないということではない。たとえば、子どもをきっちりしつけることができるための何か、明確な家庭のポリシーとなる何か、息子を殴ることができる親父の権利を付与できるような何か、価値判断の基準となるような何かが絶対に必要だと福嶋さんは考えている。そのように大切なつながりに確かな形を与える何かを求め、育てようとして「誠実」を核とした、いわば「修養」の道を歩いてきた。そして、今、その「誠実」の道を越えて、新たに芸の道へと踏み出して、何かをつかまえようとしている。

福嶋さんの語り口では、「宗教」そのものはその生活の中に何ら重要な位置を占めていないように見える。しかし、「誠実」という修養道から「陶芸」という芸の道へという展開を考えれば、一貫して何らかの「道」を求め、育てようとして歩いてきた人とも言えるだろう。そして、その「道」はなにがしか広い意味での「宗教」に通じるものだと言えないだろうか。「宗教」という言葉がそぐわなければ、「高い精神的価値」や「人為を越えた次元の何か」というような言葉に言いかえてもよい。福嶋さんが世界や他者とのつながりを確認しようとするとき、このような「道」の伝統に基づく考え方が不可欠と感じられたようだ。そして退職後の福嶋さんは、社会的な他者とのつながりから超越的な「道」とのつながりへとその力点を移していきつつあると言えるだろう。

七　つながりと「生きる力の源泉」

教団、運動、自分の場

広い意味での「宗教的なもの」を「生きる力の源泉を求めて」という言葉に集約し、インタビュー対象となった現代日本人の生活がどのように「生きる力の源泉」に関わろうとしているか、そしてその際、自律とつながりがどのようにとらえられているかについて、五つの節（第二節〜第六節）に分けて論じてきた。

最初の二つの節では、宗教教団との関わりという点で対照的な事例を取り上げた。第二節の「教団的宗教の枠の中で」で取り上げた板東さんは宗教教団の中で聖職者的な地位にあるが、教団的宗教の現状に明るい見通しをもっていなかった。宗教教団という共同体の中の宗教性が狭くて窮屈なものに感じられ、できれば宗教教団の枠の外で本来の宗教的なものの発現の場を求めたいと考えていた。一方、第三節の「〝宗教〟を超えて」で取り上げた関根さんは宗教教団というような形をとる「宗教」はもう過去の時代のものとなりつつあると考え、「宗教」にかわる新しい霊性や宗教性のあり方に希望を見いだそうとする人たちだった。この人たちはしばらく前には、熱い希望とともに「ニューエイジ」や「精神世界」（筆者が新霊性運動・新霊性文化などとよぶもの）に取り組み、そこに人類文明の未来があると考えたこともあった。しかし、時が経つにつれ、そのような明るい未来の到来がそれほど容易ではないことに気づくようになる。そもそも自分自身が取り組んでいる自己変容や霊性的な運動が大きな未来をもったものであるのか疑問をもちながら、何とか希望を支えようとして模索しているという状態にある。

第四節と第五節では、教団や運動と関わるかどうかは別として、宗教や広い意味での宗教的なものに大きな意義を認め、自分なりに納得できる思想や実践の枠組みを人生の核心に据えようと模索している人、あるいはすでにそうした枠組みを見いだして日々の営みに堅実に取り組んでいる人たちである。第二節第三節で取り上げたような聖職者や運動に取り組む人と比べると、まずは宗教的なものを個人の事柄として受け止めており、世間に広めるよりも自分自身が納得できる形を求めていて、教団や運動の形は二の次だという立場にいる。

第四節「漂泊」で取り上げた山田さんは強い求道心をもち、さまざまに宗教的探求を続けてきた。そこでいくつかの貴重な経験をし、「宗教」についてある見方を築いてきたとともに、人生に対する大きな指針をも獲得してきたようだ。その探求は決着点に達したとは言えず、これからも続いていきそうな気配である。それはさしあたり孤独な探求であるが、自律した個々人の間の堅固なつながりの必要性が強く自覚され、緊張感の中で前向きの歩みが続いている。一方、第五節「根を降ろして生きる」で取り上げた河合さんや荒川さんは、比較的安定した宗教的枠組みをすでに得ており、生活の上でも仕事、家庭、職場、宗教共同体、ボランティアなどの確かな場をもっており、落ち着いた日常の中に宗教的な考え方や実践が浸透している人たちである。彼らはそれぞれの経験の中から獲得した宗教的な理念や所作の中に「超越的」な参照点があり、それこそが自律の、また世界や他者とのつながりの基盤であり、究極的な「落ち着き場所」となっている。そこに根を降ろしながら、日常生活の中で宗教的なものの意義を認めようとしているのである。

「自己を越えたもの」の諸相

第六節では、宗教的なものが自覚的に追求されているのではなく、いわば生活の中に織り込まれているようなあり方を目指しているような人たちを取り上げている。宗教プロパーと理解されている領域にはせいぜい個人的な必要に応じて関わるにとどまり、それ以上の積極的自発的な関わりをもとうとしない人たちである。「リブ・イン・ラブ」の本田さんや陶芸にいそしむ福嶋さんは自らの人生が宗教に深く関わっているといえば、すぐに肯定はしないかもしれない。確かに本田さんの日常生活の中では、祈りや死者との交わりが大切な位置を占めている。しかし、それがキリスト教や仏教というようなまとまりをもった「宗教」であるとは考えられていない。

福嶋さんは芸や技の「道」に意義を見出している。確かに「道」が高い精神的価値を目指し、最終的には悟りや救いの「道」に通じているという観念は、今では自明のものではなくなっている。しかし、「道」に真剣に取り組むとき、それを通して伝統的な宗教性や霊性・精神性の重要な何かが伝えられ、それによって個々人は人間としての成長、完成を目指す。そこに含まれている広い意味での宗教性・霊性・精神性は、人生を意味あるものとし、自分を超えた世界へのつながりを実感させるたいへん重要な役割を果たしている。自律の基盤として、また他者とのつながりの基盤として、「自己を超えたもの」は今も多くの日本人の心の奥深くに住み着いているようだ。

注

（1）一九八〇年代の中頃までは、日本の宗教性の基盤を先祖崇拝や「家」の結合に求める議論が隆盛だった（ほんの一例をあげると、竹田聴州 1967、森岡清美編 1986）。ところが九〇年代になると、「家」の宗教と不可分であった「葬祭仏教」の安泰に疑問符が付されるようになる（たとえば、伊藤唯信・藤井正雄編 1997）。並行して新宗教の中で、祖先崇拝にかわって輪廻転生の観念の台頭が目立つようになる（島薗進 2001）。

（2）個人の自律性を支えるという機能は、仏教やキリスト教のような普遍主義的救済宗教の基本的特性と見なされてきた（ベラー 1973）。

（3）ピーター・バーガーはこれを社会的規範（ノモス）を支える超越的世界観（コスモス）の機能と見なしている（バーガー 1979）。

（4）その内容のわかりやすい紹介は、二澤雅喜・島田裕巳（1991）、参照。その宗教史的位置づけについては、島薗進（1996）。

文献

石井研士（1997）『データブック　現代日本人の宗教——戦後五〇年の宗教意識と宗教行動』新曜社

伊藤唯信・藤井正雄編（1997）『葬祭仏教——その歴史と現代的課題』ノンブル社

島薗進（1996）『精神世界のゆくえ——現代世界と新霊性運動』東京堂出版

同（2001）『ポストモダンの新宗教――現代日本の精神状況の底流』東京堂出版
竹田聴州（1976）『日本人の「家」と宗教』評論社
デュルケム、エミール（1941-42）『宗教生活の原初形態』上下、岩波文庫（原著 1912）
バーガー、ピーター（1979）『聖なる天蓋――神聖世界の社会学』新曜社（原著 1967）
二澤雅喜・島田裕巳（1991）『洗脳体験』ＪＩＣＣ出版局
ベラー、ロバート（1973）「宗教の進化」、『社会変革と宗教倫理』河合秀和訳、未来社（原著 1964）。
森岡清美（1986）『近現代における「家」の変質と宗教』新地書房

第二部　根を降ろす場所

4 家族と出会う——家族とのつながりと自律

渡辺秀樹

一　家族との出会いと自己の再発見

家族をめぐる経験は、われわれの心のありようとどのように関わっているのだろうか。あるいは、変化する現代社会において家族をめぐる実態と意識の錯綜する変化は、われわれの心のありようにどのような影響をもたらしているのだろうか。〈心のありよう〉が形作られる際に、家族的経験はどのような働きをするのか。われわれの研究の重要なテーマである〈自律〉や〈つながり〉あるいは〈善き社会〉とどのように関わってくるのかを考察することが本章の主要な課題となろう。

それぞれの自己形成に、あるいはその〈生き方〉に家族がどのような役割を果たしていると人々は考えているのだろうか。人々は自己のどのような資質／側面を家族につなげようとするのだろうか。総じてこの章では、人々の〈生き方〉における家族の位置（＝意味）をインタビュー資料にもとづいて探ってみたい。

インタビューの対象となった人々は三〇代、四〇代が多い。そこでは彼らの過去と現在の家族経験が語られる。家族経験は大きく二つに分けられ、ひとつは自己の生家（＝定位家族）、あるいは親に関わる経験であり、もうひとつは結婚によって創設した家族（＝生殖家族）、あるいは配偶者や子どもに関わる経験である。

その経験は多様ではあるが、すべての対象者が、とりあえずは子どもとして産み込まれる定位家族を経験している。他方、既婚者／未婚者の違い、あるいは子どもの有無／年齢、さらには離別／死別の有無によって、配偶者としてあるいは親として関わる生殖家族の経験はさまざまである。しかし、生殖家族を実際には経験していない対象者でも、そのほとんどが、願望として、あるいは拒否として、あるいは断念として、生殖家族についての個々の物語／観念を語っていることに留意する必要があるだろう。定位家族であれ、生殖家族であれ、経験しない／経験しえない家族こそが、人々の生き方を大きく規定している場合があることを、さまざまな対象者が語っているのである。

たとえば、家族に関する経験についての規範意識の強さと、その規範を現実には遂行できない――家族と出会えない――こととのズレが、当事者に大きな心理的負荷をもたらすことがある。そしてその負荷が、豊かな人間性の成就――あらたな自己の発見――に、ときにつながっていくことを教えてくれる。あるいは、家族規範を相対化し、あらたな家族ライフスタイルの提案の可能性を示唆することがある。第2章で取り上げられる根本美佐さんも、そうしたひとりといえるだろう。不妊という経験のなかから、彼女の家族観やジェンダー観は育まれ、自己は社会のなかに自覚的に位置づけられていく様子を見ることができる。

ここでは、結婚による家族との出会いとして田辺宏孝さん、子どもとして産み込まれた家族との出会いを語る本田茜さん、親として子どもを生むことで家族と出会う吉田豊子さん、の三人を取り上げる。人々が、家族とのさまざまな出会いを経て、生活を再構築し、そして自己を再定義していく、さらには、自己の再定義がオルタナティブな家族ライフスタイルの形成と併行し、また、社会とつながっていくさまをみることができるだろう。

二　家族につなぐ――生活の〈碇点〉としての家族

家族との出会いの契機は、出生によるものと結婚によるものを基本的なパターンとするだろう。まずは結婚による出会いをとりあげよう。

社会的な規範からの逸脱した生活を、結婚や子どもを持つことを契機として立て直すという事例がある。あるいは現在の自己のありようの不確かさを家族歴や生育歴などにつなげることによって納得しようとするという事例もある。人はときに、自己のアイデンティティの源泉を家族につなげることで説明をしようとするのはなぜだろうか。血縁や親子関係を固定的な確固としたもの――揺るぎないもの――と見なすことによって、われわれは家族につなぐことで安心感を獲得できると考えるのだろうか。別の問い方をすれば、人々は、確かなアイデンティティの基盤として、家族以外に何に求めることができるのだろうか。家族以外の何かを探し出すことができるのだろうか、という問いも生まれる。

序章と第一章に登場した田辺宏孝さんは、現在四九歳。個人タクシーの運転手であり、一昨年は小学校のPTA会長をつとめた。その学校に通っているお子さんはダウン症である。個人タクシーの運転手になった経緯を次のように語る。

私は一回、高校を出て就職してK造船というところに入ったんだけど、そこがいやで、大学に入るということで東京に来た。ところが仲間が悪いのがいっぱいいて、そのまま大学に行かずに、三〇くらいまで、結婚まで仕事に就いてなかったの。それまでは、金になるものはなんでもやった。

競馬ののみやから、盗品の売買、密輸の売買とか、何でも金になることをやって売る職で。それで結婚のときに、私、警察に二回くらい確信犯というのかな、やられまして。盗品を売ったりとか、そういうので生計をたてていたから。羽振りはよかったけど、私は手に職とか何もないわけ。だから、バスの運転手とかね、ダンプとかね、保険として大型二種を取っといたの。結婚して無職じゃカッコつきませんで、おれの麻雀仲間に、タクシー会社の息子がいたのね。それで働きはじめたの。結婚したら警察つかまるわけにいかないし。それが〔タクシー運転手になった〕動機かな。

少し、露悪的な語りだ。田辺さんは、結婚する前は勝手気まま、かなり悪いこともしていた。結婚がそれを止めたのである。結婚するからには、社会的規範から逸脱するような生活ではまずい、と彼は考えたのである。「結婚したら警察につかまるのはまずい」のである。彼にとって結婚は、社会的逸脱を統制する機能を果たしている。

結婚し、またダウン症の子どもを持つという生活に変わるとともに、生活についての見方が変わってくる。たとえば生活の何が楽しいのか、その意味が変わる。彼は、ダウン症の子どもに「人間の本質をみる」という。語り口は淡々としている。過去と現在はそれぞれに異なるのだが、いずれの生活をも受け入れるという姿勢がはっきりと伝わってくる。そこに落ち着きや自信という雰囲気をも感じとることができる。

今は金がないから、あわれだね。昔は、銀座だ新宿だと飲み歩いていたからね。その落差というのかな。ただ、その遊んだゆえにね、人間中身は変わらないから、今は不満かというと、そんなに不満でもないのよね。ああいう時もあったかなって。遊びも毎日続けると苦痛でね。仕事と一緒なんですよ。ああいう生活も懐かしくはあっても、別にどうでもいいやというのもあるわね。

今はね、私の一番下のちびがね、ダウン症という、障害児なわけよ。これでね、変わってきたわけよ。今までは、障害児でもさげすむつもりもないし、可哀相というのもなかったけど、単なる同情的なものもあったけど、今はこれも楽しいもんだなと。それは、人間が素直だからね。人間の本質を見るようなさ。これで変わってきたのかもしれないね。

結婚がまず田辺さんの生活を変え、そしてさらにダウン症の子どもとの生活が、彼のものの見方や価値観、総じて生き方を自覚的なものに変えていったように見える。田辺さんの家族とのつながり方をみてみよう。

家族との距離・関係の深さ

家族との関係は、田辺さんの生活を変え、そして現在の彼の生活を大きく規定している。しかし、それは、言葉のうえでは濃密な関係として表現されない。家族の愛情についてあまり規範的な表現はしない。社会的規範に乗った言葉や通り一遍の言葉を期待すると肩透かしを食う。「カッコつきませんで」とは彼の表現だけれど、話しぶりは格好をつけるというより自然体といったほうが適当だろう。誤解を含めて、聞くものに多様に受け取られる可能性=危険性をも楽しむかのような話し方といったらよいだろうか。(そこには、インタビュアーが初対面ではなく、田辺さんのこと、そして彼の妻や家族のことが未知ではないというコンテクストも、もちろん関わっているかもしれない)。

そうした彼の淡々とした言葉には、それゆえにこそ逆説的に、家族の重みが深く染み込んでいるようにも思われるのだ。妻のことを、彼はこんなふうに答える。田辺さんにとって、奥さんとはどういう人ですか、と尋ねると。

――これが難しい人なの。これね、考えたけどね。たいして出てこない。分からん。

さらに続けて、「いて当たり前の存在ということなんでしょうかね」と聞くと、「いて当たり前とも違うね」と答える。

いなくなったらどうするか。

――そしたら私はひとりで生きていくね。それは冷たいのかもしらんね。いなくなったらしょうがない。またなんとかしなきゃ。これは女房に一番聞かせたくないし、恐いんだよね。情とかは確かにあるんだけど、いなくなったら確かに困るかもしらんけど、大丈夫みたいな気もするしね。それは日常生活の不便とかもあるけども、私はひたすらしぶとく生きるだけだからね。たとえば子育てにしても、めげることなく頑張ると思うしね。教育方針にしても全然違うしね。

妻への要求を聞くと、冗談まじりに答える。

――これもね、もうちょっと利口になって欲しいね。相手の人間性を考えてね、どうもいまいち中身がものたんないというか。心の問題なんかな。かといって結婚が失敗という気もないし。まあ私の運命みたいなもんだろうと。さだめには逆らう気もないしね。

妻と心が通い合っているかと尋ねると、こんなふうだ。

おれは天敵じゃないかなって思っているんだけど。おれの生きざまを阻害するもの。はっきり言うと、うっとうしい面がかなりあるね。ただね、同じうっとうしいでもね、〔障害のある〕うちの子どもとは、うっとうしさが違うね。同じうっとうしさでも違うね、自分の子どもだからかもしらんし。まあなんかが違う。

次に、子どものことを尋ねる。「じゃあお子様がいなくなっちゃったらどうします」と聞いて見る。

はっきりいって冷めた面があるのね。それでもしぶとく生きると思う。ダウン症の子どももね、私にできることはやるけど、所詮おれらが死んじゃえば、一人で生きていかなきゃならんから、それまでの準備はめいっぱい頑張るけど、後は、おまえしっかりやれよと言うしかないのかな。そういう面では見てるけどね。だから、子どもは健常児もみんなそうだけど、もう精一杯生きてくれと言うのがね、しぶとくね。私に言わせれば、子どもが私のしぶとさを学んでくれればいいのかなと。あとはね、どうなろうがしょうがない。いろんな可哀相な人生というのがあるでしょう。それをクリアして生きてもらいたい。人間はしぶとさがあれば何とかなりますよ。

彼にとって、家族に対する責任、子どもに対する責任とは何だろうか。

これもね、能力によって変わってきますよね。私は、生きるすべを教えてあげられればと思っていますから。学業をできるやつは頑張ったっていいしさ、能力のないのを無理矢理したって、無理をすればいずれ壊れるからね。能力以上を求めたら必ず無理が来る。やっぱ八分程度の能力を駆使すればいい。子どもにも、ほどほどがいいと。鹿児島弁で「てげてげ」というんだけど。

上の子の将来については、次のように言う。

保育園の先生になりたいっていうかな。子どもが自分で決められなきゃおれが、手伝ってあげなきゃいかんかなという気はしてるけど、自分で決められればね、それでいい。ぎゃくにこうなって欲しいというものはない。それは、能力を考えれば、可もなく不可もなくというのがいい。

囲い込むつながりから、解き放つつながりへ

障害のある子どもを持ったとき、親は自分の全人生をかけて、その子どもを守り、世話をしようとする。それは障害のある子どもを産んだ親の、子どもに対する至上の愛情に基づくとわれわれは思う。しかし、それはときに子どもの自由を阻む。親は愛を理由に、子どものすべての面倒をみようとする。他方、障害をひきうけた上で、なおかつ、あるいはそれ故にこそより強く自由（＝自律）を望む子どもにとっては、それが足かせとなり、束縛となることがある。愛情と自由の背反・相剋である。その葛藤は、

障害者と家族の手記が教えるところである。[1]

この葛藤からの脱出は、結局、子どもに密着するのではなく、少し離れて、そしてしっかりとサポートする方法を模索することである。近代の家族が、子育ての役割を家族とくに母親に集中させ、そしてそのなかで濃密な家族関係や母子関係を創出してきた。この近代の親子関係の特質は、子どもが障害を持って生まれてくると、より一層純化されたかたちで現れてくる。当事者の多くは、社会から遠ざかり、家族に閉じこもり、そして親子が密着して、事態に対応しようとしてきた。

不十分な社会的施策など、家族がすべてを抱え込まざるを得ない状況があったとしても、そこにおいては、子どもの自律性だけでなく、親の自律性をおびやかしてしまうことが少なくなかった。そうした日本の近代家族の親子関係の特質をより鮮明に引き受けやすい障害児を持つ家族であるからこそ、田辺さんの子どもとの関係のとりかたに、いっそうの衝撃力を与えているように思う。近代家族の、あるいは近代の親子関係の有り様を撃っているのだ。子どもの自律を育み、そして当の親の自律をも可能にする親子関係のひとつのありかたを示しているように思うがどうだろうか。

これをサポーティブ・ディタッチメント（supportive detachment）と呼ぶこともできるだろう。[2] 田辺さんは親として、子どものすべてを抱え込もうとしない。親がいつまでも世話をできるものでもないから、子どもの自律を願って、少し突き放して子どもと向き合う。それは、現代の日本の親子関係を問うことにもなるのだ。変化する社会のなかで、大きく揺さぶられている近代の親子関係のオルタナティブを指し示しているといったら言い過ぎだろうか。拘束する愛情ではなく、解放する愛情にもとづく親子関係の提示である。

夫婦関係についてはどのようにみることができるだろうか。田辺さんが妻との関係を語る、その語り方は、自律とつながりのバランスをとろうという奮闘の表現だろうか。飲み込まれる愛、あるいは相互依存を引き起こす愛情ではなく、愛情と自律を両立させようとする模索の表れと見てよいのだろうか。関係のなかで自分を失いたくないという意志は認めることができるだろう。密着した関係は、いずれにしろ「うっとうしい」のだという。

しぶとく生きる／生きるすべを教える

田辺さんは、家族に〈しぶとく〉生きてほしいという。そのことを田辺さんの生きざまから学んでほしいと思っている。子どもには〈生きるすべ〉を教えたいと思っている。いつまでも家族を保護しようとは思っていないし、それが可能だとも思わない。幻想は抱かず、家族にも幻想を抱くことのないよう期待している。たとえ厳しい現実であっても、それを「運命」と思って受け入れ、そのなかで〈しぶとく〉生きてほしいと思う。自分がそうしてきたように。

子どもに対して精一杯のことはするけれど、それは将来の子どもの自立のためである。いつかは自立せざるを得ないのだから、と考える。妻との関係もそうだ。いなくなったら困るというような、相手に依存し負担をかけるような関係の持ち方とは違う。自立した関係として妻との距離を維持しようとしているように思える。

田辺さんの人間関係の持ち方は、家族との関係に限らず、友人との関係においても一貫している。〈相手を裏切らない〉ことが大事、そして〈頼りにしない〉という生き方を貫きたいと考えている。どうしてそのような関係の結び方をするかの理由については、「そういう生き方をしてきたから」と答える。〈経験の重み〉を語っているように思われる。〈相手を裏切らない〉のは、過去に人から裏切られ、そして人を裏切ったという経験を踏まえてのものだ。

自分の仲間といわれて、友達といわれてどういう人を思い浮かべるか。また、彼らを頼りにすることはあるかを尋ねてみた。

それはやっぱり、個人タクシーの先輩、後輩。昔のワル仲間の何人かはいますけどね。そんなにいっぱいいるわけじゃない。彼らを頼りにはしてない。もうお互い、好き勝手。昔の悪いことをしていても、これは自分でかぶるくらいの気持ちでやっていたから、何があっても人には迷惑をかけないでするからね。ぎゃくに、してあげるというのもないね。万が一来たら、助けるけど、周りには私みたいなのが多いから、自分のけつくらい自分で始末して生きてきているからね。私も頼む気もないし。そういう生き方をしてきたから、少々のことでは頼まんし、頼まれんね。

モットーとしては、正々堂々と相手を裏切らない。これは家族だろうが、子どもだろうが、誰に対してもね。これだけは、裏切らないということがすべてにあるんじゃないかという気がするね。裏切られてもね、私からは裏切らない。

他者〈異質なもの〉への共感／紙一重の人生

田辺さんの経験は、さまざまな人生への共感を持つことを可能にしている。それは家族を超えて、地域やPTA会長という活動へとつながる。その〈スタンス〉は家族に対すると同様、淡々としたものとして表現される。もたれあいではない自立した関係（「けじめをつけて生きる」、「責任をもって生きる」と彼は表現する）が理想として語られている。しかし現実はその理想と乖離している。その乖離した現実を、〈現実として受けとめ〉共感を持って対峙しているように思われるのだ。

> 殺人犯がいたって、奉仕活動をしている人間でもね、同じ人間だから、中身はそんなに変わらないです。
>
> たまに浮浪者が来ると、私も一歩間違えば、ああいう風になると思って、子どもに買ってきたパンをあげるとか、そんなもんかね。ホームレスも私なんかと紙一重の世界だからね。

さまざまな人生を、自分にもありうる人生、自分でもありえた人生として受け止めさせるのは、彼の分厚い経験だろうか。紙一重の人生、どう転ぶかわからない人生を生きてきたという思いがあるのだろう。それが、人生の不確かさや生の厚みに対する受容的態度を田辺さんにもたらす。他方で、多くの人々が経由する、レールの敷かれた人生や、画一化されたライフコースといった制度に守られた人生がある。そこからはずれた少数者に対する共感を示している。どう転ぶかわからない人生を恐れて、人々は敷かれたレールに競って乗ろうとしてきたのだが、敷かれたレールに乗らなかった田辺さんの発言は、紙一重の人生の重みを訴えている。

PTAの活動を田辺さんはどう捉えていただろうか。

それは、面倒以外のなにものでもなかったね。やはり人間には向き不向きというものがあって、私みたいな生き方をしてきたものにとっては、いやなものです。周囲の人で、私よりも適任な方はいたと思うんだけど、時間的余裕がないとかで、私は時間に自由がきくから。じゃあ少しはお手伝いはしようかと。その時に一番楽な仕事がないかと思ったら、できることがないんですよ。じゃあ挨拶だけでいいからと言うことで、私が会長になった。実際には楽じゃなかったけど。うっとうしいという気もあるよね。仕事の内容としては、入学、卒業、運動会の挨拶くらいかな。私にとっては、みんなの前で挨拶するということが慣れてないから、結構大変でしたけどね。どもりどもり、間違い間違い。

ダウン症の子どもの普通学級への参加

田辺さん自身の経験の〈厚味〉は、彼の生き方や人生観を支えている大きな財産のように思える。人のやらないこともやってきたことが自信にもつながり、また〈生きる力〉にもなっているようである。だからこそ、ダウン症の子どもにも隔離され保護された空間ではなく、苛酷でさえある社会のなかで生きてほしいと考える。すでに述べたように、子どもを家族や施設に囲い込むのではなく、子どもを社会につなぎたいと考えるのである。

そして、子ども達には「大きな声を出す」ことを求めている。「田辺さんを見ているとすごく自信があるように見える」と尋ねると、「自信とかじゃない。ただ私は、そうやって生きてきたからね」という。たぶんそれが、田辺さんの生きる力だと思うんだけど、でも、田辺さんみたいな危ないことをしないと（生きる力は）つかないというんじゃ困るじゃない、やっぱりそれで教育ですか、と突っ込んで聞いてみる。そうすると次のような教育論が返ってきた。

教育というのは総合的なもんで。机上の計算も必要だけど、それだけじゃないからね。算数にしても、足し算、引き算ができればなんとかなるからね。何かが違うね。付き合い方だとか。教育委員会も、うちの娘の件で呼ぶわね。こういう特殊学級がありますと。うちの娘はそういう狭い世界に入れないよと。この子はずっと生きていかないといけないんだから。普通のところで、いじめられようが、いじめもあるだろうし、虐げられたり、そういうのも勉強しないといかんからね。そうすると、この子がつぶれるんじゃないかというわけよ。だけど、いじめる子もいれば、助ける子もいるわけよ。相手も勉強するし、うちの子も勉強する。お互い。確かに、勉強ができなくても、たくましく生きていくために、またつぶれないために、おれは（健常児のクラスに）入れているんだからね。だからね、私らの時代は、そういうのがなくて、馬鹿も頭のいいのも一緒に勉強していたからね。それでも、昔は今みたいに自殺するような子はいなかった。それで、健常児がいじめる、つぶれるという。私は子どもには大きい声で、大きい声というのは、そういう陰湿なものをはねのける力があるからね。うちのガキどもは、何でも声だけはでかい。大きい声でしゃべることは、私の第一の教育目標に掲げている。だから、そういう目には合わないできている。うちのちびもね、喜んで学校に行っているからね。そういうのを見るとほっとするね。

ＯＪＴ（on the job training）とＯｆｆＪＴ（off the job training）という分け方がある。職場で働きながら働き方を学習する前者と、職場から離れて研修などという形で働き方を学習する後者である。ここで職場を〈社会〉あるいは〈生活〉という言葉に置き換えてみよう。田辺さんの生き方が教えるのは、社会のなかでの生活に密着した現場での経験の重要性である。田辺さんは、教育はＯＪＴとＯｆｆＪＴの両方を必要とする総合的なものだと考えている。そしてとくにＯＪＴの重要性を説く。子どもたちには是非、そうした社会の現場で、生きる力を身につけてほしいと思っている。いま、ＯＪＴとＯｆｆＪＴのバランスがくずれている。「机上の勉強」に偏っている。「何かが違う」と彼は言う。

近代の教育は、産業社会の要求する人材を育成するために、子どもたちを学校に隔離して、一般の社会と労働場面から離れて、体系化されたカリキュラムのもとに子どもたちの教育にあたってきた。まさにＯｆｆＪＴの典型である。近代社会にはそれが必要な教育であったのだが、ＯＪＴとＯｆｆＪＴのバランスの喪失は、意図せざる帰結（逆機能）をもたらした。ＯｆｆＪＴで勉強のできる頭のよい子はいるだろう。しかし、たくましく生きる力はＯＪＴでこそ学習できると彼は考える。田辺さんの生き方は、ＯＪＴの意義を、つまりは生活を通した、あるいは分厚い経験を通した学習の意義を、われわれに再確認させてくれる。田辺さんの生き方は、近代家族だけでなく、近代教育をも撃っているのだ。

見方を変えれば、彼は自分自身の経験を大切にしているということだろう。どのような経験でも、その経験を糧にすることができる。ＯｆｆＪＴの機会、つまりは学校での勉強の機会（＝学歴ということもできる）にはけっして恵まれたとはいえない田辺さんの生きる知恵であったと見ることもできよう。

みかんを取りにいくにしたって、かっぱらい、心構えを先輩から、伝統的に教育された。つかまったらおまえはひとりでいけ。責任はみんなひとりで取れとね。そういう風に。遠足の帰りとかは、どこそこの中学校に行くぞという感じで。

性格を母親につなぐ――心の〈碇点〉としての家族

田辺さんの性格を形成する要因として、彼自身、母親をあげる。子どもや妻との関係あるいは友人との関係においては、いわばたんたんとして突き放して語るという調子が見受けられた。そこでは、社会的規範に乗った安易な返答を期待していると肩すかしを食ってしまう。経験の蓄積が表現を屈折させているようなところもあった。

しかし、母親の場合においては、どちらかというと素直な回答が返ってきた。母親について語るときには彼独特の屈折は消えるのである。自己の性格の源泉を母親に素直につなげることによって、納得しようとしているようにもみえる。いま、個人タクシーの運転手をし、妻と子どもがいる。子どものひとりはダウン症である。その生活は家族（＝結婚や子どもを持つこと）を契機として自分自身が選んで育んできたものではあるが、しかし、浮浪者になるか、あるいは逸脱者となるか、現在とは異なる人生もおおいにありえた。それは紙一重である。

過去に確かに自分は逸脱的なこともやっている。そうした変化に富み不安定さをはらむ生活に安心感をもたらすものとして、母親が求められているのかもしれない。母親との関係は揺るがず変化しないと見なすことで、そこに彼自身のアイデンティティの〈根〉＝基盤を素直に求めることができたのではないだろうか。そして母親からは遠く〈離れて〉いることで、どんなに意識の上で密着しようが、自律が奪われることはない。そこに妻や子どもとの関係を語る場合とは異なる表現が生まれるのだろう。母親については、いきなり「私はマザコンなんですよ」という無防備ともいえる言葉からはじまるのだ。

私はマザコンなんですよ。〔母親は〕非常に社会的にも、人間的にも秀でた人だったので、そこら辺に近づきたいなあと。どこいってもあっという間に友達ができてね、宗教関係やら、いろんな人間がきても、ちゃんと誰とでも親しくなれるというね。かといって、相手に染まることはないし。

失敗を含めて自己の人生を納得し、受け入れている。さらに、「場数を踏んでいる」ことによる「慣れ」が、彼に周りを気にしない率直な発言をさせている。それが彼の自信ともなっている。彼にとって〈よい社会〉とは「自由に何でも語れる社会」である。現実はそこからかなりかけ離れている。彼のように経験を積めば、あるいは個人タクシーの運転手という職業が、彼の率直な発言を可能にしているともいえる。

しかし彼のような経験を人々が積むわけにはいかない。そこで彼は、教育とくにＯＪＴつまり生活に密着した教育の重要性を言うわけである。

田辺さんの場合は、分厚い経験を経て〈家族〉と自己をつなぐことで、新たな生活を形成し、自己の確認をはかってきたということができるだろう。そしてそれは、近代社会の家族に代わる、これからの家族関係の有り様を提起する社会的な力をも与えているということができるように思う。

三 〈家〉からの疎外と自立

次に、出生による家族との出会いを見てみよう。結婚が社会的な規範と密接な関連を持つように、出生もまた言うまでもなく社会的なできごとである。ところで、産むという行為は、親としてはまさに社会的な行為だとしても、子どもにとってはどうだろうか。生まれるというのは、社会的なできごと（life event）ではあるが、社会的行為とは言い難い。生まれてくる子ども自身のコントロール下にはないし、意志決定や選択が可能なものでもないからだ。にもかかわらず、出生は、社会的規範により規制され、子どもは出生に関わる社会的規範のターゲットの中心に位置づけられる。

社会学では、子どもが産み込まれる家族を定位家族（family of orientation）と呼ぶ。よくできた言葉（翻訳）だと思う。子どもはロボットのように匿名の一個人として、社会に登場するのではない。どのような家族に、どのように産み込まれたかによって、社会のなかに〈位置を定められる〉のである。匿名ではなく特定の一個人として、社会に登場するのである。もちろん、本人の意思や選択にかかわらずに。家族との人生の最初の出会いは、向こうからやってくる。

ここでは、家族との関係を阻まれ、〈家〉から離れざるをえなかった本田茜さんの場合をみることにしよう。第1章で若者のモラルにいらだつ人として、第2章で単身であることを選びとった女性として、また第3章で家族のことを思って祈る人として登場した本田さんは、彼女が求めるやさしさを家族のなかに見い出すことができなかった。彼女はやさしさを、どこで得ることができただろうか。彼女にとってのやさしさとは、けっきょく何だったのだろうか。家族を出て、長年続けたスナックに擬似家族を見ることができただろうか。あるいは擬似家族とも呼ぶことのできない、家族とは異なる〈つながり〉のオルタナティブとしてスナックはあるのだろうか。

正統ならざる（illegitimate）子ども

本田さんは、四〇代後半の女性。T大の近くでスナックを経営している。スナックをはじめたのは学生時代で、すでに二七年を経過している。T大生のお客が多くやってくる。九州の出身。四歳のとき父親が亡くなり、母親は嫁ぎ先を「追い出され」、自分だけ本家に残った。そして、大学教員の叔父夫婦に四歳から高校まで育てられる。〈家〉が本田さんの人生に大きく関わっている。子どもの頃、〈家〉のなかに〈正統な位置〉を占めることができないことが、彼女の意識を大きく支配していた。

嫡出制の原理（principle of legitimacy）という言葉がある。〈legitimate〉とは〈正統な〉という意味である。かつて、あらゆる社会には、子どもは、当該の社会が夫婦と認めた男女の間に生まれてくることを期待する原理、すなわち嫡出制の原理があると言われた（マリノフスキー）。本田さんはいわゆる非嫡出子（illegitimate child）ではない（この言葉自体、最近はあまり使わない）。しかし、親族は彼女を、正統な夫婦の間に生まれた子どもとして認めなかった。その意味では正統ならざる子どもだったのである。

父と母は、旧家のぼんぼんとダンサーの学生結婚だったんですよ。その父が亡くなったから母は家を追い出されちゃって、P大学で教えてた叔父の夫婦に育てられた時に、「受験に落ちたら九州のある家に嫁ぐこと、受かったら当時のお金で七〇万もらって縁が切れる」という約束をしたんです。高貴な気持ちでお店を始めたわけじゃなく、結果としては絶対に経済的に自由になりたかったし、でもその時はそういうことは考えてなくて……。

あの、とても劣等感をもって高校生まで育ったんです。というのは、私は母に似て欧州系の顔をしてて、私だけ本家に残されちゃいましたんで、本田家はすごく古い堅苦しい所だから、いつも「血が違う」とか言われて。いとこ達と顔が違うから、本当に劣等感を持って生きていました。四歳の時から高校生までずっと、母親に似ることとイコール劣等感になったんです。だからやさしさっていうのは、他人から教わって、身内から教わったことはないんですよね。

家からの疎外と劣等感

高校生までの彼女にとっては、家族（＝〈家〉）が規範であり、基準であった。その家族からの疎外は、強い劣等感を彼女にもたらす。父親と母親との結婚は〈つり合いのとれた〉結婚ではない。「旧家のぼんぼんとダンサーの」組み合わせであり、そして学生結婚であった。組み合わせも時期も、旧家の規範に沿う（正統な）結婚ではなかった。しかしそうしたことはいわば目には見えない（invisible）事情である。彼女にとっていわば〈致命的〉だったのは、目に見える（visible）水準で〈家〉の規範から逸脱していると見られたことであり、彼女もそのように自分自身を見なしていたことであろう。つまり、彼女の容貌が母親に似ており、その母親は欧州系の顔をしている。「いつも〝血が違う〟とか言われて。いとこ達と顔が違うから、本当に劣等感を持って生きていました」という。本田家から排除された母親と、容貌が似ているが故に同一視される。

目に見えない事情ならば、そのことをしだいに忘れたり、釣り合いのとれた結婚の〈振り〉をすることもできたかもしれない。ところが、目に見える容貌は動かし難い事情である。〈血が違う〉という言い方は家からの徹底的な排除を意味するであろう。まさに正統ではない子ども（illegitimate child）なのである。この事態から脱出する可能性は、〈家規範〉という評価基準を固定して事情を捉えるかぎり、皆無であろう。違いが目立つのだ、その違いは周りへの同調を拒否する特徴を持ち、そして変えようがない違いだというのだ。

規範の相対化

本田家における彼女の孤立や疎外感は強かった。見えるかたちで周囲と違う、つまり〈有徴〉であることの傷付きやすさ（＝ヴァルネラビリティ vulnerability）のなかに身を小さくしていたのだ。目立つことが攻撃の理由となる。まわりも自分自身も彼女の〈有徴性〉を攻撃していた。周囲に溶け込めない〈徴〉、剥がしようのないそれを彼女は付与されてしまっていたのである。

こうした事態から抜け出るためには、親族とは異なる評価基準を導入する、つまり当該の〈家規範〉から彼女自身が離脱すること以外にないだろう。あるいは異なる評価基準を持つ社会に〈移住〉することである。事情を変えるのではなく、評価を変える、異なる見方をする。その転機は高校生の頃からしだいに訪れるようになり、気付きだすようになるが、はじめは〈家規範〉を覆すほどのものではなかった。

ところが、高校とか結構男の子が多い学校で、ラブレターみたいなものもらって、「冗談だろう」って本気で思ってたんですよ。近所のおばさん達なんかも「かわいいね、茜ちゃん」って。それが本当なのか、叔母たちの言う「醜い」とかの言い方の、どっちが本当なのか、と。

その時に思ったことは、他のバイトとか、資格とか何もなかったから、スナックというのが一番手っ取り早かったんですよ。「身内が言うようなダメな女性なら、お金を出してまでわざわざお客は来ないだろう。ちょっと試してみようかな。どっちが本当なんだろう」って思い出したのは、新宿のジャズビレッジ〔ジャズ喫茶の名前〕に結構行きだして、「本当は私イイ女かもしれない」って少しは思い始めてたんですよね。

彼女はスナックをはじめた理由をこんなふうに語る。家庭の事情、独立の必要、容貌に対する評価の揺らぎ、がある。「だから、いろいろ思うと、普通の人ならこういう動機で始めたとか、一つってのがないんですよね、私は。いろいろなものがピタッと合って、本当に偶然なんですけど……」という。そして二七年間続いた。「学生のたまり場として有名」だった。彼女自身が学生だったからということもある。しかし、彼女の目立つ容貌もスナックが人気を保ち継続したことの要因となっているように思われる。目立つこと／〈有徴性〉を、彼女は生活の糧とした。変えようのないものが、劣等感ではなく自信の源泉に変化していったのである。次のような表現にも容貌への見方の変化が見てとれるだろう。家規範に従

属した容貌の評価ではなく、スナックを営む女性という立場からの容貌の評価であり、また、男女と年齢を組み合わせた容貌の変化の相対的な評価の視点が提示されている。

こういう仕事って、一番つらいのは、友人なんか連れてきて、一生懸命私をほめようと思って、「この人二〇年前は、すごく美人だったんだよね！」って過去形で言われるんだよね（笑）。その時は、「ああ、こういう仕事って、ほんとに年を取りたくないなあ」って思う。（中略）やっぱり学生時代にしょっちゅう来てたのが、団塊の世代の人間で、考えたら一緒に年を取っているんだけど、男の人はいいなあと思うのは、年齢を重ねて、いい顔になってゆく男の人たくさんいますよね。逆に、若いときハンサムで、生き方によって、軽薄そうな顔になっている人もいるけど。女はやっぱり、女の私が言うから間違いない、若い子の方がいい（笑）。

制度からの距離と人間観

この仕事をするなかで、人を見る目が養われ、家規範に従属しない彼女自身のものの見方が形成されてきたように見える。仕事に根ざした人間観が語られる。たとえば次のように。

何でそうなったのかT大生のたまり場で。私が学生だったから？　もちろん私はT大じゃないですけどね（笑）。医学部の学生が多かった。医学部の子って、みんな頭いいんですよ。（中略）すごく極端な言い方だけど、「お利口さん」だけど、「賢い」と思ったことはない。生活の賢さってあるじゃない。「そこでそういうこと言うとしらけちゃうよ」とか、「そこは気取るとこじゃないよ」とか、「ポイントズレるなよ」っていう、そういうところは賢くないなあって思うけど。

ドロップアウトしたのがいっぱいいるけど、ドロップアウトすると、なぜか塾の先生になるのよね、みんな（笑）。すごく賢いなあっていうのは、広く浅くではなくて、例えば文学のことでも、本当によく知っているとか、すごいことまで教えてくれるとか。後はその場の雰囲気を敏感に察知して、臨機応変っていうのかな、「打てば響く」、いやみなく自然体でいるのが、賢いと思う。

利口だけど賢くはない、生活につながらない知識と生活につながる知恵の違い。学校という〈生活から隔離された制度〉のなかではなく、スナックという〈現実社会の生活のなかで〉培った彼女の見方が示される。そして制度に取り込まれない「ドロップアウトした」人間を評価する。それは家という制度からはじきだされた彼女の経験とも重なる。制度に取り込まれなかったからこそ、こうした人間の見方ができるのかもしれない。制度に基づく評価ではない彼女自身の評価である。制度に取り込まれることによって生ずる問題の一面を的確に指摘していると言ってもいいだろう。支配的な制度から自立した人間の、ものの見方を例示しているように思われる。

つながりとしてのスナック——家族のオルタナティヴの提示

個人タクシーの田辺さんにとって、家族は生活と心の両方のいわば〈碇点〉だった。碇を降ろす、あるいは腰を下ろす、といってもよい。〈碇点〉というのは、自己をつなぐ生活の基盤という意味である。

本田さんは〈碇点〉としての家族を拒否された履歴を持つ。彼女はスナックにやってくる人々との関係のなかに心の〈碇点〉を見い出す。家制度からの自立は孤立を意味するわけではない。彼女の自立はスナックという空間におけるあらたな人間関係の構築と併行する。つまり、それは家族の代替物ではなく、オルタナティヴの提示ともなっているのである。家族というものを全面的に否定するのではなく、人々の家族意識とおりあいをつけながら、彼女は、つながりを築いてきたようである。つながりを維持する彼女の知恵である。

古い客とのつながりを聞くと、

そうですね。五月に「マージャン同窓会」やろうって話が出て、「やろうやろう」って言ってる。だから、ここをつぶせないのは、みんなバラバラで、みんながどうしてるって言うことを、私が一番知ってるわけですよね。それで、みんな聞きに来たりとか。

(中略) すごくこっちが仲間だと思ってても。男が結婚しちゃっても、奥さんが分かってる人は今でも仲間なんですよ。お家に電話できるのは男同士みたいだなって。それが分かってくれる人は七人ぐらいいます。それ以外の人は不思議なんですね、女の人は。結婚前に連れてきた時は、自分が知らないから、聞きたがって、いろいろ聞くじゃないですか。いろいろアドバイスして、うれしそうにしてたけど、籍入った途端「リブ・イン・ラブ」、行っちゃダメって言われたから、内緒で来てるってのも何人かいますから、そういうのは家に電話できなくなっちゃう。

(中略) 私は人間が好きなんですよ。だからこのスペース好きだし。人間っていじらしいじゃないですか。頑張って生きて、自分も含めて。それと、昔、幼いときから無視されたり、必要とされなかったから、必要とされてるだけでもうれしいんですよ。女の子でも仲間でも、必要としてくれると、いまだに有頂天になるところがある。

本田さんは独身を続けている。

私は、カッコよく言えば、「不自由な安定」より、「自由な不安定」を選んだんですよ。自分はどっちに向いてるかって考えたら、好き勝手なことをして、だけど責任転嫁とか泣き言、言わなくて、この年齢になって思いますけど、だから「自由な不安定」の方を選んだ。

本田さんは、人間が好きだし、人間をいじらしいと思う。こうした人間観や家族を相対化する視点、そして家族とは異なる生き方を選択することになったのは、やはり彼女自身の家族的経験から来ているところが大きい。

例えば、小っちゃいときはほんとに寂しかったの。家にいて、居場所がなくて。でも、九州で近所に朝鮮部落があって、そこに行ったら、お芋とかくれて、それがすごくおいしかったの。うれしかったの。で、そこではかわいいとか、ちやほやされて、「わあ、やさしいなあ」と思って。近所の駄菓子屋のお兄さんとか、外に行くとみんなかわいがってくれたのね。だから、全然家に帰りたくなくて。叔母達が、ストレートに叱ってくれればいいけど、ただ陰でこそこそ「茜はお母さんに似てる」って言って。幼いときから、中学・高校と、他人は全然そういうことを言わなかった。

彼女にとって〈やさしさ〉とは、偏見の眼でみられないことである。「リブ・イン・ラブ」というスナックにつけた名前も、家族とは異なるスペースで愛のある関係を求めたとも彼女は考えている。それは独占的な愛とは異なる。たとえば客が持つ家族の関係に配慮した、それとおりあいをつけた上でのつながりであり、愛である。〈やさしさ〉とは、相手を独占することではなく、相手を一つの規範で染めることでもなく、他者がそれぞれに持つ事情をやわらげ、肩の凝りをほぐすこと、のようである。

自己と相手との関係は、相手の人生のすべてではなく、部分にすぎないということの自覚。その部分以外の相手の人生を慮ることが、われわれの家族的関係に、どれだけあっただろうか。家族は、えてしてそのことを忘れて、相手の人生のすべてを独占しようとすることはなかっただろうか、と問うているようでもある。家族が、学校が、あるいは職場が、人々の人生を独り占めしようとして、ほかの人生を、ほかのアイデンティティを認めようとしないとき、スナックは、束の間ではあっても、それを受け入れる。制度的場面とは異なる表情を受容する。

「セント・オブ・ウーマン（scent of woman）」という映画がある。アル・パチーノ演じる退役軍人は盲目である。物語の舞台となった高校のキャンパスで中年の女性教員とすれ違う、というのがこの映画のラストシーンである。そこで彼は、彼女のつけている香水の名前を言い当てる。教員という制度的アイデンティティのみに、それ一色に埋もれて人生を過ごしてきた彼女の陰鬱な表情は、一瞬にして明るく浮き立つように変わる。そのとき、彼女は制度的日常から解き放たれたのである。

誰も認めようとしなかった角度から、人を見ること。やさしさは、制度的アイデンティティ（これはときに偏見の源泉となる）とは異なる、別のアイデンティティの可能性を他者のなかに見いだすことにあると言っているようでもある。それは少なくとも人々の意識にゆとりやひろがりをもたらす。家規範という支配的な制度から、はじき出された経験が、家族や職場という支配的な制度から遠く離れたスナックという空間において、本田さんに、そのような〈やさしさ〉を持つことを可能にしているように思える。

深層の家族――母親との関係

ところで、本田さんとともに家から排除された母親や兄との関係はどうだったろうか。同じく子どもという立場であった兄とは「仲間」のような関係を持った。とくに学生時代は一緒に遊んだ。しかし母親との関係は屈折している。母親は、家から同じく排除された人ではあるが、しかしその原因のまさに当事者でもあるのだ。

母親とはほとんど会っていなかった。家とは違う世界で生きることによって自己の確立を果たした本田さんではあるが、家族につながる母親をまったく否定しきれていたわけではない。家への同調を拒否されればされるほど、家族規範は彼女の心の深層に強く埋め込まれていたとも考えられる。

兄が喉頭ガンで、その四九日が終わった後に、母が心筋梗塞で倒れて。二人とも九州にいて、母の時は、誰からも電話がなかったのに、母の夢を前日見たんです。何かあると思って、何も考えないで羽田に行って、そこから兄のお嫁さんに電話したら、救急車で運ばれたということだった。その日に亡くなったから間に合ったんだけど、あれは何だったんだろう。

母は、やっぱり憎んでました。今でも生きてたらけんかしてると思いますよ。亡くなって初めて、憎しみと愛情って一緒なんだなあってのが分かって、本当に親孝行したのは亡くなってからです。お葬式の時とか、人前で涙流すことはなかったんだけど、母の独り暮らしの一軒家に戻って、飲みかけのお湯飲みと座布団を見たとき、私ひとりで、一生分泣きました。その時本当にもういないんだと思って、何でやさしくできなかったんだろうって後悔して、今は毎日おまいりして、それが親孝行です。

母親に対しては、ともにヴァルネラブル（＝攻撃されるもの）な存在としての深い共感があったのではないだろうか。あるいは彼女の疎外から自立にいたる経験の厚味が、時を経て、この共感を呼び起こし、可能にしたとも言い得るだろうか。彼女にとってのよい社会のイメージは、こうした彼女の経験を踏まえて聞くと一層味わいがある。「よい社会とは、どういう社会でしょう」と尋ねてみる。

退屈そうって気がする（笑）。退屈そうって言ったのは、悪人もいたり、いろいろいるから刺激があるのに、よい社会ってみんな善人って感じがして。全部がいい人だったら面白いですか？　私、そういう意味で、天国って退屈そうだろうなあって思う。よい社会って、みんなそこそこに平和そうで、そこそこに幸せの中で、退屈そうだなあって。「今の若い人達って、何が楽しくて生きているんだろう」って思う。「何がしたいんだろう」ってね。「与えられたものとかはある程度誘導すればこなすけど、自分で見つけること出来ないんだろうなあ」って。自分で見つけてこうしようってのを、おとなは取っていってるのかなあ。自分から見つけて、これがしたいってのはなかなかいないよね。本当はいると思うよ、いつの時代だって。

悪人ばかりじゃ困るけど（笑）。

そうそう、私が思うよい社会とは、アートだとかそれぞれが好きなことをやって、それが許される社会？　だからって、絶対的な保障があると、安心しきってたるむからイヤなんだけど。ちゃんとそれなりに夢に向かってやる人にはちゃんとするけど、いい加減に生きている人にはダメっていう。それで、環境はあんまり無菌状態好きじゃないの。いろんな雑菌にも強くなったほうがいいと思うから。

本田さんの人生は、家族（もっと特定すれば〈家〉）からの疎外との格闘からはじまったとみてよいだろう。そして彼女の容貌が〈目立つ〉ことは、見られる性としての女性を意識させずにおかなかった。〈見られることの痛み〉を十分すぎるほど経験した。ヴィジブルな差異が、固定的で画一性を要求する家規範への同調（あるいは埋没や安住）をどんなに強く望んでも、それを拒んだ（「血が違う」）。

逸脱から同調へと小さくなって社会の同質性のなかに収まらせようとする圧力と、収まらせてくれない拒否という曲折を経て、多様性／オルタナティヴとして自己を提示していく（いかざるをえない）人生の厳しさと面白さ・豊かさが、本田さんの話にはある。スナックの開店は、〈有徴性〉を商品とすることによる利益の獲得という意味も見いだせる。社会（＝家）への参入を拒否された人間が、それでも生きていかなければならない現実社会に組み込まれるときの参加のしかたであり、許されたなかでの個別利害の追求であった。したがってそれが生活の資を得る有効な方法となる。

本田さんの場合は、〈有徴性〉を武器にすることが、自立と個性的な生き方の獲得へとつながる。画一的な社会規範から、はじき出された故の個性の獲得である。個性的にならざるをえない社会的、家族的、身体的属性があり、これらを逆手にとる精神の強靭さが形成されてゆく。

四　女性と子どもに付与される〈自然〉——人間の原点／社会の届かぬところ

目立つ容貌というスティグマは、女性が見られる性であるというジェンダーを意識させる。たとえば次に見る女優の吉田豊子さんにおいては、見られる性というジェンダー問題がより一層際立ってくる。そして吉田さんは世間（のまなざし）との緊張関係からの救いを子どもに見い出す。本田さんは、スナックという異なる人間関係をみいだしたが、吉田さんは、本能や自然に、さらにはその延長としての子どものなかに世間とは異なる世界を見い出そうとする。

人の視線。その若い時なんか、関係のない他人の視線ひとつで、一晩中荒れ狂ったり、酒飲んで、非常に感受性強かったです。まあ、だから、外で、何でもないことで傷ついて帰ってきたりするんですよ。……そすっと、子どもは、全くそういうおとなとは関係がない、無垢で、もう、ニコニコっともう、そりゃ、食べちゃいたいぐらいかわいい顔で、汚れなく存在してて、あっ、これが人間の原点だったたって。それを呼び戻してくれる？　子どもに、だから救われた？　こちらが救われる。再々そういう思いがある。それは、もう特別ですね。

吉田さんは五二歳。一九歳のときに映画に出演。以後、女優として活躍。一九七〇年代初頭に自殺未遂。今に続く障害を負う。スキャンダルの渦中にあったこともある。結婚歴は三回。三七歳で男の子を出産。現在は専業主婦としての生活が主となっている。出身は九州、幼くして神戸に移る。現在は東京で暮らしている。両親は沖縄奄美地方の出身。

もうすべてなんか、あの非常に直感が働く、直感に突き動かされている、というか予感？　なんかそういうのが、ちょっとシャーマニズムみたいな、シャーマンみたいなとこありますよね。やっぱりー、沖永良部っていう、ああいうのがあるかもしれないけど。で結構やっぱり、あのー、理性とか、なんかよりは、やっぱり直感を信じるタイプですね。でも女の強みだと思うね。そのー、直感力っていうのは。男はやっぱりある程度本能で生きられないから、かなり理性で生きざるをえないでしょ。女の場合は、やっぱ頭使って生きるってのは苦手で、それに勝るものとして直感力が備わっていると思うんですけどね、だいたいね。

そして直感あるいは本能に重きを置く吉田さんの出産経験は次のように語られる。

子どもに出会う

いやー、あれはね、すごいですね〔しみじみと〕。女にとってね、子を産み育てるっていうことに、勝るものはなにもないわね。なにもない〔きっぱりと〕。そのなんていうのかしら……なんていうかなあ……

一四です、中二です。今月誕生日だったんです。……あのね、あのー、ちょっと長くなりますけどいいですか？　もう、腹の中に、一〇月一〇日……悪阻《つわり》があるわけです。もやもやするわけです、妊娠中は。それで、こう胎動とかするでしょ。自分がメスだ、動物だっていう実感できて、それも幸せなんですよ。それで、あたしは個人病院で産んだんですが、あたしはバスケットを高校の時やってて、そのバスケットの気合？　先生と。「先生、いきますよ、いきますよ」「いいですよ、出しなさい、出しなさい」っていって、ギャアと、産んでいったんですけどね。そいでー、十月十日、こう不快なものが、こう……あのすごさなんて言うんだろ。こう、羊水と共に吐き出されていくのと同時に、かつて知り得たことのない、人間という生身のものを創造する喜び？　あれはねえ、なんていうか、これは女にしてやったりっていう、これは女は知らないと大損するわ。普通でね、帝王切開でなくて、ピシッとやっぱり　自分のお腹の中から押し出すっていう、もう、女にしてやったりっていう。これ、妊娠が癖になる女わかるなって（笑）。それホント。すごいですよ、生身のものを創造するっていうのは。あたしは何も考えてなかったんですけどね。すごかった。

（中略）人間の原点を思い起こさせる。純真で無垢なもんだったたって。あたしもかってはこれだったんだからって。疑うことも知らなければ、そういうことを、また想起させる。それで　あたしはもう何度も救われた。日常で、仕事してればもっと本質的な喜びも関わるでしょうけど、まあ主婦してれば、実にくだらないことしか起こらないわけでね。……間に合ってよかった。三七で産みましたから。大損するところだった。……産んでみて、接してみて、あまりにこちらが与えられる喜びの大きさ、充実感？　それでもう、なんていうか感動の日々ですよ。」

社会との対抗的関係──「世間に屈していたら終わり」

吉田さんにとって子どもは純真で無垢であり、人間の原点を思い起こさせる存在である。そしてこれとは対極にあるのが世間や社会である。世間や社会に対する批判あるいは反発は強い。世間に同調しようとはしない。わかってくれる人とだけつきあえばよいと考えている。「世間に屈していたら終わり」、「人生に対して自分の魂を明け渡すことは何一つしたくない」と発言する。こうした考えは、過去の経験とくにスキャンダルや自殺未遂などにおける世間からの好奇のまなざしにさらされたということが大きいように思われる。

女優として外見が〈目立つ〉存在であったことで、つねに世間のまなざしを意識するという経緯の後の挫折（＝スキャンダル）が、彼女に社会に対する徹底的な対抗的信念を持たせているようにも見える。社会の側の強い〈まなざし〉をはねかえす彼女の側の信念の強さを必要としたといってもよいだろう。直感を重視し、子どもを礼賛するのも、社会とは対極的なものを、あるいは社会に対抗しうる重みをそこに求めているからともいえる。彼女の達成感は、いわば危うい均衡の上にあるともいえるのだ。

あたしは誰に対しても本音しか言いません。虚飾とかそんなの面倒くさい。（中略）あたしの場合も、自殺未遂のあとスキャンダルで、マイナスからの出発ですけれども、ゼロじゃなくて。結局あたしに、本質的なものを考える力があるから、今やっぱりこうやって、堂々と生きて行けるんじゃないかなって思うんですけど。世間に屈してたら終りですよ。もう、海に身を投じていたでしょう。

とにかく子どもを、おとなの間違った弊害からできるだけ自由に解放したいという思いがすごくする。間違った通念、みんなで渡れば恐くない式の。あたしね、普通の人って大嫌いなの。なぜかというと、非常に自分を突き詰めることもしない、妥協だらけでみんなと変わらないことをしてれば、自分は傷つけずにすむ。間違ったことしてても人と同じことしてればっていうのが日本人のすごい意識であるでしょ。

（中略）あたしは、人生は生きるに値するかどうかという問題について、生きるに値しないっていうふうには思うわけです。思っている部分もあるわけです。それで、生きるに値しない人生に対して、自分を、魂を明け渡すことは何一つしたくない。だからあたしは自分が正直で純粋で、ある意味じゃ誠実だし、いいとこいっぱいあるわけですよ。良質な人間だと思うわけ。自分のことを。そういう良質な部分は何一つその人生のためには売らない。決めたの。自爆してもこれは売らない。だからそこは鮮烈に自分になってると思う。自分の大事な部分はその人生のために、人に迎合したりなんかして、金や野心のために取り入って、そういう事は一切したくない。

吉田さんは、社会の同質性に回収されないことを自己の信念としている。その信念の位相とは逆に、普通の人々の〈同質性のなかへの閉じ篭り〉という対極の位相を鮮明に浮かび上がらせる。そして、それを論理ではなく直感の強さとして提示するのが吉田さんの特徴であろう。この世間の位相を撃つ激しさが、彼女の生き方であるように見える。世間の人々の九九パーセントとはつきあいたくないと思っている。一パーセントのわかる人とだけつきあいたいのだ。かつて彼女を苦しめた異質さを、今は素直に受け止めて、同質性に収まることなく、一パーセントの異質さのなかに生きようとしている。

砦としての子ども

子どもは、そうした世間の位相に組み込まれる以前の存在である。したがって子どもは彼女の大きな希望である。そして子どもを通して、一度は決裂した社会とあらたにつながろうとしている。彼女は人間形成の環境としての社会には絶望感を抱き、子育てや教育には強い関心をもっている。社会のあらたな位相を作りたいと願っている。

（中略）世界はどんどんこう、資源からなんから大気汚染から、死滅へ向かってきているんだけれども、緩慢なる自殺を遂げ始めていると思うんだけど、その時に子どもを産んじゃったんだから、子どもがとにかく食いはぐれない生活力、何としてでもまあ食っていくぐらいできる、そういう育て方したいわね。子どもには、自分もそう思うんだけど、そいつと知り合ってよかったと、そう思ってもらえる人間になれって。

あとひとつやふたつは仕事したい。あとは、子どものために、子どものそばにいれることなんかしたい。それは自分の子どもだけじゃなくて。このあいだ少年野球を見に行ったけど、どの子もみんなかわいい。幼稚園の時と変わらない目で、みんな監督の顔をみて指揮を仰いでる。もうカンガルーの腹袋にみんなを入れてぴょんぴょん跳ねたいわっていうくらいかわいいの。それは自分の子どもだけじゃなくて、みんなかわいいの。

　自衛ばっかりで小利口なだけ、そういうのにすごく憤慨する。日常的にあるのは政治に対する怒り。それとやっぱり、こう世の中が閉塞して、人間の価値観が、ホントに大事なものがないがしろにされて、空疎なだけの信頼できない関係しかなくて、なんとかその、あたし思うの。通知簿に倫理の項目でも入れたらどうなのかしら。いま学校のかけ込み寺やっているのがあるでしょ。あたしはそういうのに協力したい。ボランティアで。実際うちには何度も駆け込んで来ているんだけど。子どもたちが。転校生なんだけど。うちは開放してて。そういうのやりたい。外で石投げていじめていたら必ず叱責する、怒る。近所が、昔みたいにうるさいおじさんおばさんがいなくなって、周りが社会が人間を創っていくものなのに、それを放棄してる。自衛ばっかりで、すごい小利口なだけ。そういうのにすごい憤慨する。


　社会の好奇の視線をシャワーのように浴びた吉田さんの社会に対する拒否は徹底している。子どもとの関係に期待をかけるのは、そこに新たな社会の、あるいはあらたなつながりの可能性を求めるからだ。社会との格闘が決裂で終り、社会から得たダメージが大きければ大きいほど、子どもにかける期待は大きくなる。傍観者としての批判にとどまらない、視線にさらされるなかから獲得した、視線をはね返す力を持って実践的に地域で生きていこうとしている。

　子どもの教育環境としての社会の現状に危機感を強く持ち、子どもたちの教育に関わりたいと思っている。いわば地域のおばさんとしてなんとか子どもたちを育てなければと思っているのだ。

おわりに

家族に関わって、何人かの人生を見てきた。家族はときに自己のアイデンティティのよりどころとなり、そしてまたときに自己のアイデンティティの基盤を奪う。どちらにしても人々の自己確認に関わる基本的なシステムであるということができるだろう。本章では、この点に関する家族の性質を〈碇点〉と呼んだ。それは精神的な〈碇点〉であると同時に経済的生活あるいは社会的生活の〈碇点〉でもある。

その〈碇点〉からの乖離と〈碇点〉への回帰の物語りとして、人々の人生を追ってみたのがこの章の試みであった。さまざまな異質さとの出会いが彼らの意識を自省的にしている。他者へのやさしさを生み出している。

そうしたやさしさや自立性、あるいは社会性や批判的視野の拡がりは、人々の社会的な困難／出自の問題／挫折などを契機として、獲得されていったようにみえる。彼らの生き方は挫折や困難を契機として大きく転回した。〈同質性のなかへの閉じ篭り〉が困難な事態、そして〈同質性のなかへの閉じ篭り〉を拒否されるという経験を多くは語っていた。好き好んで自立したり、目立つ人間になったり、制度（＝エスタブリッシュメント）から遠ざかったり、それを批判するようになったわけではない。そこには〈碇点〉としての家族からの乖離と回帰の分厚い経験があったのである。いわば〈葛藤が人間を育てる〉という思想が、ここに生まれるのである。

見方を変えれば、われわれの社会は同質性へと回収されえないという経緯がなければ、異質であることを納得しない、あるいは異質さを受け入れないということにもなる。つまり苛酷な経験があってはじめて、自他ともに異質さを許すという構造が見えてくるのである。

あるいはそのような苛酷ともいえる経験がエクスキューズ（言い訳）として用意されないと、社会は人々が異質であることさえ許さないということであろうか。ノーマル（＝規範的）な家族的経験からの乖離は、異質でありうることの最適な理由であるということだろうか。社会にとって、個人が異質であることを許容するもっとも都合のよい条件が、〈碇点としての家族〉からの乖離であるといえるのかもしれない。

家族からの乖離にしろ、家族への回帰にしろ、ここでおもに取り上げた人々の生き方は、挫折や困難な状況への直面を含む〈分厚い生活経験〉が基盤となっている。社会学に「個人の自律性の苗床としての複雑性（complexity as a seedbed of individual autonomy）」という命題がある。[3] 複雑な経験、多様な関係が自律性の獲得の可能性をもたらす、ということである。田辺さんや本田さんなどを見てみると、複雑さを自己の生のなかに紡ぐことで、あるいは多様な経験を自己の生に織り込むことで、自律を獲得していった、そのプロセスをかいまみることができる。自律を目標として意図的に達成したというより、複雑さという構造に、ときには翻弄されつつ結果的に自律に至ったとみるほうが適当なのだ。

支配的な制度に受容されていると、規範や制度を自覚し、相対化するのは難しい。〈紙一重〉の人生、どう転ぶかわからない人生の不確かさが、近代の〈制度化された人生〉（J. Modell）という命題を相対化する。同質な、画一的な、あるいは階層的囲い込みによるコース別の人生やレールを敷かれた人生ではない。不確かさは文脈を揺さぶり、規範や枠組を意識させる。

近代の家族は、同質性、固定性、閉鎖性といった特質をより強く持つ概念だった。そうした特質は、異質さの排除（血が違う）、自由の剥奪（閉じこめる愛）、自律の阻害（独占する愛）をときにもたらす。家族の成員それぞれが紡ぐ家族の物語も、それぞれに違うはずなのに、ときにいつまでも同じと思いこんでしまうことがある。そしてたとえば、親が紡ぐ家族という物語と、子どもが紡ぐ家族の物語がいつのまにか乖離していることに衝撃を持って受け止めるのが親でもある。[4] そうした日常的な家族的経験の意味に気づかせてくれる。

ここでとりあげた人々の生き方は、異質さとつながり、個を解放し、変化を受容するような家族的関係を構想することを求めていると受け取ることができないだろうか。それらは、異質さがぶつかり、多様な規範や制度が出会う二一世紀型の社会と個人の枠組みを先取りしているようにも見える。しかし同時に、家族の概念が大きく変わるなかで、家族をめぐる多様な経験は、これからも人々のパーソナリティーの基層の形成に関わっていくことを示してもいるのだ。

注

（1） たとえば、このことを論じた石川准（1999）を参照。
（2） アメリカの家族社会学者、Demo の用語。Demo, D. H.（1992）を参照。
（3） たとえば、Coser, R. L.（1975）を参照。
（4） 清水透（2001）参照。田辺さんや吉田さんが、引き受けることになる課題である。

文献

Coser, R. L.（1975）"The Complexity of Roles as a Seedbed of Individual Autonomy," Coser, L. A.（ed）, *The Idea of Social Structure*; papers in honor of Robert K. Merton, Harcourt Brace Jovanovich, pp. 237-263.

Demo, D. H.（1992）"Parent-Child Relations: assessing recent changes", *Journal of Marriage and the Family* 54, pp. 104-117.

石川准（1999）「障害児と家族——愛と努力の物語を相対化するプロセス」、『変容する家族と子ども』渡辺秀樹編、教育出版

清水透（2001）「家族と記憶」、『家族へのまなざし』慶應義塾大学経済学部編、弘文堂

5　居住地域の生活

本間康平

さまざまな社会的事情を反映して、居住地域の生活場面で展開されている地縁的人間関係は変容している。第7章ではそのある側面を取り上げているが、向う三軒両隣という近隣関係、自治会、町内会といった地域組織が再編されつつあり、社会的単位としての子育てに励む家族の生活を支えるべき受け皿として、重要な意味を持つ場合もあらわれている。

ここでは、それぞれの居住地域で、生涯学習活動の推進役として、町内会の世話役として、PTAの会長として、子ども会の会長として、積極的に活動している四人のかたの面接記録の分析をつうじて、現在の日本社会における地縁的人間関係のあり方を検討する。

一　生涯学習活動推進役のばあい

最初に、居住地域を生涯学習の場とすることが必要だ、として居住地域での活動に励んでいるサラリーマン春木洋一さんの事例を取り上げよう。

春木さんは、埼玉県のT市に住んで約二〇年になる。職場は東京の都心部にあり、いわゆる埼玉都民のサラリーマンである。T市との地縁は、職業軍人であったお祖父さんが一時住んでいた土地、という時代まで遡る。現在でも、市内の神社の境内に、お祖父さんの功績を称えた石碑が建っている。そして、お父さんから、その頃からの地縁で、第二次世界大戦直後の混乱期には、T市へ食糧の買出しに行っていた、といった話を聞かされたり、実際に連れてこられたりした経験を持っている。

「T市は、父も幼少の頃、祖父が職業軍人で全国を回っているうちに住んだことのある町なのです。

終戦直後も、その頃からの縁で買出しに行ったりしたようで、小さい頃から父親にそんな話を聞かされたり、連れてこられたりしたせいで、何か親しみがありました。一介のサラリーマンなので、駅からまたバスに乗って行くような場所ですが、独り立ちするときに、親も賛成してくれたので、今のところに住むことになりました。T市は家族の個人的な歴史を抱えているということもあって、なんとなく近親感というか、郷土愛のようなものが芽生えていたようです。ここに住んで、もう二〇年になりますので、愛着も深まっています。

もともと私は、武蔵野が好きで、東京の郊外の自然、国木田独歩の『武蔵野』に描かれているような、まさに、ああいう原風景に憧れていましたし、実際、そういう自然のなかを歩いたりしながら育ちました。

ひろがる輪

家族の個人的な歴史をかかえている、というT市に地縁を持つ春木さんが、居住地域の活動に目を向けるようになったのは、一〇年ほど前である。山男でもあった彼が越後三山の単独行で遭難し、傷めた体の回復を図ろうとして、居住地域の体操サークルへ参加したのがきっかけであった。体力をつけるために、なにか簡単なスポーツでもやろうか、と思い立った矢先、たまたま居住地域の広報紙に載っていた中高年男性向けの「健康体操教室」開催のお知らせを目にした。期間も短かったので、さっそく申し込み、毎週、土曜日に一時間半ほど、ストレッチ体操で体をほぐすこととなった。

「健康体操教室」が終了した段階で、このまま終わらせてしまうのはもったいないと思って、他の人たちに話をもちかけたところ、同じような気持ちの人がいて、続けてやろうということになった。そして、「健康体操教室」の卒業生を主体とした自主的なサークル、「T市メンズフィットネス」が立ち上げられた。「健康体操教室」で指導していた年配の女性の先生は、市の嘱託スポーツ指導員であったが、今度は、自主的なボランティアとして指導してくれることになった。サークルを立ち上げた春木さんたちが「T市メンズフィットネス」の第一期生で、その後、「健康体操教室」が開催されるたびに、参加者の有志がサークルに加わるようになった。現在のところ、「T市メンズフィットネス」の会員数は、幽霊会員も含めて、約三〇名で、参加者の半数近くが定年退職者である。年齢構成は、上は七〇歳近い人から、下は三〇代まで、と幅がある。施設の使用料のために会費を徴収しており、春木さんが会計係を担当している。

面白いことに、どこの地区に住んでいる誰さんというのは分かっていても、勤め先が分からないのです。もちろん、会社に行っていない人もいるのでしょうけど、お互いに、別に言おうともしません。年齢の幅もありますし、住んでいる地域もいろいろで、もっぱら口コミを通じて集まってきている、という状況です。

やはり、なんといっても、「継続は力なり」です。続けていくところに意義があります。最近は、指導員の先生が来られないときには、卓球や、今、流行のバウンドテニスとか、ソフトボールなどをやったりしています。たまにはハイキングに行ったりもします。いろいろなことをやっています。先生が「お互いに感謝の気持ちをこめて、年に一回、懇親会のようなものをやったら」と提案されたので、去年から、カラオケをやったりもしています。体操の仲間を通じて地域の仲間作りのようなことを始めているわけです。

春木さんを含めて、それぞれの人が肩書きを外して自発的に参加した体操教室での出会いが、向う三軒両隣といった近隣関係とは別個の形で、新しい形の地縁的人間関係をつくりあげる出発点となった。体操教室はそのためのーつのきっかけであった。参加した人たちのなかに、居住地域での生活を通じて地縁的な結びつきを求めようとするる気持ちが湧いていたに違いない。それが「T市メンズフィットネス」として実を結び、さらに強まっていくことになった。

「T市メンズフィットネス」とは別に、春木さんは、体操教室の仲間たちを中心に、生涯学習グループ、「T市メンズカレッジ」を結成して、生涯学習活動を進めている。当初、公民館の職員の呼びかけで、九月から一二月までの四ヶ月間の、男性だけの公民館活動としてスタートした。実際の活動は、体操教室の仲間たちが核になって、自主的にプログラムを作って企画運営するという形で進められた。居住地域に根ざした生涯学習活動である。すでに四年継続している。

今のところに住んでいても、寝に帰るだけで、周りの人のことも、町のことも、何も知らない。それでは駄目ではないか。中高年が会社を離れ、定年を迎え、あるいは、配偶者をなくしたばあいなど、この地域で生きていけるのだろうか、ということから始まったものです。とにかく、「会社員」は、逆立ちして、「社会人」にならなければ、ということをコンセプトにしています。

具体的な活動として、T市に居住する有識者、先達の講演、講座、実技実演や、精神薄弱児施設、中国帰国者定着促進センターでのボランティア活動、女性学級と合同のダイオキシン汚染問題発生地域の視察などを行なってきた。そして、活動の記録として、毎回、参加者の感想文と公式記録を収集した「ゆうゆう通信」を刊行している。

地域を知って、地域の現実問題を見据えることによって、地域に対する意識も高まるし、お互い生徒同士の仲間意識も出てくるという効果を狙っているわけです。

「T市メンズカレッジ」の活動は、原則として、土曜日です。ただ、平日でないとできないような、例えば、中国帰国者定着促進センターの訪問のようなこともあります。そういう時、私は有給休暇を取って参加しています。

私だけではありません。「T市メンズカレッジ」で生涯学習活動をやろうという意識が働く人はそこまでのレベルです。もちろん、毎度毎度、全員が出席できるわけではありません。でも、敢えて有給休暇をとってでも行く、というような意欲を持った人たちが集まっています。で、他のサラリーマンのレベルからいうと、本当は特殊な人たちなのかもしれません。

春木さんは、さらに、博物館学芸員の呼びかけに応えて、T市の蔵造りの街並保存にのりだし、「T市建物応援団」というボランティア組織を作っている。

私は昔から歴史が好きでした。今、たまたま勤め先の会社で社史の編纂に携わっているせいか、

ちょっと昔の心が芽生えてきたのかもしれません。

両国の江戸東京博物館で、都内の歴史的価値のある建物を保存しようという動きがあります。T市は埼玉県なので該当しませんが、T市も「蔵の町」として有名なので、博物館でボランティアの学芸員をしていらっしゃる方の呼びかけで、「T市建物応援団」という組織をボランティアで作りました。T市でも、人々の目は東京にしか向いていませんし、地元の商店街などでも、町の活性化のためには、古い昔の蔵造りの街並を残しておいても意味はない、というのが現実的な判断なのでしょう。街なかの貴重な建物が壊されてしまい、何処にでもあるような高層マンションとか、商店街ができつつあります。そういう状況を憂えて、何とか折り合いがつくような「共生」を実現できないものか、といろいろ好き勝手なことをやっています。

強まるきずな

「T市メンズフィットネス」から始まって、「T市メンズカレッジ」、「T市建物応援団」に至る居住地域での活動を推し進めてきた推進力は何なのか。春木さんは、自分自身の体験と結び付けて、次のようにいっている。

一つは好奇心が強いというのがあるかもしれません。私は、昔から名所旧跡とか、神社仏閣とかを歩くのが好きでしたし、新しい所へ行くと、必ずその周りをいろいろと回っていました。今も細々と続けているのですが、歩く、自然に触れる、歴史に触れる、それから、人と触れ合う、といったことです。常に新しいことに出会う、この出会いということを私は大切にしてきました。

もう一つは、地域の土壌というものがあります。健康体操から、もっと幅広い文化の面も含めた活動へ、という地域のパワーがありました。ひとりではできません。気持ちを同じくする仲間がいるということです。そういう意味では、地域に寝に帰っていて、休みの日にぶらぶらしているくらいでは、何も見えないでしょう。それを一つ乗り越えてやると、吹っ切れて、いろいろなことが出てくるわけです。「T市メンズカレッジ」を通じて、いろいろなことが勉強になりますし、ボランティア、と肩肘張らないで、自分ができることを楽しみとしてやれば、負担にはなりません。それで継続できるのでしょう。

したがって、一歩を踏み出せない多くの会社員にとっては、そういう気持ちになることが必要なのではないでしょうか。そういう気持ちにならないなら、それはそれで、その人の人生観だと思います。会社だけでいいんだとか、休日は何もしないでいるのがいいというのも、一つの考え方でしょう。でも、少なくとも、そういう生活に物足りなさを感じたり、何かやりたいと思ったら、実はいろいろなところにきっかけがあるのです。ミニコミ誌とか、人づての口コミとか、いろいろな所に情報が転がっています。私は、会社で、広報や宣伝の仕事をやってきましたから、その辺のことはよく分かります。

居住地域に目を向けるきっかけとなった「健康体操教室」での出会いが、居住地域に自分たちのかけがえのない生活があることを、改めて具体的な形でお互いに確認し合う機会となった。そして、気持ちを同じくする仲間が、定年退職者を含めて、サラリーマンとしての共通体験を核にして、将来を視野に入れた地縁的な人間関係の輪を広げていくことになったのである。

春木さんは、以上のような、約一〇年の間に積み上げてきた居住地域での活動を通じて、地縁的な人間関係のきずなを確固としたものに育て上げているようである。

確かに、私は恵まれていると思います。地域の活動としては、男性学級をこれだけやっているところは、他にはないといわれています。でも、この方向は間違いではないと思っています。実際に、リタイアして空白になったときに、すぐに切り替えられるということはないですから。助走期間というか、現役のうちからソフトランディングできるようなことをやれたら、と話し合っています。

将来の生活を語り合うことのできる地縁的な人間関係の輪のなかにいる春木さんにとって、「仲間」という言葉から浮かんでくるのは、まず、居住地域の人たちであるという。そうだとすると、春木さんの生活全体のなかで、居住地域での生活は、会社での生活より大きな、重い位置を占めることになるのであろうか。「もしかすると、そうかもしれない」というのが彼の実感である。

見据える未来

以上のような、居住地域の人間関係にウエイトをおいて生活している春木さんは、毎日の生活体験にもとづいて作り上げている好ましい人間関係のあり方として、「善い社会」像を、次のように描いている。

経済的に豊かであることではなく、むしろ、心の満足を得られるような、心の豊かな社会が、私にとって、善い社会の理想です。最終的には、家族のしっかりとした結びつきがあって、それが地域社会で生かされ、職場を含めた広い社会のなかで本人の役割が十分に果たせる、そういう社会だと思います。縁あってこの社会、この地球に生まれてきたわけですから、生をまっとうできるように、本人も努力しなければなりませんし、まわりの環境もそうあってほしいと思います。

企業は競争が激しいですから、心の満足を得られるような、などといってはいられませんが、やはり、最低限、人としての尊厳を理解し、守った上での温かみのある職場が必要です。そこで求められるのは、心のゆとりというものでしょうか。ある程度のレベルに達しないと、そういうことは無理なのかもしれませんが。

効率性第一の高度成長の時代が終息した現在、求められているのは、心の豊かさである。心のゆとりを持って、豊かな心を持って家族が結び合い、居住地域の人々が結びつき、そうすることによって、職場のなかで、社会のなかで、私たちは各自の本分を全うすることができる。それが善い社会といえるものだ、というわけである。「会社員」から「社会人」へ変身しつつある春木さんは、遠くを見据えているのであろう。

二　町内会世話役のばあい

次に、第1章でも登場している、永年、地元の世話役として活躍してきた東京の山の手の米屋、村岡信夫さんの事例を取り上げよう。

村岡さんの家は、第二次世界大戦前から、代々米屋を営んでおり、現在のところに店を構えて、村岡さんが三代目になる。小学生のころから、家の商売を手伝いながら育って後を継いだ、地元生え抜きの商家の当主である。しかし、村岡さんの住む地域でも、ご多分にもれず、商店街の地盤沈下が進行している。古くからのお米屋さんも例外ではなく、商売は下降線をたどっている。村岡さんには息子が二人いるが、彼の代で商売は終わりだと観念しているようである。

子どものころ、学校から帰ると、配達がたまっているから早くやれ、といわれて、文句も言わずにやっていました。長男だったので、小さいころから後を継ぐものだと決め込んでいたので、ごく自然にこの道に入りました。特別にやりたかったという訳ではありませんでしたが、別に抵抗もありませんでした。

私は、息子が二人いますが、息子たちに米屋を継がせるつもりはありません。まあ、やりたいといえばしょうがないですが。今は、親の商売を継いでなどという時代ではありません。S区の米屋の仲間で、子どもが後を継いでやっているというのはないのではないでしょうか。

私も子どもには継がせたくありません。商売そのものに魅力がなくなりました。第一、食っていけません。なになに屋とか、なになに商店とかいったものは、みんな駄目になります。お肉屋さんも、お米屋さんも、酒屋さんも、みんな駄目になります。今のところ、地域とのつながりがあるから、なんとか細々とやっているだけで、これからは、もっともっと厳しくなります。商売仲間は、みんな子どもには継がせられないといっています。

細る担い手

商店街が寂れていくだけではない。商店街を核とする居住地域に昔から住んでいる人が少なくなり、村岡さんの目から見ても、居住地域そのものがかつての面影を失ってしまっているのである。業務ビルが建って昼間人口が増えても、アパートやマンションができて夜間人口が増えても、居住地域の担い手は減少の一途を辿っているのである。村岡さんのところの町内会には、全部で約三七〇〇所帯住んでいるが、そのうち、町会費を払っているのが約二五〇〇所帯で、町会費を払っていない、残りの一二〇〇所帯は、ほとんどが独り暮しのアパート、マンションの住人である。

商店街が寂れていくと、地域も寂れます。まず、町内会の運営などをやる人がいなくなります。だから、町の活性化などとてもできません。地域に入ってきた企業が代わりにやってくれればいいのですが、昼間働いている人たちは、夕方、時間になったら、みんな帰ってしまいます。この地域で生活しているわけではないから、働いている人たちがいても、町のことまでやってはくれません。また、私は、今、四八歳で、生まれも育ちもここですが、そういう人は、もう、あまりいなくなってしまいました。昔は大きな家が沢山ありましたが、相続やらなにやらで、処分して引っ越していってしまいました。今では、もう、新しくきた人たちのほうが多くなっています。

そういうこともあって、この町の生活環境は、このところ、確かに悪くなりました。住んでいる人たちみんなが悪いわけではありませんが、たとえば、ゴミを出すにもルールを守らない人がけっこういます。町会でも問題になっていますが、町会がいちいち個人まで面倒を見るわけにはいきません。昔は、隣近所の人が注意をしていましたが、いま、そんなことをいったら何をされるか分かりません。国勢調査の時に、女の人が調査員をやっていますが、夜遅くなったら調査票を取りにいくのはやめたら、といっています。この町に住んではいても、どういう人だか分からない、という住人が多くなってきていますから。

それでいて、そういう人たちも、町内会って何をやっているのですか、この会費は何に使うのですか、と町内会と関わりもしないで、文句だけはいいます。おとなになっても、横のつながりは嫌だといって、自分の趣味だけに生きていくという、そういう人が増えてきています。若い人ほどそういう傾向が強いようです。たとえば、消防団の団員は、いま、平均年齢が五〇歳を超えてしまっています。勤めに出ている人は、長く住んでいる人でもなかなか出てきてくれませんから、新しく来た人たちなどは、とてもとても。

そういうなかで、寄り合いに出て来たり、お金を出したりして協力しているのは、昔からの人たちだけですから、お祭りをやったり、地域の行事をやっていくというのは大変なことなのです。

人口が増えても、担い手がいなくなってきた居住地域、という状況のなかで、それでも、村岡さんをはじめ、昔から住んでいた人たちは、お互いに協力し合って、なんとか手分けしながら、町内会の仕事や行事を仕来りどおりにこなしている。そして、村岡さんはその町内会を動かしていく旗振り役である。

町内会の肩書きは、総務部長です。でも、私がいないと、町内会はもう動かないかもしれません。それも運命なのでしょう。まあ、与えられた役目だけはやらなくては、というところです。使命感のようなものではないですが、みんなで持ち場を決めて、決まったらやる、ということです。誰でもやれることです。やっている人たちは、みんな同じ気持ちだと思います。地元で生活しているのだから、地元のためにやれることはやろう、ということが発端になっています。そして、そこから、次から次へと枝が伸びるように、じゃあ、こっちもやろう、あっちもやろう、ということになっているわけです。まあ、私たちは、そういう年にもなったし、町内会のことをやれる人が少なくなってきたので、やっている人は手分けをして、いろいろのことをやっています。でも別に苦にはなっていません。正直のところ、そういう世話をすることが好きなんでしょうね。世話をすることが嫌いではないんですね。

でも、町内会の世話をしようという人は少なくなってきました。お祭りもあと二〇年経ったらやれるかどうか分かりません。われわれが長老になったとき、中堅どころや若い人たちが出て来てくれるでしょうか。商店街で商売をしている商人も少なくなっていますし、景気も悪くなっていますしね。この辺りでも、次の代になってもお祭りがやれる、ということはないのかもしれません。仲間たちも、自分たちの代で終わりだろうといっています。それに、地域のことよりも自分の家のことで精一杯、という人が多くなってきています。

永年続けてきた大事なお祭りでさえ、先行き不透明であるという。商店街を核とした居住地域のまとまりが、徐々に、確実に崩れつつあることを、当事者である村岡さんはひしひしと感じさせられているのである。

人の和のぬくもり

しかし、村岡さんの毎日の生活にとって、永年にわたって地域で培われてきた人間関係の重みは絶大である。商店街が寂れていき、商売そのものににやりがいがなくなった、という村岡さんにとって、地域の人々と協力し合う共同作業や行事こそが生きがいになっている。

今はもう、商売をしていても、充実感というものを感じなくなりました。充実感を感じるのは、何かやって、それが達成されたときです。たとえば、消防団で放水の練習をして、みんなで真剣にやって、それで大会で優勝したときなどがそうです。それも、みんなで一緒に努力したというときです。お祭りは、また違った意味で充実感があります。事故もなく無事に終わった、うまくいってみんなが喜んでくれた、といった充実感です。でも、お祭りをやって、事故もなく無事に終わらせるというのは、それはそれで疲れるものです。

いま、月に二回、商工会の青年部でダンスをやっています。何かあったときに踊れないより踊れるほうがいいと思ってやっています。もう二年半になります。集まってくる年代は、少し年配の人たちが多いですが、静かなブームになっています。はじめは、何でダンスなどやるのか、とけちをつける人もいましたが、やる前からどうこういわないで、文句があるなら、やってみてからいえばいい、ということで始めました。それで、やってみたら面白いんですね、みんなが。で、続いているわけです。何でもやってみなければ分からないものです。

村岡さんの毎日の生活は、町内会の世話をはじめ、居住地域の地縁的な人間関係のつながりのなかで営まれている。

みんなが仲間です。町会も。業界も。野球のチームも。仲間が多いんですよ私は。それが私の財産です。お金はないですけれども。いい友達というのが、若い子から年取った人まで、ずいぶん幅広くいます。飲み屋仲間もいます。それで、みんなで何処かへ行こうという事になると、幹事をやるのは私しかいません。で、私が幹事をやって、バス一台分ぐらい人を集めてしまいます。まあ、私は縁の下の力持ちといったところです。私は、そういう役が向いているんでしょう。みんなが、村岡さんしかいないから、というから仕方がありません。

村岡さんの生活は、結局のところ、地域のことが中心で、町内会、商店会、同業組合、消防団など、地域生活を支えるさまざまな集団のなかでの活動に明け暮れている。それが地元で育った村岡さんの生きかたなのである。「生活のベースは地域です。地域の比重が重くなっています。家庭にいる時間はあまりありません。家と店とは別ですから、家は寝に帰るだけです」という生活である。

回帰する心

居住地域の地縁的な人間関係のなかに生きがいを見出してきた村岡さんは、好ましい人間関係のあり方としての「善い社会」像を、次のように描いている。

善い社会とは、一言でいうと、お互いの気持ちが分かり合える世界です。大切なのは、思いやりがあるということです。それが地域から始まって、ずっと広がっていく、そういう社会です。

今は、自分だけがよければいいということで、本当の思いやりというものがありません。あまり干渉しないようにしましょう、ということになってしまいました。(中略) 人を助けて、助けられる、ということがなくなったら、日本人ではありません。それが日本のいいところだったのに、薄れてしまいました。みんなで力を合わせる、ということがなくなりました。でも、神戸の震災や、北関東の洪水のときなど、けっこう助け合っていましたから、日本人もまだまだ捨てたものではない、と思いました。まだそういう気持ちが、あるにはあるのでしょう。そういう気持ちは大切にしたいものです。困った時だけではなく、普段から一声掛け合ったりして、ということがないと、寂しいじゃないですか。

地元の世話役である村岡さんにとって、お互いの気持ちが分かり合える、ということのない居住地域の地縁的人間関係のあり方は、なんとも侘しいものなのである。毎日の生活のなかで、独りになったときに、ふと湧き出してくる寂寥感を拭い去ることができないのであろう。それでも、村岡さんは、神戸の大震災や北関東の洪水で、人々がボランティア活動として手助けしたことに、一縷の望みをつないでいるようである。

三　PTA会長のばあい

瀬戸内海を望むX市で、母校のPTA会長として活躍している会社の社長、小出一男さんの事例を取り上げよう。

小出さんは、X市で生まれ育った。学業を終えて、故郷に戻り、お父さんの後を継いで会社を経営してきた、地方都市の生え抜きの経営者である。小出さんには、この三〇年間、高度成長期以降の時代を乗り切ってきたという、自信がみなぎっているようである。

今の仕事は家業で、後継ぎとして就きました。小学校や中学校のころから、継ぐものだということを親から植え付けられてきたので、けっこうスムーズに洗脳されていましたから、継ぎたくないと思ったことはありませんでした。義務感というのではなく、家業は継がなくてはならないものだ、それが自分にとっても一番いい道なのだ、というふうに考えていました。

で、親のやっているのを見ていて、もっとよくしなくては、という気持ちが強かったと思います。三〇年も前のことですし、従業員の労働条件なども悪かったので、近代化、合理化をすすめて改革していかなければならない、という気持ちでした。高度成長時代に入ったという時代的な背景がありましたから、経営者としては、従業員に働きがいのある職場をどうやって提供していくか、会社の評価をどうやって上げていくか、ということをいちばん考えました。そういう考え方を取り入れて企業が変わっていくのを自分なりに納得できたときには、充実感を味わうことができました。

目配り、気配りの世界

親の代からの人間関係の枠組みをそっくり受け継いで企業活動を展開してきたということもあって、小出さんの生活は、地縁と職縁の絡み合った濃密な人間関係のなかで繰り広げられているのであろう。ゆきとどいた人間関係への目配りが企業運営の眼目になっているようである。地方都市の自営業者の典型的な生活である。

人と人との関係というものは、感情の行き違い、すれ違いといったことが四六時中起こります。こちらがこれだけの思いで接しているのだから、半分以上は伝わるだろう、と思っても、それが一〇パーセントか、二〇パーセントしか伝わっていないことがわかると、初めのころは非常に寂しい思い、虚しい思いがしました。ですが、そういう食い違いは日常茶飯事なのです。会社のなかの人間関係でもそうですし、対外的な関係でもそうです。何度もそういう思いをするうちに、こなれてくるのでしょう、だんだんそういうことが予測できるようになってきます。まあ、学習効果というか、それが経験というものなのでしょう。

もちろん、置かれている立場によって、人との関係も違ってきます。後継ぎといっても、父親がいて仕事をしている二〇代の時、父親が半分ぐらい手を引いて半分責任を任された三〇代の時、父親が完全に手を引いて主体性を持って仕事をする四〇代の時とか、自分の置かれた環境によって、人との関係は違ってきます。

しかし、長年の経験で、複雑微妙な人間関係を取り仕切り、無難にさばいている、という自信を持つようになってきたにも関わらず、今や、経営者としての小出さんの置かれている立場は、否応なく、社長という孤立した立場であり、味わわされているのは、トップとしての孤独感である。

専務のときなどは、わりと気楽に、従業員に、「飲みに行こう」と声をかけて、飲みに行ったり、プライベートな生活に首を突っ込む、ということも気楽にできました。しかし、現在では、自分が率直にやっているつもりでも、周りはそういう風には見てくれません。誰かに気安く声をかけたりしたら、たとえば、「社長はあの人を重んじている」と、すぐに陰でいわれてしまいます。そういうことが分かってくると、どうしても周りから距離を置くことになります。そうしないと人間関係が悪くなってしまいます。そういう意味では、寂しさというものがあります。四〇代になって、このところ、孤独ということの意味がわかるようになってきました。

濃密な人間関係の世界で、孤独な社長という立場に立たされている小出さんにとって、このような孤独感を癒してくれるのは、仕事上の関わりのない友達でもないし、また、知らなくてもいいことまで知っているという家族でもない。現在のところ、それは、三〇代のころ一緒だった青年会議所時代の仲間、二世の経営者たちとの付き合いである。

月に一回、五人ぐらいで、居酒屋のような所で、それこそいいたいことをいえるような仲間と会ったりしています。この仲間というのは、三〇代ごろの青年会議所の仲間で、まあ、二世の経営者のような人が多いのですが、そういう仲間と会ったりしています。そこで話すのは、まったくプライベートなことで、話もあっちに行ったり、こっちに来たりする、といった感じですが、こういう機会を逆に大切にするようになってきた、ということがあります。

人間関係の密度の濃い地方都市であるがゆえに、気兼ねなく心を開ける世界はますます狭まっていくのであろう。

無難にさばくＰＴＡ

小出さんは、多忙で孤独な経営者としての生活を送りながら、同時に、わが子の通う学校のＰＴＡ会長を務めている。ＰＴＡは、地域住民にとって、居住地域の地縁的人間関係が顕在化する一つの重要な場面であり、小出さんがＰＴＡ会長に就任するのも、居住地域における密度の高い人間関係と無関係ではない。むしろ、密度の高さゆえである。

基本的には、「人との関わり」というものがあったと思います。子どもが学校に上がり、ＰＴＡの会合に顔を出すと、親御さんのなかに、けっこう知っている人がいて、「子どもが一緒になりましたね。どうぞよろしく」という出会いがあります。世間は広いようで狭いものです。ＰＴＡは、近所で知っているとか、家内同士が知っているとか、商売を通じて知っているとか、いろいろ多岐にわたる人間関係が持ち込まれてくる場であるわけです。

そういう場で、ＰＴＡの役員のなかに知っている人がいたりして、「今度、ちょっと無理いうかもしれませんが、……」と持ちかけられてしまうと、「知らんわ」ともいえなくなります。親にしてみると、結局のところ、子どもを人質に取られているから、ということになるわけです。とくに、母親というのは、自分の子どもに対する愛情のかけ方など、異常なものがありますから、役員を、といわれて、仕事の支障がない限り、子どもに関わることである以上、まず、受けることになります。私の場合、商売をしていますし、自分の卒業した学校でもありますし、先生方も知っていますし、人間関係の密度が、他の人たちよりずっと濃かったということがありました。断る理由などありませんでした。

なるべくしてなった、というところである。

小出さんにとって、当然のことながら、ＰＴＡは、子どもを契機としてつくられた組織ではあっても、自分の子ども、自分の家族という個人的な立場を離れて、他の公的機関と同じように、公的な立場にたって問題を処理していく組織である。小出さんは、そう受け止めているが、実際のＰＴＡの活動場面では、必ずしもこのような姿勢が貫徹されているわけではない。人間関係を損なうことなく勤め上げることが最大の関心事になっている。

ＰＴＡに関わるということは、ＰＴＡの役職を預かる、ということで、公の立場に立って、一つの組織に純粋に関わっていくということです。私としては、そういう理念から入っていくわけで、公明正大な立場で行こうというものがあるわけです。ＰＴＡのなかで議論をするときにも、そういうことを考えて接するように心がけています。この辺のところで、お母さん方と話をしていてギャップを感じることがあります。私は、自分の家族、自分の子どもとかいうものとは別個の問題として関わっているわけですが、ＰＴＡに来ておられるお母さんというのは、そういう公私を分けるという意識はないようです。

お母さん方は、自分の個人的な立場、自分たちの周りで実際に動いている人たちの立場、自分たちのクラスの立場、というところまではわかるのですが、もう一つ、全体の立場、全体の視野というものが見えてこないようです。女性だからというわけではありませんが、自分の子どもがまずあって、自分がいて、自分がこれだけやっているということがあって、そして、自分の周りで活動している人に目を向ける、という姿勢なのです。

一つの議題のなかで交わす言葉で、違うなあ、と思うことがよくありますが、それを、あなた違いますよ、というわけにはいきません。ＰＴＡという世界でこれからも生きていくのであれば、その組織のなかでの考え方の中身についても言及していく、あるいは、正していく、ということもするかもしれません。しかし、一年という限定された期間のなかでの関わりですし、子どもが卒業すれば全然関わりがなくなってくるわけですから、おかしいと感じても、口に出していうことはありません。

居住地域で繰り広げられている多様な地縁的人間関係について、行き届いた目配りで処理している小出さんにとって、それは、生活していくうえで、不可欠な事柄である。ＰＴＡ会長としての活動も、そのような地域生活のひとこまとして、無難にさばくことになるのであろう。

模索する生きがい

しかし、小出さんには、現在、別の思いがある。地縁的人間関係についての目配り、気配りの世界を越えて、小出さん自身の生涯を通じた生きがいを見つけたい、という思いである。

私は、長男という環境で育ってきたために、気配り人間として生きてきたところがあります。そのため、振り返ってみると、自分では何かいろいろなことをしてきたけれど、これは、というものはやってこなかった、という気がします。会社のこととか、親のこととか、家族のこととか、ＰＴＡもそうですが、対外的ないろいろな団体のこととか、要するに、自分自身以外のことは、一生涯かけて自分のこととしてやっていくことではないですし、期限の切れるものであるわけで、そういうものに対する物足りなさとか、寂しさといったものがあります。そういうなかで、四〇代になった現在、一つ、自分のなかにやれるものを見つけられたら、という思いがあります。生涯を通じた生きがいを見つけたい、という気持ちです。たとえば、書道とか、自分で納得できる一つのものを求める、そういう境地に自分を持っていきたいということがあります。

そのためにはどうしたらいいのか。

生きがいを見つけ出すためには、地縁、職縁の絡み合った人間関係の網の目から抜け出さなければならないのではないか。今までのような生活をしていたのでは、結局、気配り人間として終わってしまうのではないか。そうならないためには、今の暮らしを捨てるしかないのではないか。

それで、生まれたところから出ていきたい、出て行けるわけはないのだけれども、出ていきたい、そういう殻から抜け出したい、という気持ちに駆られることになります。ストレスというものなのかもしれません。そういう思いがけっこう強くあります。いいようでいて、煩わしいとか、面倒くさいとか、そういうものがすごくあります。可もなく不可もなしとか、冒険がないとか、そういうことの裏返しのものについての願望があるわけです。別荘でもできたら県外に出ていきたいとか、人間関係のないところに行きたいとか、そういう気持ちに駆られます。仕事もずっとやり続けなければならないのでしょうが、六〇代になったら、そういうような、人に煩わされないような暮らしをしてみたい、と思います。

煩わしい人間関係から逃れたいという思いに駆られる小出さんにとって、人間関係を尊重するということは、人間関係を維持し、より親密な関係を作り上げる、ということと同時に、人間関係を限定し、より希薄な関係に持っていく、ということにもつながってくる。

人間関係は大切、とひとことで片付けてしまうと、そこにはプラスのイメージが強く打ち出されているといいますが、人間関係をないがしろにする、ということも同じくらい含まれている、ということです。私のような立場だと、仕事のうえでの関わりもそうですが、いろいろな団体との関わりもあって、かなり広範囲な関係になります。そういうなかで、人間関係というもののよさもわかるし、悪さも経験するし、どちらかわからないということもあります。

したがって、現在の人間関係から抜け出してみたい、という気持ちには、生きがいを求めて、という積極的な部分とともに、逃避的な、消極的な部分も含まれることになる。「バブルがはじけて悪い時期が続いているので、そう思うのかもしれません」とは、孤独な社長、小出さんのため息混じりのつぶやきである。

自立する人間

現在の小出さんは、濃密な地縁的、職縁的人間関係に包まれて安住している生活に満足できなくなっている。そして、そういう生活のなかで自分を見失わないで生きていくことができなければ、人間としての生きがいはない、と受け止めている。人間関係の理想形態としての「善い社会」像について、次のようにいっている。

私が社会人になったのは昭和四八年でした。翌年の昭和四九年にはオイルショックがありました。バブル景気も経験したし、今のように、不景気も経験しています。そういうなかで世間を見ていると、景気がいい時には、みんなでワーッと消費してしまい、景気が悪くなると、みんながいっぺんに萎縮してしまっています。つまり、みんながまわりの環境に左右されているのです。流されてしまっているのです。たとえば、一日のうちでも、一週間の間でも、いい時や悪い時があるわけですから、そういう時に、極端な違いはない、という気持ちの持ち方をして欲しいものです。社会全体がそうあって欲しいものです。国の考え方なども、流されてしまっています。政治家も哲学がないなどといわれています。私は、ドイツのような国が好きです。ドイツでは、車なども、日本のようにコロコロとモデルチェンジしないし、伝統や哲学といったものがちゃんとあります。

日本は、マスコミを見ていても、芸能記者か社会記者かわからなかったりします。些細なことをわいわいいうのではなく、地に足のついた考え方をしないといけないと思います。オイルショックのときに、トイレットペーパーがなくなるといって買い漁ったりしていましたが、考えてみると、情けないことでした。

教育にしろ、社会にしろ、善い悪いという状態にすぐ迎合するのではなく、地に足のついた考え方をしないといけないし、そういうふうに社会が変わっていかなければならない、と思います。

小出さんは、人間関係のもたれ合いのなかに埋もれて、右往左往している状況を日本人の悪癖、ととらえている。この日本人の悪癖をただすために、私たちは、哲学を身につけて、右往左往せずにじっくり腰を落ち着けて行動する自立した人間にならなければならない。そういう自立した人々の集まりになれば、よい社会が実現するのではないか。小出さんは、自分の置かれている立場と結びつけて、そう考えているようである。

四　子ども会会長のばあい

子ども会の会長として居住地域で活躍している公立小学校の教頭、滝沢義男さんの事例を取り上げよう。滝沢さんは、神奈川県のL町出身で、現在、妻の実家のある隣接のX市に住んでいる。勤務している小学校は、東京都内にある。

L町で、濃密な人間関係に包まれて育った滝沢さんも、今住んでいるX市には個人的な人間関係のつながりはない。X市は、妻の生まれ育った世界であり、当初、奥さんを介して地域と向き合うという姿勢であった。居住地域との直接の結びつきは、妻に背中を押されて地域のお祭りに参加したのが始まりであった。そこで出合った子ども会の会長の言葉が、滝沢さんの目を居住地域に向けさせることになった。

私は、今、家内のほうの地域に住んでいます。私自身は、お隣のL町に実家があります。そこでは昔から住んでいますので、滝沢の家を知らない人はいないくらいです。でも、今住んでいるX市はぜんぜん知りませんでした。初めのころは、地域のことには自分では積極的に関わりませんでした。ある年、地域のお祭りがあったときでした。家内から、「あなた、一緒に出てよ」といわれて出て行きました。その時に、子ども会の会長さんにいわれました。「たとえどんなに偉くても、会社の社長とかでも、退職してここに帰ってきたら、ただの人でしかない」と。その人は、地元で商売をしていた人です。ただの人です。会社を辞めて、私は部長でしたといっても、誰もそんなもの相手にしないぞ、老人会に入ったとしても、これはまた厳しいもので、そんな人は絶対に受け付けられないし、ゲートボールも駄目だろう、というわけです。とにかく、地域のなかで生きていくためには、いま地域でやっていなくては駄目なのです。私が小学校の校長になったとしても、地域に根ざした活動をしていなければ駄目なのです。

一つところに永年住んでいても、ただの人として居住地域の人々と顔の見える形でつながっていなければ、地域の人々は受け入れてくれないし、生活の場としての居住地域の実質的な担い手にはなれない、というのが現実の姿なのである。

生きる教職の巧み

子ども会の会長の言葉に促されて、滝沢さんは、今、高校二年の上の子どもさんがまだ小さかった頃に、子ども会の活動に参加することになった。そして、三年前、二番目の子どもが地域の少年野球のメンバーとして活躍していた関係などがあって、子ども会の会長を引き受け、以来、地域との関わりがますます深まることとなった。

滝沢さんは、子ども会の会長として地域社会に積極的に参加していくことを通じて、地域のおとなたちが地域の子どもたちを見守り、子どもたちの成育に関わる、という居住地域での役割を具体的に担うことになり、そのことを通じて、居住地域の教育力の重要性を確信するようになった。

地域の活動に協力しているので、忙しいといえば忙しいです。家に帰っても、学校が忙しいからといって、ひっくり返っていることはありません。土曜日、日曜日には子ども会の活動があります。

でも、子ども会の会長をやっていて、忙しいとは思いません。楽しいです。学校にいる時より楽しいですよ。地域のなかに自分が入って、地域の人たちと関わって子どもの世話をしているのですから。子どもを、私だけでなく、地域の人が見てくれているのです。地域の人たちが子どもたちに注意してくれるとか、声をかけてくれるとか、私の住んでいるところは、そういう地域なのです。そういう地域をつくっていくときには、そこに住んでいるおとなたちがそういう考えを持っていなければならないのです。そういう考えをもたなければいけない、というのは私の持論でもあります。

このような居住地域の教育力を具体的に経験している滝沢さんは、子ども会での経験と結びつけて、教職従事者がそれぞれの居住地域で活動することの積極的な意味を探っている。

地域の活動に出ていって、教頭をやっています、などといい始めると、おかしなことになってしまいます。教頭をやっているからといって、地域ではただの人なのですから。でも、まあ、子どもを並べたりするのが好きですから、なんだかおかしいっていわれます。子ども会主催のお祭りで、「気を付け。そこのなんとかちゃん、前にならえ。なおれ。よくできたね」とやりますと、面白いことに、私の声は教員の声なので、子どもたちも条件反射的に反応してくれます。そうこともあったりして、「滝沢先生がリーダーをやってくれると、絶対に完璧だから」ということで、毎度呼び出されてやっています。

そういうことを考えると、教員は、自分の住んでいる地域でも教員であって欲しいと思います。地域のなかで、自分の仕事と結びついた形で、お手伝いできることがあるはずです。ボランティアとしてやれることがある、と思います。並ばせることなど上手ではないですか。われわれ教員の仕事はエンドレスですけれども、私にいわせれば、学校の仕事は、仕事で疲れてしまって、家に帰って何もできない、というほどのものではないのです。変ないい方ですけれど、民間の人が一円儲ける、ということのほうがよほど辛いはずです。

学校で、「僕、子ども会の会長やっているけど」といった話をしますと、職員も、「教頭先生は、会長やっても説得力がありますよ」とか、「教頭先生と話をしたので、子ども会の仕事を引き受けました」とかいってくれます。

居住地域でも積極的に活動している滝沢さんの姿勢は、職場のなかで、肯定的に受け止められているようである。先生方が、それぞれの居住地域で、地域での活動に目を向けるきっかけになっているに違いない。

さらに、滝沢さんは、居住地域での活動に参加することをつうじて、勤務している学校の保護者たちの活動にも共感を覚えるようになり、お互いの信頼関係が深まってきたという。

子ども会をやっているせいで、いま勤務している学校でサッカーやバレーをしている保護者の喜びや苦しみもわかるようになりました。「先生、なんかやっていますね」と、聞かれたとき、「僕、子ども会をやっています」と答えると、それだけで信頼感が違ってくるのです。

人としての務め

滝沢さんは、居住地域での活動を、教職従事者という立場と結びつけてとらえているだけではない。地域からうける有形無形の恩恵に応える、ということと結びつけてとらえている。したがって、居住地域での活動は、至極当たり前な生活のひとこまとして位置付けられることになる。

地域の活動に時間を割くということは、苦労でもなんでもなく、普通のことではないかと思っています。ひとりのおとなとして、自分のできることを、今できるなら、今やっておかないと、あとになって後悔する、と思うんですね。哲学者の森有正は、「経験」について、自分の苦労や苦しみ、自分の思いは、他者とは共有できないし、喜びや悲しみも、自分でしかわからない、という意味のことをいっていますが、彼のいうように、自分でやって苦労するけれども、誰にもわかってもらえない、という前提でやれば、別にどうっていうことはないわけです。「経験」するということは、苦しいに決まっているわけですから、結果として、何かに跳ね返ってくるわけです。もちろん、自分自身にも跳ね返ってくるし、そうすることによって、他の人にも跳ね返っていくわけです。

居住地域での活動を、そういう意味でとらえているから、滝沢さんのところでは、滝沢さんだけでなく、妻も、子どもの通っている学校のＰＴＡの役員として居住地域での活動に積極的に参加している。

うちの家内も、子どもの行っている学校のＰＴＡの会計係をやっています。できるうちはやったほうがいいっていっていますから、子どもがやはりお世話になっていますから、そういうことを還元してあげたほうがいいのではないでしょうか。それはとても大切なことではないかと思います。考え方の基本には、そういうことがあります。家内も同じです。弱音を吐くこともあります。でも、弱音を吐いたら、杉村春子の台詞ではないけれど、「自分で選んだ道じゃないか。できなかったら、最初から選ばないほうがいい」っていったりしています。勿論、愚痴は聞きます。そうやって話し合うことが、私たち夫婦にとって、すごく大事なのです。

家族を大切にしないと絶対に仕事はできない、と思っている滝沢さんは、そういうこともあって、できるだけ家に帰って妻と一緒に食事をするようにしており、子ども会の様子とか、居住地域の出来事とか、その日、その日のことを話す機会をつくっている。滝沢さん夫婦はそうやって居住地域と向き合って暮らしている。二人にとって、ニューヨークの日本人学校に勤務した時の辛い思いをした分があるので、夫婦は「運命共同体といったところ」、という気持ちで対応しているという。

あるべき教育の姿

滝沢さんは、教職従事者という立場から、好ましい人間関係のあり方としての「善い社会」像について、次のようにいっている。

教育に携わっている人間としては、われわれの世界でいう、思いやりがあって心豊かな人間が育つ社会、それが善い社会ということになるでしょう。ひとりひとりの生き方がきちんと認められていて、お互いに認め合いながら、しかも、共同体のようなものをつくっていける、というのがいちばんいいのではないでしょうか。それには、おとなたちがそういう社会を探っていかなければなりません。昔の人がいい社会だった、といっても、全部がいいとは限りませんから、どこがよかったのかを掘り起こしていかなければなりません。

滝沢さんのいう、思いやりがあって心豊かな人間を育てる、ということは教育活動に従事しているものにとって、教育目標そのものである。そいう人間を育てられる共同体的な社会環境、つまり、それがよい社会である。それをどう整えていくか、ということは教育現場を取り巻く人々にとって、究極の課題である。それは、学校のなかだけで解ける事柄ではない。それは、学校を取り巻く地域と、本来、結びついている営みであるはずである。滝沢さんは居住地域での経験と結び付けて、その目標に向かって着実に歩き出しているのであろう。

五　地縁的人間関係のあり方

居住地域で熱心に地域活動に励んでいる、以上の四つの事例は、居住地域における新しい、あるいは在来の地縁的人間関係のあり方について、それぞれ特有の傾向を示している。

第一の春木洋一さんの事例からうかがえることは、首都圏をはじめとする、各地の大規模宅地開発地域の居住者が取り組んでいる、新たに地縁的人間関係を作り上げていく建設志向型ともいうべき地縁的人間関係のあり方である。

新しく開発された住宅地域は、既存の居住地域から切り離された地域に形成され、既存の居住地域に住む「旧住民」と交流する機会を持たないまま、「新住民」として、自分たちの居住地域での生活を営むことになる。小学校が新たに建設されるような規模の宅地開発のばあいには、小学校を介して、「新住民」と「旧住民」とが交わるということもない。「新住民」にとって、地域単位の自治会という形での地縁的な行政末端組織に組み込まれることはあっても、子弟の保育、教育の場以外に、日常的な生活のなかで地縁的な人間関係を育てる機会を持ち難い。

この「新住民」は、多くのばあい、長時間の通勤にエネルギーを消耗させながら、雇用従業者として働く「働き蜂」、という類似の生活様式をもつ。その彼らが、職場と往復する毎日の生活のなかから、居住地域での地縁的人間関係の欠落した事態に目を向け、改めて、職場生活と居住地域の生活を結びつけた形で、生活そのものを再構築しようとして、向う三軒両隣といった物理的な結合形態とは別個の形で、共通の人生課題を抱えた生活者として、「〃会社員〃は、逆立ちして、〃社会人〃にならなければ、ということをコンセプトとして」、地縁を契機にした、新しい人間関係を構築しはじめたのである。

大規模な宅地開発地域の「新住民」のなかに、このような地域生活と結びついた生活要求が発現し、生涯学習活動やさまざまなボランティア活動を契機にして、新しい地縁的人間関係の形成、拡充という形で、生活要求を処理しつつあることを、この第一の事例は示唆している。

第二の村岡信夫さんの事例からうかがえることは、都市再開発の荒波にもまれている各地の既成市街化地域の居住者が取り組んできた、旧来の地縁的人間関係を維持しようとする継承志向型ともいうべき地縁的人間関係のあり方である。

このばあい、業務空間の拡充による昼間人口の増加、居住空間の拡充による夜間人口の増加、という都市化地域特有の現象として現れる、大量の「新住民」の流入にもかかわらず、旧来の地縁的人間関係を受け継いで生活している「旧住民」にとって、この「新住民」は、地域生活を円滑に運営するための戦力にはならない。単なる路傍の人、ないし、妨害要因としてしか映らない。しかも、「旧住民」層の減少、商店街の衰退という形で進行する、旧来の人間関係を支えてきた生活基盤の崩壊は、いっこうに収まることなく進行している。そして、地域生活での求心力を喪失しつつある「旧住民」は、地縁的人間関係を支える「互助精神」の旗印を押し出す機会のないままに、町内会や消防団をはじめとする地域生活を支えるさまざまな集団活動の場面で悪戦苦闘する日々を送っている。それにもかかわらず、事態は、「この辺りでも、次の代になってもお祭りがやれる、ということはないのかもしれません」ということを想定せざるをえないところまで来ている。そのような状況のなかで、「旧住民」は、旧来の地縁的人間関係のなかに身を埋めて、永年培ってきた生活習慣をいとおしむ生活を営み続けようとしている。

既成市街化地域では、「旧住民」の育て上げてきた、生活要求処理のメカニズムが崩れつつあるなかで、「新住民」の流入を受け入れるきっかけをつかめないままに、新たに発現する生活要求を吸い上げて処理する方策を見つけ出せない事態が進行していることを、この第二の事例は示唆している。

第三の小出一男さんの事例からうかがえることは、地縁、職縁の絡み合った濃厚な人間関係のなかで、動きのとれない息苦しさを経験している地方都市居住者にみられる、離反志向型ともいうべき地縁的人間関係のあり方である。

居住人口の流動性の少ない地方都市では、「旧住民」と「新住民」との軋轢といった形の緊張関係は存在しない。しかし、永年にわたって積み重ねてきた血縁、地縁、職縁の絡み合った濃厚な人間関係が生活の隅々までを支配しており、地方都市で生活する人々にとって、その既成の人間関係を損なわないことが、毎日の生活を営むうえでの前提になっている。そのため、そのような生活環境のもとでは、地方都市居住者は、否応なく、気配り人間、目配り人間であることが求められ、そのような資質が、地方都市の企業運営の眼目として受け止められることになる。しかし、それは、プライバシーの存在する余地を極小化することと結びつく。そのような状況のなかで、なおかつ、生きがいを追及し、自らの生活を築き上げようとすれば、「生まれたところから出ていきたい、出ていけるわけはないのだけれども、出ていきたい、そういう殻から抜け出したい、という気持ちに駆られる」という形で、既存の人間関係を希釈化し、人間関係のくびきから逃れて生きることを模索せざるを得なくなる。

地方都市の居住者が、濃密な人間関係に支えられて生活を維持しながら、自らの生きがいを求め、自己実現をはかろうとしても、既成の人間関係の枠組みの再編につながる生活要求は不完全燃焼させざるを得ない状況にあることを、この第三の事例は示唆している。

第四の滝沢さんの事例からうかがえることは、既存の地縁的人間関係のなかに参入して、改めて地縁的人間関係を作り上げている転入居住者にみられる、参加志向型ともいうべき地縁的人間関係のあり方である。

首都圏内の各地の都市化地域に見られるように、既存の地縁的人間関係が機能している居住地域で、新たに生活を始める「新住民」は、転入手続きを済ませれば、形式的には、居住地域で生活できる。しかし、居住地域の実質的な一員として生活するためには、何らかの形で、「旧住民」が作り上げてきた既成の地縁的人間関係に加わって、地域の一員としての位置を確保する必要がある。

「新住民」にとって、新たに生活する居住地域は、再生産装置としての家族の営みを円滑に進める受け皿として機能する生活場面である。「新住民」は、地域生活をつうじて、家族成員の育児、保育、教育、学習、介護に至る多様な生活要求の充足を期待している。これらの生活要求は、すでに、「旧住民」の手によって作り上げられてきた生活要求処理のメカニズムにもとづいて処理されてきたものであっても、「新住民」の流入を契機として、時間の経過とともに、量的、質的に変化を遂げていく。そのために、生活要求処理のメカニズムの調整が必要となり、それが地域問題として顕在化してくる。そして、新たに出現した問題を処理するために、「地域のなかで、自分の仕事と結びついた形で、お手伝いできることがあるはずです。ボランティアとしてやれることがある」、という立場から、「新住民」は、生活要求処理のメカニズムの調整に関与していく。その過程で、「新住民」は、居住地域の実質的な担い手としての地位を確立することになる。

都市化地域では、「新住民」が、既成の生活要求処理のメカニズムに参加することをつうじて、「旧住民」とより適合的な地縁的人間関係を構築している事態が生まれていることを、この第四の事例は示唆している。

地縁的人間関係のあり方について、以上のように類型化される四つの事例は、同時に、職住間の距離の違いにもかかわらず、いずれも、居住地域の生活が職業生活と密接なかかわりをもつ、という共通の特色を示している。地縁的人間関係のあり方は、職業生活をつうじて積み上げられた職縁的人間関係のあり方を否応なく映し出すものなのであろう。

6

仕事の持つ意味——職業の手段的価値と公共生活への参加

上林千恵子

一　仕事を持つこととは？

金銭以外の意味

仕事につく、職業を持つということは日本の社会で一人前となった証しと見られる一方、仕事につかないこと、いつまでも定職についていないこと、ブラブラしていることは、まだ大人になりきっていない、あるいは社会に対して反抗しているなどの冷ややかな眼差しの下で見られやすい。その冷ややかさをもたらす日本人の意識の中には、職業が、単に金銭獲得のための手段的価値に限定されてはならない、という前提が存在しているのではないか。すなわち、仕事が単なる手段的価値以外の、公共世界との結びつきを持っており、一人前になった大人は仕事を持つことにより、共同性を持つ社会へ参加すべきであるという社会的規範が日本社会に存在するように思われる。

その結果、仕事を持たない人に対する反感が社会的にそれとなく存在し、また仕事をもてない人のアイデンティティは不安定なものとなりやすい。たとえば、仕事の世界から引退しつつある高齢者、あるいは失業者。彼らが自分自身に抱く喪失感、無意味感というものは、金銭的な不自由さとは全く別個に存在し、それだけに社会の中で自分の居場所がないという感覚は退職金や失業手当によって癒される類のものではない。またフリーターという職業ではない職業には、本人たちが高校卒業時に自主的に行なうフリーターへの積極的な進路選択と、採用側企業がフリーターに下す低い経歴判断との間には大きな乖離がある。昔から日雇い労働者の間で口にされてきた「お天道様と釜の飯はどこへもついて回る」という言葉も、一方では楽観的な見方とも言えると同時に、そこには不安定な仕事に従事せざるを得ない人間の、ある種の投げやりさと諦念が感じられるだろう。仕事が糊口をしのぐ手段でしかない、という一種の諦念であり、そこには仕事に対する積極的な意義付けが感じられない。

日米の差異

ところで、アメリカ人の生き方を理念型として描いたベラーたちの『心の習慣』では、仕事（work）を、「ジョッブ（job）＝職」、「キャリア（career）＝経歴」、「コーリング（calling）＝天職、召命」の三つに分類している。[1]ジョッブとは、金銭獲得の手段、キャリアは生涯を通じて業績によって職業の中で昇進していく経過、コーリングとは本人の精神生活から切り離せないばかりでなく、仲間や公共生活と結びつける仕事としている。このコーリングという言葉の中に、個人と公共生活を結びつける、アメリカ人の生き方、ベラーたちが概念化した聖書的系譜と共和主義的系譜の二つが結晶化されているのである。

だが日本人がその仕事に公共生活との結節点を求めていないか、というとそうとは考えられない。金銭的手段として以上のものを求めていることは確かである。自分の個性の発揮のみならず、社会的役割を果たすことが本人にも、周囲からも期待されている。だからこそ、働かなくても良い人、働いているとは思えない人、働けない人、に対する周囲の目は、羨望や嫉妬、憐憫ばかりでなく、そこに一種の倫理的判断が下されているのであろう。

ところが、日本人の場合はこの公共生活という概念が、キリスト教の伝統を持つ社会とは明らかに異なる。ベラーが聖書的系譜といった時、たとえ教会の権威が昔ほどには人々から認められず、日曜日ごとに教会に通う人が少なくなったとしても、少なくともその意味するところは明白であった。物理的に存在する教会を思い浮かべさえすればよいのだから。同じく共和主義的系譜にしても、ピルグリム・ファーザーズのタウン・ミーティングに戻り、町の中心にある町役場や市庁舎を見さえすればよいのであるから、その精神的伝統を信じるか否かは別にしても、それが何を意味するかはアメリカ国民には明白であったと思う。日本で公共生活というと、何を連想するだろうか。仕事が単に金銭獲得の手段だけではないとしても、仕事が貢献すべき公共生活をどんなものと想定しているのだろうか。公共というものが、日本ではしばしば「政府」「官」の独占物とされ、そしてその証拠に公共物への破壊行為が得意気に語られることさえある。もしそれが自分たちの物であるとさえ気づけば、壊すような行為など考えもつかなかったことだろう。

仕事と公共生活

そこで、本章では以下のことを検討したい。第一に、私的世界、いわば自分にとって所与の世界から、公共世界を獲得する時に仕事がどのような役割を果たしたか、これを職業の世界にみていく。ここでの「仕事」の定義は、活動そのものが楽しいというような、その活動自体を目的とするものではなく、あくまでも特定の目的を実現するための手段的価値を持つ活動であり、しかもそれが金銭的報酬をもたらす活動でなければならない。仕事が、各人にとってどのような形で自律の契機となりえたのか、私的世界から公共世界に投げ出されるにあたって、スプリング・ボードの役割を各自の職業が務めた経過を検討したい。

第二に、仕事を通して日本人が考えている公共生活とは一体何をさしているのか、この点を考えてみたい。公共生活という言葉が大袈裟ならば、人々とのつながり、といってもよい。人々とのつながり、とは空間的には他者の存在であり、時間的には未来となる。他者と未来を包含する公共生活とは、日本人にとって何を意味するのか、インタビューをした人の仕事に対する考えを中心としながら検討していこう。

二　腕を磨く

ブルーカラーの仕事

まずブルーカラーの仕事の世界に入り、彼らが自分の仕事の意味をどう考えているか示そう。ところで、このブルーカラーという用語は、きわめて多義的である。イギリスのペンギン社の社会学辞典では、「これは筋肉労働者を記述するアメリカの用語」[2]と決め付けており、その分、労働者階級（working class）の項目で、この筋肉労働者の内容を説明している。日本の場合は、職業分類では生産工程従事者とされて、労務作業者とは別項目である。ＩＬＯのような国際機関の分類では、生産・運輸・単純作業が同一職業分類に入っているが、日本のブルーカラー、とりわけ大企業勤務者を見る限り、断じて筋肉労働者、単純作業者と同一カテゴリーには入れられない。既にあまたの著作が示しているように、日本の大企業は地域労働市場の高卒者のうちのもっとも優秀な人を採用し、終身雇用を提供するものであるから、企業の提供する雇用保障と労働条件の上からも、また能力の上からいっても、彼らの持つプライドの上からいっても、単なる生産・単純作業者ではない。

しかし、日本を含め先進国はどこも製造業の衰退の憂き目を見、サービス産業へのシフトが顕著になってきている。先進国ではブルーカラーは衰退しつつある職業なのである。猪木武徳は「脱工業化社会への誤解」として、上っ面に流れやすい脱工業化社会論に警鐘を鳴らし、いつの世でも製造業が重要であることを主張している。しかしその論者でさえ、「製造業がいつの世でも重要だということと、製造業におけるブルーカラー的仕事が減少（ホワイトカラー労働の増大）しているということには何の矛盾もない」と記している。(3) したがって会社の方は生き長らえるとしても、ブルーカラーを職業とした人は分が悪い。その職業が減少しているということは、とりもなおさず、その社会的必要性が薄れているということである。自分の持つ職業が日本の将来社会では見込み薄となっている中で、言い換えて見れば社会からの後押しが小さくなっていく中で、ブルーカラー自身がその社会的立場を主張するには自分から積極的に仕事の意味を探す試みが必要とされよう。

保全工の高原さん

大手自動車会社K社に勤務する高原直人さんは三〇歳代半ば、機械課で電気保全を担当している。工業高校を卒業してK社に入社し、現在まで一貫して一六年電気保全を担当し、現在は指導職にある。指導職は監督職である工長・工長補佐の一歩手前の職位で、マネージメント中心の監督職と職位のない現場作業員の中間である。このポジションから言っても、また三〇歳代半ばという年齢の上からも、高原さんは第一線でばりばり仕事を遂行している立場にある。

しかし、そもそも彼が現在の仕事を選択したのは、何も自分の腕を磨くためでも、職場の仲間からみとめられるためでもなく、「とにかく職に就いて金さえ貰えればよかった」という金銭的動機づけによる。彼は現在の会社を選んだ理由を次のように答えている。

工業高校出身です。県立の普通科高校に行けたが、大学は行かないで高校出て働こうと考えていた。で、工業か商業かと二択になった時、「セールスマンは大変だぞ、工場勤めの方が安定している」と先生に言われて工業高校に。卒業してこの会社を選んだ。面接の時に「どういう仕事に就きたいか」と聞かれ、「何でもいいです」と答えた。とにかく職に就いて金さえ貰えればよかったので。

現在の会社は大企業で安定しているので選択したが、それ以上には確固とした意志もないまま、会社の命じられた保全という職種に就いた。仕事に就く、金を稼ぐという以上に現在の仕事を選択した動機づけがない。はっきり言えば、高原さんの場合は入社する前から「金さえ貰えばよかった」と一種の不貞腐れた態度を示し、決して仕事の社会的意義を見出して就職したのではなかった。彼が就職した一九八〇年代は既に高校生の大学進学率が高まり、そして大学卒業者が販売などを中心に曲がりなりもホワイトカラー職種に就職していく時代となっていた。そのなかで工業高校出身という、普通高校に比べて就職にハンデがあると見られる実業高校を卒業した高原さんは、大企業K社に入社しても、卒業の時点で自分の将来をやや投げていたのであろう。

こうした就職先への不本意さと言うものは、若年のブルーカラーに顕著であり、中高年者には見られない。たとえば、同じK社に勤務して今は係長というブルーカラーの最高到達点にいる若林洋一郎さんはまだ五〇歳代の入り口であるが、自分の入社時を回想して、「自分は昭和三八年の入社だが、そのとき

K社は日本一の企業だった。まあ、すごい会社だなと思った」と語る。その口調から天下の大企業に勤務できた誇りと喜びを三〇数年経た今でも昨日のように思い起こすことができるようだ。若林さんの入社当時と比べて社宅を始め賃金や福利厚生などの労働条件は格段に良くなっているにもかかわらず、同じ会社に入社することとなった高原さんの場合はこうはいかない。「何でもいい」という態度で入社している。入社の時点で、既に一種の敗北感とその反映としての投げやりさが見られる。

キャリアの転回点

その高原さんが、どうして仕事に意味を見出すようになったのだろうか。どこに転回点があったのだろうか。彼の言葉をもう一度見ると、「やっと勉強から解放されたと思ったのに、会社に入ってまた勉強しなさいなんて。挫折しそうになった。同級生はかなり辞めていった。でもここで挫けても、よそ行っても同じだろうとふんばってみたら、ハマっちゃやって」と語っている。

高原さんの所属する、保全職場の特徴をみておこう。まずここは、他の生産現場の職種より要求される技能レベルが相対的に高い。保全工と他の生産職種を同列には論じられないという点は、企業側も従業員側にも周知の事実となっている。たとえば、小池和男たちによる自動車産業職場の丁寧な聞き取りと、周辺の関連会社を含めたアンケート調査によれば、保全職場がもっとも専門性の高い技能を持っていることが示されている。ここは技能レベルが高いために、当然のことながら期間工や請負社員が入ることはない。そして生産職場から保全職場へのローテーションは技能教育に役立つという評価があるものの、その反対の保全からたとえば鋳造・鍛造職場などへの人事交流はマイナスで、他の職場に出かけていては設備の自動化・高度化に設備保全の技能が追いつかないという。[4] こうした記述から、職場でもっとも技能レベルの高い保全工が日常的に技能維持に努力を払わなければならないことも容易に推測がつく。

日本社会で減少あるいは衰退しつつあるブルーカラー職種を自分の職業として選択した人間が、ブルーカラーの世界で自律していくためには、自分の技能、腕に頼っていくほかはなく、そしてその腕に自信が持てるからこそ高原さんは自律していると言えるのだろう。「保全は機械加工と違って業界内であればどこでも通用するでしょう。——図面があれば、ポンと直せます」という彼の言葉がそれを物語っているように思う。彼が保全工であったのは決して偶然ではない。

ブルーカラー職場が、往年の社会学の教科書によく記述されているような working class の単調な職務のみで構成されていれば、自律はその職務からは生まれてこないだろう。自動化機械がもっとも早く導入される大工場ブルーカラーの職務にどれほどの自主性と自己裁量の余地が残されているのか、生産工程が機械に支配されているからそこで働く個々人にとって技能発揮、自己実現の余地がないのではないか、という問題はこれまで労働疎外の観点から論じられてきた。[5] しかし、高原さんの事例を見ると、ブルーカラーの職種でも腕を磨く余地が大いにあり、そしてそれこそが当初の人生に対する投げやりな生き方から現在の積極的な生き方への屈折点となったと思われる。

それでは他の職場はどうだろうか。機械加工職場では、腕の良い人は工場内の金型加工へ、組み立て職場では職務範囲の拡大、新ラインへの対応、などそれぞれ技能維持・形成していかなければならない。ブルーカラーの持つこうした技能を「知的熟練」として定式化したのは小池和男である。[6] 小池は製造品目の変化、生産機械・生産方法の変化、チームメンバーの変化が生じているにも関わらず、一定の品質の製品を一定のスピードで生産し続けると言うことの中に、熟練を見出している。保全職場を典型としながらも、機械加工、組み立て、それぞれの職場において熟練技能、いわゆる腕というものがあり、ブルーカラーはそこに仕事の意味を見出している人が少なくないのではなかろうか。

公共生活への参加

それでは、公共生活への参加をどのように高原さんは捉えているか。あなたにとって「善い社会」とはどんな社会でしょうか、という質問に彼は「どういう意味、それって。感性で言うと、今のような殺人の起こらない世の中」としか答えられない。それよりも彼には「良い成績を取り、良い学校を卒業し、良い会社に入る」という確固として成立している現存の社会的枠組みへの反抗心と闘争心がある。頭の良いことと学校の成績の良いことがイコールにされてしまう世の中では、工業高校卒の現場作業員には当然障壁の多いことは感じているのだろうが、敢えてその範囲内で自分の上昇志向を維持している。したがって、「[会社へのロイヤリティ（忠誠心）は]はっきり言ってないですよ。家庭が一番ですよ。家庭を守るために会社で働いていているんです」という言葉は本音に違いない。

高原さんにとって公共生活は、職業を通じては直接に入り込んでこない。職場の仲間は協力相手であると同時に、競争相手でもあり、腕を磨くことは自分の生活の安定と直結している。高原さんにとって、社会を考える直接の契機は子どもである。たとえば労働組合活動へ参加するようになったのも子ども連れ、家族向きのイベントが契機であった。子煩悩な彼が職場以外の社会と触れ合うきっかけは、子どもを通しての活動であり、それが職場以外に公共生活が存在していることを教えている。

また、日本や世界の将来という未来も、自分の子どもの将来を考えいくときにその未来が視野に入ってくるようだ。自分が経験したような貧乏な思いは子どもにはさせたくない、世間並みのことは親として子どもにやってやりたいという親心は、今時の三〇代の男性としては極めて古風に聞こえる。しかしながら、高原さんのように、仕事に意欲を燃やし自分の腕を磨くことに生きがいを見出しつつも、職業を手段的価値として第一義的に考える普通の人の場合、子どもの将来こそが将来社会を考え、公共生活の何たるかを示す契機となっているように思える。

保線現場監督吉崎さんの腕の意味

高原さんが自分の腕を磨くことを自律の根拠としているのと比べて、広義にはブルーカラーに分類されるとはいえ、労務・保安などの職種は技能が不要で、単純労働であるとされる。技能職が腕に生きるのとは対照的に、この職種では腕を磨く必要がないように思える。技能上では単純労働に分類される労務・保安職に従事している人の場合には、自分の能力を職業上では発揮できないので、その結果、彼らは職業を金銭獲得のための手段的価値として捉えているのだろうか。自分の職業の内在的な意味よりも、労働の結果として支払われる賃金に多くの意味を見出しているのだろうか。ゴールドソープがイギリスの豊かな労働者に見出したような、労働における手段主義的志向[7]が日本の保安職に典型的に見出されるのだろうか。

私鉄に勤務する保線現場監督で三〇代半ばの吉崎力さんの話を聞いていると、決してそうではないことが分かる。ここでも、技能工の高原さんが誇りに思っている「腕」は存在する。しかし、その腕の意味が異なる。保線現場監督の吉崎さんにとって、それは「作業が日程に従って安全に滞りなく進捗すること」なのである。言い換えてみると、作業を日程どおりに安全に進捗させることはなかなか容易なことでなく、だからこそ腕が必要とされる。

「腕を磨く」という表現がともすれば、個々の労働者の個人的技能と能力を表す傾向にあるが、保線作業は基本的には五〜六人以上の単位で作業を行う集団作業であるから、現場監督の「腕」とは作業員全体が気持ち良く、その能力に従って作業できるように配慮することにある。配慮とは、自分の班の作業員のみならず、作業指示を出す保線区事務所に対して、下請け業者に対して、はたまた他の班長や監督者に対して、払うべき配慮である。保線という職業も自動車部品製造現場と同じく、職場集団の影響力が大きい。現場監督はその年齢にかかわらず「親父」と呼ばれ、なかなか責任が重い職務である。

保線作業は、線路の維持が日常的作業であり、ベテラン保線作業員ならば電車の揺れ具合でそのたわみが分かるという。そして、線路を見れば、曲がった個所、沈んだ個所がわかり、どこをどう直せば誤差プラスマイナス何ミリの範囲で水平に維持できるか知っている。その他、レールの交換、砂利掻き、側溝の掃除、雪や土砂の除去、など電車が安全に通るための線路の維持管理がその作業である。電車の安全確保がまず第一義の仕事であり、電車は公共的なものであるから、作業それ自体が公共生活と直結している。その点で、公共生活と私的生活の分裂が職業生活の上で表れにくい。とりわけ、その作業が屋外作業で、かつ月六回の夜勤が含まれる、肉体労働中心であること、いわゆる３Ｋ職場であることを考えると、職業の意味とその社会的位置づけを作業者本人が絶えず確認していかなければ、モラールの維持向上を図かれないのであろう。

吉崎さん自身、この職業を選択した理由は私鉄会社だったら大手で安心して生涯働けると思ったこと、その安定性に惹かれてのことであったが、駅員の試験には落ちて、工務部に回ったという経緯がある。黄色い服（保線作業員の作業服）を着て、人前でバールを持って大声出して作業するということが若いうちは恥ずかしかったという。しかし、今は仕事に誇りを抱いているという。現場生活二〇年間弱の期間に「仕事を好きになる」というところが吉崎さんらしいところで、好きになる努力のなかに、仕事が公共生活と結びついていることの自覚があり、自分の生き方における自律の途を見出しているのであろう。そして、現在は「親父」として、３Ｋの仕事を嫌々やる若者が積極的に働けるように、「誰でもよいところがある」という平等主義の考え方に立って指示を与えている。

子ども・仲間を通しての公共生活

以上、腕を磨くというカテゴリーの中で、二つの人間類型を見てきた。いずれも職場で模範となるような人物であった。一人は、自分の腕に自信をもつが故に、会社人間とは一線を画す立場を確保した。他の一人は、職場集団を維持し、作業責任を負うという立場から、仕事の意味と公共性を再度考え、それを自分にも他人に納得させなければならなかった。いずれも、三〇代半ばという年齢的に働き盛りであり、地域社会での活動に時間を割く時間的、精神的ゆとりはみられなかったが、職場での毎日の職務遂行を通じて、仕事の意味がどこにあるか、自分にとって、社会にとってどのような役割を果たしているかを考えているのである。その時、自分の腕を中心にする人間はそこから得られる自律心と金銭を評価し、また集団作業を営む者は、平等主義と仕事の意味を評価する。とりわけ、その作業が３Ｋと言われる作業である場合、その意味を問わずにはいられない。そして、その意味を問うこと自体のなかで、仕事と公共生活が繋がれてゆくのであろう。

しかしながらその公共生活を問う時、一人は子どもを通しての未来に、一人は仲間を通しての広がりに公共生活との繋がりを見出しているものの、その範囲は狭い。子どもや仲間という具体性をもっているだけに公共生活へのイメージは安定しているが、逆に具体性に縛られてその及ぶ範囲が狭い、という一つの難点があることを指摘しておこう。

三　企業貢献と自己の職業責任

ホワイトカラーの労働観

従来、ホワイトカラーの日本社会での位置づけは少数の社会的指導者としての役割を担ってきており、自分の勤務する企業に献身的に忠誠をつくすことはそのまま公共生活に奉仕することと矛盾なく繋げられていた。だが高度成長期の末期に公害問題が各地で問題となって企業の社会的責任が問われるようになり、その後、投機としての米や土地の買占めに対する企業倫理が問題化し、さらに資本がグローバル化した今日ではコーポレート・ガバナンスの概念の下、企業は従業員に対する雇用責任だけでなく、株主への配当責任も問われ始めた。

間宏《はざまひろし》は高度成長期の労働エートスを取り上げた際に、企業戦士の労働観と会社人間のそれとを峻別することを一つの眼目とした（間宏 1996）。前者は共同主義を前提とした労働エートスを保持しているのに対し、会社人間の場合は企業戦士が経験した敗戦体験が風化し、公益志向、連帯感、達成動機に支えられた勤勉性が失われ、傍若無人な功利的個人主義によって歯止めのきかない競争関係に支配されるという。高度成長期を支えた人々は現在、職業生活からの引退時期に入っているが、現在の時点で企業経営を担っている人々は果たして企業戦士なのだろうか、あるいは功利的個人主義の膜に覆われた会社人間なのだろうか。もし企業戦士であるとしたならば、その職業責任はどのように捉えられているだろうか。高度成長期のように企業の成長や発展が疑いもなく高く評価された時代とは異なる価値観の下に置かれ、彼らは高度経済成長期の企業戦士とは異なる労働エートスを身につけてはいないだろうか。企業忠誠心と自己の職業上の責任との関係、あるいは自分の仕事と公共生活との関連をどう位置づけているだろうか。

自動車会社の浜田さん

浜田幸一さんは三〇歳代半ば、妻と五ヶ月の子どもがいる。彼は一流国立大学を卒業し、自動車会社K社に勤務している。彼が就職した当時の一九八〇年代初めは、日本の自動車産業が急速に成長した時代であった。日本の自動車生産台数が米国のそれを追い越したのは一九八〇年のことである。それ以前の一九七〇年代半ばまでの日本のリーディング産業は鉄鋼産業であり、そのため当時の大学新卒者中のエリートはこぞってこの業種に就職した。この傾向は一九五〇年代後半から六〇年代初めの繊維産業になぞらえることも可能だろう。しかし、一九七三年の第一次オイルショック後、鉄鋼産業が長期にわたって高炉の休止を余儀なくなされるようになると、それに代わる地位を占めるようになったのが日本の自動車産業であった。この興隆期の産業に少数の大卒ホワイトカラーの一員として採用されたのがこの浜田さんである。

彼は大学卒業時の就職に際して少数のエリートとしてほとんどの企業でも選べる立場にあり、結局、製造業、その中でも当時日本経済の主流であった自動車産業のメーカーを選択した。そこには、大企業ブルーカラーと共通する、大企業ならば雇用保障や賃金水準の上での安心感が得られるだろうという予想と同時に、また日本の中心的な産業で働きたいという野心や期待もあったことであろう。彼は入社後、いくつか人事関連職務や出向を経験した後、工場に配属された。「特に工場では、現場が仕事をしやすい環境を作るのが人事の仕事です」と自分の仕事をよく理解し、理解した分だけきちんとその職務をこなしている。こうした立場の人がともすれば抱きやすいエリート意識が削ぎ落とされて、現在の自分の職務の社内での位置がきちんと把握されている。

企業忠誠心と自律

それでは企業意識についてはどうだろうか。浜田さんは心底、自分の会社の風通しの良さと、従業員が会社意識に無理に包摂されない自由を高く評価している。しかしこの企業でさえ、自社の自動車の悪口は言えるが、K社以外の自動車を所有することは全く考えられない。自社の仲間が苦労して自動車を一台ずつ販売しているその鼻先で、国産・外国産を含めて他社の自動車に乗るとしたら、それは全く自分の勤務している企業への侮辱以外の何物でもないという考え方であろう。企業忠誠心とは、個々人の私的な時間を律するだけでなく、その金銭の使い道までも律する影響力を持っている。

この意識は企業内の人間だけで形成されているわけではない。K社の従業員の友人である地域社会の隣人も、「今度、新しく車を買ったけど、お宅の車じゃなくて悪いね」と一言、友人であるK社の従業員に挨拶をして仁義を切っている。K社の従業員ならもちろんのこと、その知り合いならばK社の販売する自動車を支持し、購入すべきであるという暗黙の規範が日本社会の中に存在している。公と私の分離といい、あるいは私的生活と公共生活の分離と言うが、実は企業生活の中に私的生活がすべて包摂されているのがホワイトカラーの生活であると言ってよいだろう。包摂の度合いは、風通しの良さの違いとして企業毎に多少の差異はみられるが、企業への責任を生活の第一の目的に置くことが、従業員、とりわけホワイトカラーに課せられた責任であり、企業も、地域社会の人間もそれを期待している。

企業忠誠心とは、企業と生死を共にするという覚悟のことであり、管理職あるいはその候補者であるホワイトカラーにとっては規範として強い拘束力をもっている。だからたとえばもし会社の業務が警察沙汰になるようなことがあっても、会社の秘密を守るためには窓から飛び降りる位の覚悟をせよ、最近不祥事で捕まった人はすぐ告白するから覚悟が足りない、とさえ密かに囁かれることがあった。公権力とは一線を画して企業があり、公共性を担保とする警察さえ拒否することがあるほどにまで企業一家意識は強烈であり、それが企業忠誠心と結びついている。だから、大企業に勤務している者は、企業命令を公共性の観点から吟味するという企業倫理の大前提にしばしば無自覚となりやすい。そして、日本の大企業勤務者相互の信頼関係と全人格を包摂するような、時には抑圧的にも働く雰囲気、同僚との競争的であると同時に協力的な同志的関係も、こうした企業忠誠心の前提がなくては成立しないことになろう。日本的雇用慣行が時には圧力釜にたとえられるのも[8]、会社内に閉じ込められた出口無しの社会で、人生の大半を過ごすことを比喩的に表現したことになろう。

転回点

こうした企業内社会で、大病することは熾烈な社内競争の視点から見れば競争からの脱落とされる。社内での入社後何十年にわたる競争の中で、第一に必要とされるのは能力よりも、本人の健康、次いで家族の健康と言われ、その意味で各人は企業戦士に違いないのである。そうした暗黙の前提のある企業社会の中で、生死を彷徨するような大病をした、という事実は競争レースからの脱落であり、競争相手にとってはライバルが減ったとされる。

さて、その大病を浜田さんは三〇代で経験した。心筋梗塞を起こし、手術を行なったことである。手術は幸いにも成功し、現在は健康に留意して体に無理のない働き方をしている。この大病でいつ死ぬかわからないという経験をして、生き方が変わったと言う。医者から三千人に一人の死亡率で手術するといわれて、ひょっとするとそのまま死亡するかも知れない可能性を考えたときに、自分の中での優先順位が仕事第一主義から、親孝行と家族孝行を第一とする家族第一主義に変化した。最終的に自分の面倒を見てくれるのは、会社でなく、親や家族であることに気付いたという。

日本の大企業では一般的に、三〇代後半のエリート・サラリーマンにとって、この時期はその後の本社課長への昇進を控えて家族を忘れて仕事のために粉骨砕身する時期である。浜田さんの場合は、大病した結果、エリートのホワイトカラーが会社を退職する前後に悟るようなことを、この若さで理解した。転勤が多く、地域社会に根を下ろせないサラリーマンにとって、会社以外の人間関係を探すと家族しかない場合が多く、浜田さんもまたこうした例に漏れず、軸足を家族に移すことになった。家族が自分の生活の基盤であると自覚した上で、家族の中に閉鎖される私生活主義ではなく、自分の職務と会社というものを分けて考えようとしている。そして、たまたま自分の所属するK社が組織方針を職務中心主義に変更している事実が自分に幸いしていると判断するようになった。

しかし高度成長期にみられたような企業戦士の側面が薄くなったとは言え、浜田さんは現実にはK社の社員として職責を担い、毎日の業務を遂行しているのであるから、彼にとってもっとも困ることは、企業の要請・命令と企業外の公共生活の倫理が互いに矛盾した場合の行動である。企業から離れて生きていけないとしたなら、企業への献身と公共生活への奉仕が一致しない場合が生じた場合、非常に悩むことになる。立身出世を目指して功利主義かつ個人主義で生きていく、すなわち会社人間としてのみ生きていくならば、本人の生き方に悩みはないが、公共生活への献身を考慮すると、矛盾が出てくるだろう。彼は次のように言う。

組織によって、個人の信条を踏みにじられるような決定が上からくるということもないですね。理解出来ると言うんですか。例えば「お前あそこに行って人刺して殺してこい」というふうな、そういうのが出るわけじゃないじゃないですか。

ここには、企業の判断と自分の判断との間に齟齬がないことが、K社での一つの大きなメリットとしてあげられている。企業の価値体系とは別個に自分の価値判断が成立している、その意味では自律している浜田さんだからこそ、このメリットを指摘できるのであろう。しかし、金銭上では企業に依存せざるを得ない立場であるために、会社と自分の判断に齟齬がないことがメリットとなるのであり、もし自分の判断を会社のそれに優先することが可能ならば、齟齬の有無はそもそも問題とはならない。自分の判断だけで行動して、企業の判断を無視すればよいからだ。その意味で、「組織によって、個人の心情をふみにじられるような決定が上からくることもない」という言葉は、組織の一員として上からの命令に対しては極めて受動的にならざるを得ない立場を表明しているものでもある。「齟齬がない」という事態が、自分の努力によって獲得されるのではなく、たまたま巡り合わせがよく、自分の信条に違うような命令はなされなかった、という事態に過ぎないことが分かる。

企業貢献と公共生活

このように、浜田さんの生き方・働き方を見ると、企業貢献がそのまま日本社会の復興と成長につながるような時代に生きている企業戦士ではもはやありえず、そうかといって企業に丸ごと囲い込まれた会社人間でもないことが理解できる。価値観としては、病気を契機に家庭を足場にすることにより、会社第一の会社人間の立場から自分を引き離すことに成功したけれども、企業の外に生き方を求めるほどの職業的資格や能力に恵まれているというわけではなかった。エリート・サラリーマンではあるが会社から自律して生きていけるだけの資産、職業能力が準備されているわけではなかった。その結果、ひとつひとつの職務命令を、「企業貢献と公共生活への貢献との齟齬」の有無という観点から吟味し、自己の職業的責任を果たしていくという生き方を選択している。企業貢献という価値観そのものが再度、社会的に吟味されざるを得なくなった今日にあって、企業運営を担う、あるいは将来その責任を担うホワイトカラーの良質の部分は、家庭という足場で企業を見直しつつ、企業貢献が公共生活への貢献に結びつくように、企業命令に対して吟味していくという生き方を選択しているのではないかと思う。

子どもの未来と公共生活

ところで、公共生活は他者と同時に未来として提示されるものであると先に触れた。自分の子どもを持つということ、かけがえのない人を持つということは、本人がそれを自覚するかどうかはさて措くとして、子どもを通して未来という公共生活を自分の生活や行動に取り込むことになる。愛する子どもを持つことによって、孤独、エゴイズム、孤立感、人生の無意味感などが抑制されると同時に、子どもが生きる未来を、すなわち公共生活を考える契機となる。保全工の高原さんや保線夫の吉崎さんはそうした事例であった。たしかに、公共生活を自己の思考や行動の中に取り込むというだけの目的なら必ずしも子どもを持つ必要はないし、得てしてその強調は子どものいない夫婦や未婚者に対して差別的な思考へと繋がりやすく、また別の側面では自分の子どもさえよければという、自己本位的なエゴイズムにもつながりやすい。したがって子どもの意味をよほど注意していかなければならないが、少なくとも公共生活を考えさせる契機のうちの一つと考えてみることができる。

そこで自分の子どもにどのような生き方をのぞんでいるか浜田さんに質問してみた。彼は、自分の子どもには、会計士などのような専門職を希望していた。勿論、誰もが容易に想像できるように、あるいは浜田さん自身も当然知ってはいるだろうが、専門職資格を取得したからといって、それが即、会社に縛られない生き方を可能にするわけではない。しかしここで重要なことは、浜田さん自身が自分の生き方を全面的には肯定できず、我が子に別の生き方を求めていることである。賃金の高低や雇用保障の有無といった生活の経済的・金銭的側面とは全く別個の次元で、企業の価値観に包摂されない生き方を求めていることが分かる。

自分の生き方の上では会社中心主義から抜け出し、いったん、家庭という私的生活へ軸足を移してみるが、現実の生活は企業内で生きるという選択の余地しか残されていない。これまでK社の中で培われた経験が、外部労働市場では評価されないし、日本の大企業労働市場は相互に閉鎖的になっている。客観的には、大幅な労働条件の低下を前提にするか、企業が必要とする資格を持っていなければ、転職は困難である。企業の中に十分に包摂され得ない行き方があることを知ってしまった浜田さんにとって、今後もK社に勤務することは大前提に、その中で生きていかざるを得ない。そのジレンマが子どもへの未来に投影されているようだ。

これは浜田さんだけではない。やはり大企業に勤務する三〇歳代前半の機械エンジニア小橋健二さんも自分の子どもにはサラリーマンになることを望んでいない。彼は「僕は自分の子どもには今の会社で働いてほしいとは特に思いません。僕は子どもには大工になって欲しいと思ってるんです。腕に職を持って、日の当たる所で仕事するのがいいんじゃないかなあと。サラリーマンになって、やはりその辛い部分ってのをかなり感じて、それを子どもにさせたくないっていう思いがあるのかもしれません」と語っている。もちろん、小橋さんの子どもが現実に大工になる可能性は低いであろう。しかし彼もまた、自分の生き方を全面的に肯定できないでおり、現在の生活に大きな希望を持てないでいる。そして浜田さんと同様に小橋さんが、専門職と大工との差こそあれ、企業の枠組みを超えた生き方を自分の子どもに望んでいることは決して偶然ではないだろう。

競争の激化と公共価値の低下

いったい、なぜに三〇歳代前半の働き盛りの大企業大卒ホワイトカラーが将来の夢を企業に託せないのだろうか。企業を通して公共生活へ貢献できるという、高度成長期の企業戦士が描いた理想が崩れてきているのだろうか。かれらは決してその価値観が会社にのみ包摂され、その価値観に溺れてしまう功利的個人主義的な会社人間でない。しかし、間宏が理念型として描いた、共同主義を前提として企業戦士では断じてない。

その答は直接的には彼らの日常生活が忙しすぎて身体的にも精神的にも戦士となるには疲れすぎているから、というのが面接を通しての印象である。企業業績を維持していくためには、現場のみならず間接人員のホワイトカラーまで人員をきびしく管理している。人員削減をしなくても、仕事量の増大に人員増で対応しないから、結局は仕事の負担が増えていることになる。また、バブル崩壊後の不況期にあって、年功賃金体系下で相対的に賃金の高い中高年者を定年年齢より数年早めに子会社へ出向・転籍、あるいは希望退職させてきた会社の方針を後輩の立場から見ると、自分の将来へ不安感を募らせてしまうようだ。やむにやまれぬこととは言え中高年者への退職勧奨は、本人のみならず後輩にあたる若年層にまでマイナスの影響を与えている。こうした事実は過去に何度も不況を潜り抜けてきた企業は熟知しているのだろうが、ホワイトカラーに関しては高度成長期後、現在が初めての経験といってよいだろう。

しかしより広い文脈で見ると、会社と生死を共にするはずの企業戦士であるホワイトカラーが、素朴に自分の企業の共同性と公共性を信じていくための条件が失われてきたといってよいだろう。国際競争の激化の中で、自分の企業がそのまま存続していけるという素朴な信頼感が揺らぎだしているからだ。企業を通じての社会貢献、という標語を信ずるに足るだけの確固とした企業の枠組みが提供され得ていない。製品市場がグローバル化して国際競争が激化している時代になると、露骨に公共生活への貢献よりもまず競争で生き残ることが企業の至上命題とされるようになった。その結果、企業への献身が公共生活への貢献と結び付けにくくなっているのではないだろうか。

自分の子どもの未来には企業の枠を超えて生きられるような専門職か職人を求めるようになってきているのではないか。会社を辞めたら潰しが利かない職業ではなく、会社を辞めても生きていけるような職業こそが望ましいとする価値観が若い人に出てきている。企業貢献を通して公共生活に貢献するよりも、その職業を通して公共生活に向かい合うという、そういう生き方が理想とされるようになったのだと考えられよう。

企業貢献と職業的責任

自己の職業的責任を果たすことが、企業貢献と繋がるかどうか、企業の中心的地位にいるエリート層でも再吟味するようになってきている。それは企業中心の価値観からある程度自分を引き離すことが可能となった人であり、そこに初めて企業貢献と公共生活の価値観との乖離・齟齬の有無を問う立場が生まれる。転勤を職業上の運命とするこうした大企業のサラリーマンの場合は、地域社会への根がないだけに、公共生活への参加を保障する契機は他の職業の人以上に困難な側面があろう。その結果、企業を通じての公共生活への貢献という枠組み自体も不安定なものとなってきており、自分の職務、自分の能力、自分の腕、で生きる生き方が求められてきている。そして社会の潮流も、職務中心を強調するように変化してきている。現在、ホワイトカラーの良質な部分は、企業の枠を超えて、職務を通して直接的に公共世界へと向かおうとする一つの志を持ち始めているのではなかろうか。

そして、組織に属する人間として職務を通じての生き方が難しい部分は、子どもへの期待として、専門職や職人が理想として求められている。家庭第一主義という生き方が閉鎖的な私生活主義ではなく、子どもを通して未来を見る、という形で公共生活へ家庭生活が開かれている。仕事を通じての公共生活のつながりが抽象的になりやすい部分を子どもの未来という形で補っているようにも思える。男性の場合、女性と異なって子どもが持つ意味を問われることは少ないが、日本人の場合にはこれまでとりあげた高原さん、浜田さんなど自分の家庭、とりわけ子どもの意義が自分の生き方にも大きかったように思う。家制度の意識が希薄になった現在でも、やはり子どもへの愛情や責任といったものが、未来として公共生活へのつながりを強めているようだ。

四　自分を生かす

個性発揮・能力発揮としての職業

職業の手段的価値、すなわちそれが生活維持の手段として適合するかどうかを考えず、またその職業上の貢献が公共生活への参加を保障するものかどうかについても心配せずに、自分の好きなことを追求することが、金銭獲得の手段となり、かつ公共生活への貢献に役立てることができたならば、当人にとってこれ以上の幸せはないであろう。デザイナーやプロのスポーツ選手などの、自由業に属する人たちはこのような職業を営み、そこに余人では真似できないような特殊な能力を生かしている。こうした職業が世間の羨望と憧れを生むのは、これがきわめて稀な例だからである。

稀な理由はまず第一に、本人の能力や感性が職業として成立するほど、すなわちプロとして通用するほどの域にまで達していなければならず、そのレベルに達するのが容易ではないからだ。それに付け加えて第二に、その能力・感性の種類も、単に自分が好きだというだけでなく、世間がその能力に対して金銭を支払う類のものでなければならない。こうした厳しい条件をクリアしなければ、自分の能力を生かして職業につくという僥倖には恵まれない。その意味では、単に好きなことを追求すると表現しても、職業として「自分の好きな」活動することと金銭を支払う側が下す「社会の評価」とはぶつかり合う関係でもある。感性と収益性（経済）との相反する要求、すなわち自分の持つ感性の伸長と金銭獲得の必要性との間に折り合いをつけて職業生活をおくっているのが、こうしたプロフェッショナルであろう。自分の感性や能力を生かすことを職業としている人の生き方を見てみたい。

服飾デザイナーの岡本さん

岡本さんは六〇歳前後、ファッションデザイナーである。現在、自分の名前を冠したブランドを持つ高級婦人服の製造・卸・販売会社の副社長で、社長は数歳年長の夫が務めている。

岡本さんがデザイナーとして一本立ちできたのは、高級婦人服と時代の要請に合った製品を提供したことに尽きるが、個人史の観点からは母親の影響が大きく、また会社を起こしてからは夫の影響が大きい。岡本さん自身は高校を卒業後、地元の信用金庫に二年間勤めていたが、それに飽き足らず、デザイナーないしはイラストレーターになりたかったという。その希望に対して、父親は「デザイナーやイラストレーターなんかは、何十万人に一人なれるかなれないんだから……」と反対した。一方母親は、「そんなにあなたがやりたいんならやりなさい」と岡本さんの意欲を支持してくれた。この両親を裏切れないと思って、特に父親の反対を押しきってまで岡本さんを支持してくれた母親への感謝の念から、彼女は一生懸命に自分の好きな道に精進したという。確かに父親の意見も一理あったことはその後、岡本さんがキャリアを積み上げていくなかで理解してきたであろう。デザイン学校といっても、芸術の世界だから手取り足取りの授業は一切なく、あまりの自由さに二〇～三〇人入学しても、卒業者はたった五人程度であるのが一般的であった。

母親は単に岡本さんの意欲を支持しただけでなく、その後デザイン学校への入学にあたっても一緒に付き添っていったし、岡本さんが学校で勉強してから帰宅すると午後一一時ごろの遅い時刻になるので、いつも駅まで迎えに来たという。「有り難いと思うよ。母親っていうのは子どものことになると突然強くなる」と岡本さんは表現していた。学校は一日おきに開かれていたが、その日は欠かさず迎えに来てくれたそうだ。

一方、岡本さんも五人兄弟の長女として母親の面倒を見ていた。母親は身体の弱い人で、その看病のために総領である岡本さんが高校を一ヶ月ぐらい欠席しなければならなかったという。母親も岡本さんのことを長女として可愛がったが、また岡本さんも長女として母親に尽くしてきたことがうかがえる。

こうした母親の強い支えの下に、また父親の現実的な意見を反面教師として、岡本さんは午後六時の授業に間に合うように荻窪の会社を出、午後九時まで学校で絵を描いた。やっと自分の好きなことが出来るのが嬉しく、毎日絵を描くのが楽しくて楽しくて、まるで「水を得た魚の如く」イラストを描いた。家までの二時間半の通学時間がちっとも苦にならなかったという。そこでイラストレーターとしての才能を買われ、その後、手内職のような婦人服製造から現在の会社設立へと順調に業績を伸ばしてきた。

華のあるデザイン

ここで岡本さんのデザインの特徴に触れておくことが、彼女の生き方を理解するために必要であろう。彼女は自分のデザインのポリシーを「ゴージャス」という。そしてフェミニンでエレガントにデザインをすることが憧れであるそうだ。その原点は暗い日本の家と比べて、子どものころに見たハリウッドのミュージカル映画に求められよう。戦後の物資が何もない日本との対比で、ハリウッド映画の提供する世界が子ども心に明るく豊かに映じたことは想像に難くない。一般の人の場合、それはそれで映画の世界のこと、アメリカという別世界のこと、と割り切ってしまうのだが、岡本さんはそうした夢を現実に実現しようとしたところがデザイナーたる所以である。一九五〇年代のハリウッド製ミュージカル映画のままに、美しい色、鮮やかな色、膨らんだスカート、大きな帽子、豪華な羽飾りや毛皮などが彼女のデザインと特徴となっている。透けるような薄い柔らかい布、プリーツが生み出す布の陰影、豪華なレース、目を奪われるような鮮やかなプリントなども素材として多く使われている。一言で言えば、贅沢を凝らしたデザインが特徴である。

その意味では、日本的な侘・寂の世界とは正反対の世界を作り上げている。何よりも目立つデザインであるから、奥ゆかしさといった従来の日本女性が持っていたとされる美徳とも無縁である。美しさを色やデザインで正面から追求するという点では、「粋」の世界の美意識とは別物でもある。そして華やかな服であるが、けばけばしくならず、下品にもならない服が、岡本さんのデザインの真骨頂となっている。

ともすれば、鮮やかな色や目立つデザインがそれ自体下品としか捉えない日本の美意識の中で、こうしたデザインを生み出すこと自体が従来の日本の美意識に対する反逆となる。これを貫くだけの強さと自分の感性に対する自信と自負が岡本さんの中にあったし、またそれだからこそ現在の彼女があるわけでもある。

彼女は自分の社会的責任について、「自分の作りたいものを作ることが自分の責任だと思う」と語る一方、「自分がデザイナーになりたくてなったんで、人のためになったわけではない」という自分の生き方に対する自律した考え方をもち、幸せなことにその両者が調和している。自分の感性を生かして仕事をすることは自分が選び取った生き方であって、それは誰の責任でもない。また自分が作りたいものを作ることが、社会に対して自分の責任を果たすことにもなるという立場である。世間とは一線を画してそれに媚びたくないという姿勢がうかがわれる。

それでは彼女の嫌悪するのは何か。様々なデザインの良し悪し、好き嫌いは大いにあるが、それとは別個にマスコミの無責任さが嫌いである。ファッション業界はマスコミに依存するところが大きく、その取り上げ方がブランドの評価や売れ行きを左右するだけに、関係の取り方が非常に難しい。岡本さんも以前はマスコミの言うことに対して「そうしなければいけないのかな」と考えたこともあったそうだが、「マスコミは責任がないですからね。自分がお金を出して買うわけじゃないし、常に新しいものが好きなんですよ。ただそれだけのことです」と達観した。

今は、(マスコミは)私には関係ないと思ってる。だから、マスコミっていうのは、良かろうが悪かろうが常に新しいものが好きなんですよ。そうじゃないと記事になんないだけのことですよ。それが分かったわけです。新聞だってショッキングな表現した方が売れる。

岡本さんは自分の感性によって仕事をしているデザイナーであるだけに、傷つくのは商品が売れなかったという事実以上に、マスコミによって代表される大衆が、その感性を悪し様に言い募ったり、あるいはそれがやれ古いの新しいのと無責任に放言することにあるようだ。現在はこのマスコミとそこに代表される大衆と自分との間にはっきりと線引きをして、自分のデザインとそれを購入する一定層の顧客という世界を築き上げ、世間一般に理解されようとするよりも、自分のデザインを理解する一部の顧客を対象に仕事をするという覚悟をしたようである。デザイナーとしての社会的責任を果たすということは、大衆全般に媚びることではなく、その良さを理解する人に対して自分の責任を果たすことであり、それはすべての人に対して受け入れられることではないという。これも自律した考え方であろう。

岡本さんの場合、紆余曲折を経てマスコミの代表する大衆が必ずしも公共的生活を代表するものではないことに気付いた。ファッション業界は生活必需品としての衣服を提供するというよりも、流行という文化現象を提供する世界であるだけに、これを左右するマスコミの影響力は非常に大きいと思われるが、そこから自律することの困難さを岡本さんは身をもって味わったといってよいだろう。

デザイナーの桎梏

デザイナーとして激しい競争世界に身を置いている岡本さんが尊敬しているのは、一人はデザイン学校の先生とココ・シャネルである。先生の方は、自分の生き方を貫くために結婚もせず、絵も売らず、最低限のお金さえあればよいと言って死んでいった人である。その自由とそれを守るための厳しさを尊敬している。シャネルの方は、当時の服装規定に反逆したその姿勢に共感しているという。

こうした自由人に憧れた岡本さんにとって、普通の女性のように結婚し、出産し、家庭を持った上で、さらに社員を多数抱える会社の経営者であることは大きな桎梏でもある。「そうね、私は結婚して、子ども産んで仕事して、会社作ってね、自分でがんじがらめになっている。(自分で) そうしたように、思います」という自分の生き方に対する反省的な見方をしている。

けれども、自分がただの主婦をやっていこうと思ったことがないんですよ。いつも男の人と同じ意識ね、仕事を辞めようと思ったこともないし、それだけ仕事が好きだったんですね。でも、やっぱり、これは女が働くというのはヘレンケラーの三重苦なのよ。主婦やって、奥さんやって、仕事やってみたいな。よっぽど男の人の理解がなかったらやっていかれない。

デザイナーとして自由を求める感性と、現実の家庭生活や会社経営の桎梏の中で、岡本さんが出した結論は次のようなものである。

がんじがらめになりたくて、そうしたわけではなくて、デザインという仕事は、私がデザインしても、作ってくれる人、売ってくれる人がいなきゃ駄目。デザインというのは芸術ではないですからね。はっきり言って、用の美ですから。時代の先端のみんなが何を考えているかというものの反映でもあるんですよ。だからそういった意味では職業なんです、完全に。芸術家ではないんです。常に世の中の動きも見なければファッションにならない。

すなわち、自分は芸術家ではなく、ファッションデザイナーであり、世間の人が必要とするものを作り出す職業人であるという自己規定である。したがって、彼女は「用の美」という考え方を打ち出す。芸術ではなく、生活の中で美しさを追求していくという考え方である。自分自身は、自分が尊敬する先生のような芸術家ではないが、生活の中で、流行の中で、美しさを追求していく職業人であるという。現在の日本で著名な、今をときめくファッションデザイナーとしては、何という謙虚な自己規定ではなかろうか。これまでの様々な試行錯誤を経て、還暦間近という現在の年齢に達して初めて達した考え方ではないかと思う。

会社の経営能力

ところで、デザイナーがその職業を継続させていくために、あるいは会社を経営していくためには、デザイナーに必要な職業能力とは別の職業能力が必要である。本章ではそれを金銭の獲得と名づけたが、職業が手段的価値としての側面がなくては職業として成立しない。岡本さんの場合のように自分で会社役員を務めている場合は、経営能力と言い換えてもよいだろう。この側面は、先に触れたように全面的に夫が担っている。夫の孝さんは岡本さんが会社勤務していた当時の同僚で恋愛結婚した。本来、ファッションの世界とは無縁であったが、妻の岡本さんをバックヤードから支える役割を担い、経理、人事、銀行からの借入、税務、工場関係とデザインと縫製に関わらないすべての側面を担当している。

以上のように、自分の能力を生かしてそれを職業として成立させていくことは容易でない。岡本さんのように才能に恵まれた人でも、時代を知るために絶えず展覧会やオペラやバレエの公演を見にいっている。しかも、春夏物と秋冬物を発表する年二回のコレクションのためには、一〇〇〇点ずつ合計二〇〇〇点の作品を制作していかなければならない。相当のエネルギーを必要とする。こうして、デザイナーとしての地位を維持・確保していくことの大変さを「自分の好きなことだから」という一言で片づけるには、人並みはずれた覚悟が必要で、これを支持してきたのは岡本さんを取り巻く両親だったり、夫だったり、あるいは育児を担ってくれた夫の両親であったりした。自分の才能や感性を生かしてそれを職業として成立させていくのは、本人の持って生まれた才能と後天的な努力、並々ならぬ覚悟は勿論のこと、本人を取り巻く周囲の人間関係の協力と支持がなくてはできないことが岡本さんの事例からよく理解される。またその能力を職業として生かすことができた人ならば、自分自身が一人では生きていけず、周囲の協力の下に生きていることを良く理解していることも、岡本さんの事例から読み取れるであろう。自分の能力に対する自負の気持ちが大きいために、公共世界とはまず自分の身の回りの人間関係から始まっていること、自己主張が家族というもっとも身近な人間関係によって和らげられていることが、岡本さんの生き方から学べるように思う。

五　定年のない仕事

正直は引き合うか？

自分の腕を磨く、あるいは企業の中で生きる、それも大きな企業であればあるほどに仕事の社会的責任が大きくなるし、そこで自分の能力を生かすチャンスにも恵まれる。こうした種類の職業と比較してみると、自分で経営をする、商売をする、といった自営業主として生きる職業は社会的位置づけが低い。この職業は、職業の直接目的が金銭を稼ぐことに置かれることが多く、また仕事の成果も金銭尺度で測定できるだけに、金銭に対する感覚が非常に鋭敏になる。それだけに、職業の公共生活への貢献という側面が、自分の金銭的動機づけに覆われてしまい、職業の手段的価値しか見出されないことが多いからだ。

　こうした金銭を卑しむ考え方は、日本人の規範の中に見出される。新渡戸稲造は、「日本人は学校で宗教教育がなされないのに、どうして道徳教育が可能なのか」というベルギーの法律家の疑問に答えるべく、『武士道』という著作を著した。ここには、金銭に対して人がとるべき規範が書かれている。まず彼は次のように揶揄して言う。「アングロ・サクソン民族の高き商業道徳に対する私のすべての誠実なる尊敬をもってして、その窮極の根拠を質問する時私に与えられる答えは〝正直は最善の政策なり〟――正直は引き合うというのである。しからば、徳それ自身がこの徳の報酬ではないのか。もし正直は虚偽よりも多くの現金を得るが故にこれを守るのだとすれば、私はおそれる、武士道はむしろ虚言に耽ったであろうことを[9]！」こう揶揄した上で、彼は武士の教育および訓練について次のように語る。「武士道は非経済的である。それは貧困を誇る。（中略）彼は金銭そのもの、——それを儲けもしくは蓄える術を賤しんだ。それは彼にとりて真に汚れたる利益であった。[10]」こうした金銭を賤しむ考え方は、必然的に金銭を取り扱う職業を下位に置く。「人生におけるすべての大なる職業中、商業ほど武士と遠く離れたるはなかった。商人は職業の階級中、士農工商と称して、最下位に置かれた。[11]」

こう新渡戸が主張したとき、彼は当時の日本の商業道徳が外国において非常に芳しくなく、地に落ちていたことを知らないわけではなかったが、彼はあくまでも規範としての武士道を主張しているのである。日本人の生き方を律するものとして、金銭に左右されない、金銭から自律した生き方をもって範とした。それでは、現代の日本人として生きている人、とりわけ金銭と無縁ではいられない自営業を営む人の場合は、金銭から自律した生き方が可能だろうか。また公共生活とのつながりは、金銭関係（cash-nexus）からも形成できるのだろうか。これを以下の事例に見ておこう。

煙草屋の八島さん

八島佳代子さんは七四歳である。地方の小都市で煙草屋を経営している。煙草が主力であるが、多少の野菜・果物、クリーニングの取り次ぎ、宅配便の受付、雑貨も扱っていて、いわば町角の万屋《よろずや》さんという性格を持った店である。結婚をしていないので、いわゆる高齢女性の単身世帯であり、「煙草屋のおばあさん」である。

八島さんが現在の場所を買って店を始めたのは昭和四七年、八百屋として開業したが同時に煙草販売の許可も取って煙草屋も始めた。その時は、八島さんより一〇歳年齢の若いパートナーと一緒に開業したのだが、その彼が働き過ぎて開業後七年で死亡してしまい、それ以来、彼女一人で商売を続けてきた。商売のノウハウはこのパートナーだった人が持っていたもので、八島さん自身は彼と一緒に働きながらそれを習得していった。

女性が一人で生きていくことには、現在の日本社会の中でも、何かとうっとうしい圧力や嫌がらせがある。小さな地方都市の、しかも二〇年も三〇年も前のことなら、そうした社会的圧力は現在よりさらに強かったに違いない。賃金体系の上でも女性の場合には年齢によって上昇する年功的要素が非常に少なく、現在ではやっと頼りになりかけた年金制度も当時としては老後の生活を託す水準になかった。そうした条件下に置かれた時、「自分でやれば死ぬまでやれる」「商売だったら自分で自由にやってゆける」という判断はきわめて適切なものであったろう。現に、七四歳となった現在も、一人で店を切り回し元気に生活をしている。女性の自立、精神的自立、経済的自立とそもそも明治時代から女性解放について主張されているけれども、女性の経済的自立が可能な職業としては、男女の賃金格差が大きな時代にあっては、特定の専門職しか可能ではなかった。そのなかで、八島さんのように、商売がうまくいけば、確かに老後の生活不安はない。

しかし、七四歳という年齢は争えない。八島さんも周囲の助けが必要なことを知っている。たとえささやかな万屋でも商品の仕入れは必要だが、それもみな市場の配達の人に頼んでいる。

地方都市にも押し寄せるライフスタイルの変化で、八島さんの経営するような万屋はだんだんと先細りである。「今はスーパーとかで皆、一週間のものを買って来るでしょう。それで、忘れたものをうちに買いに来るんです。こういう店は、自然消滅していくんじゃないですか。そんな時代ですねえ」という。

「〝おばちゃんのところがなくなると不便だから、長生きしてね〟なんて言われますね。でもまとったものは買ってくれないですね。私の所も前はスーパーみたいになんでもあったんですよ」と商売がだんだんとジリ貧になってきていることを知っている。それでも、お客さんからの右のような言葉は、孤独な老女にとってどれほどの慰めであったか、想像に難くない。

「昔、一銭店ってあったでしょう、あれがだんだん無くなったように、こういう店はなくなっていくんでしょうねえ。どうせ、この店も私の代でおわりだから、理想なんて持てないです」という。そうは言いつつも、商売は黒字だし、地域社会のお客さんとの交流はあるし、それが生きる張り合いになっている。お客さんも年寄りが多く、店の前に腰掛けてゆっくり話をしたりで、八島さんは死ぬまでこの商売を続けていくつもりである。年寄りが、年寄りを相手に細々と商売をしてそれが収入と生きがいの確保につながっているわけである。

この八島さん、地域社会の中で周囲の人との助けと交流の中で生きているのは確かであるが、意外にのんきというか、周囲の人の気持ちをわからない自分勝手なところもある。たとえば、こんな話をしてくれた。

それでも私はアメリカにもフランスにも行って来たんですよ。コカコーラさんの積み立て金をして。昭和四九年くらいに、一〇日位ね。誰にも言わないで行ったもんだから、そのころは隣をお菓子屋さんに貸してたんだけど、私が中で死んでるんじゃないかと心配して、もう一日遅ければ鍵を壊して中に入られるところでした。フランスはもう一回行ってみたいねえ。

死んでしまったのではないかという周囲の心配をよそに、当の本人はのんびりと外国旅行に行っていたというのはまるで笑い話であるが、本人は気づかないまでも、周囲の人間はある程度、八島さんのことを一人暮らしの老人として配慮していることがうかがえる。こうした本人ののんきさというのは、一人暮らしであること、お客さんしか相手にしない商売をしていることの自由さともつながっていよう。

八島さんは、今回調査した人のうち、世の中で一番大切なものとして「お金である」と答えた数少ない被面接者のひとりである。ほとんどの人は、家族、あるいは自分の仕事と答えた中で、仕事の成果であるお金にだけ言及した事例は八島さんただ一人である。

（一番大切なものは）お金です。私は子どもがいないから。私にお金がなかったら、甥も姪も来てくれないんですよ。商売やってれば自然に入るから、甥や姪は来てくれるし、それに対して援助できるし。

生活の厳しさと現実主義

こうした言葉は、子どもがいない老女の老後を考えた現実主義として、また日銭を扱う商売をしている人の現実主義としても考えられよう。高齢の女性が一人で生きていく上での、現実主義である。ある意味では体裁のよい見栄を既にどこかでかなぐり捨ててしまったところに表されている、生活の厳しさと生活を守るためのエゴイズムと捉えてもよいだろう。人間関係を取り結ぶのがお金であり、それ以外のものでは有り得ないと割り切っていることの一面性と、それゆえの狭さというものを八島さんの言葉が語っている。したがって彼女が持っている人間関係というものも、甥や姪といったやや遠い親族か、お客さんに限定されていて、その範囲は非常に狭い。商売をすることによって獲得できる自由と引き換えに、その自由を確保していくために、現在彼女を取り巻く人間関係の種類や人数は決して多くはない。たとえば、芸事なんか興味がないし、同窓会などにもいかない。八島さんは学校の縁、地域の縁などを取り結ぶことを、敢えて拒否しているとも言える。自分の生活を守るのに精一杯だから、ボランティアや寄付をしたいとも思わない。自分の地域社会への責任は、何かしてあげるということよりも、「地域にあまり迷惑を掛けないようにしたい」というところにある。

きちっと儲ける商売をし、税金を払っていくことが地域社会への責任だし、自分はそれを実行しているのだという誇りを八島さんは持っている。だから「お金」が一番大事だと言ったところで、その金額にはおのずから限度があるわけで、無限の欲望を金銭に抱いているわけではない。たとえば地域社会への責任を問われて次のように語る。

この前、万引きした生徒が先生に言われて謝りに来ました。店を留守にするっていうのは、生徒に対してよくないなあと思います。留守だから万引きするんだから。それが責任かなあ。この前もお母さんが謝りに来てお金を出すんだけど、私も悪いんだからって半分だけもらいました。

万引きした少年に対して、万引きした少年だけが悪いのではない、万引きをさせても構わないように店番の自分が店を留守にして悪かったのだからと、八島さんは自分の責任も感じている。八島さんのこの責任の感じ方という倫理観の持ち方が、彼女のエゴイズムを抑制し、地域社会の中での一員として役割を果たさせているのであろう。彼女は「善い社会」を「年寄りが悲しい思いをしない社会」といっている。インタビューの最後になって、八島さんは初めて自分が年寄りであることを認め、年寄りが悲しい思いをしない社会を望んでいる。年寄りであることとは、しかも年取って家族がいない女性であることに、人に言うに言われぬ悲しい思いをしているからこそこうした言葉が出てくるのであろう。またそうした思いをするだけに、人前では自分が年寄りではない、若い、大丈夫だ、と突っ張って事実を認めまいとするのであろうか。

結婚もせず、子どももいない女性の自立というのは、商売がうまくいっていてもなかなか大変であることが八島さんの生き方からうかがえる。その大変さの分だけ、エゴイズムが強くなったり、現実主義で狭い人間関係になったりという代償が必要とされている。

しかし、商売をして地域社会の中で一定の役割を取得するということが、本人の生活の糧と生きがいを与えていることは確かである。職業が公共生活に貢献するかどうかという、そういう公的な関心は全くもたず、職業に就いていては金を稼ぐという手段的価値しか認めていないし、またその金額も細々としたものである。八島さんの生活関心の上からも自分の生活だけでほとんど精一杯、他人のことまで考える余裕はない。しかし、彼女の年齢と境遇を考えれば、七四歳とすでに高齢であり、他人のお金と世話で生活しても不思議ではない年齢である。こうした年齢に達した女性が、自分自身だけで誰を頼りともせずに生活し、生きていくことは、それなりの社会的役割を遂行しているのではないかとも思う。定年のない、自由に仕事を裁量できる自営業だからこそ可能な自律の形態であろう。

金銭の肯定と公共生活

自営業の場合は、自分の仕事の成果がはっきりと金銭として表されてくるが、一方では働いた成果が必ずしも黒字となるわけでなく、失敗は借金と結びつく危険もある。そういう不安定性を抱えている点では、職業をまず、金銭を獲得する生活手段である、という側面から考えていかなければならない。それだけ、生活の厳しさが表れている。たとえばみかん栽培農家の人が何気なく話の途中で「身体を人の三倍も使う」と語るとき、部外者はその大変さをなかなか理解できない。八島さんという七四歳の煙草屋のおばあさんでも、朝の七時一五分から夜の九時まで店を開けている。こうした身体上の厳しさは、生活の厳しさと同じことで、それがまた労働の成果としての金銭への執着ともつながっている。ブルーカラーがその腕に、ホワイトカラーが地位に、デザイナーが顧客の支持に生きがいを見出しているのと同様に、自営業も儲けることに生きがいを見出している。その生き方は金銭に左右されざるを得ない。したがって、金銭から自律する生き方は自営業を営む人にとって規範とはなり得ないだろう。

新渡戸は武士道を奨励したが、日本の武士階級にみられたような知識人だけで社会を構成することはできない。八島さんにみた、現実主義と金銭への執着を肯定しなければならないだろう。それを前提にした上で、何が金銭への無限の欲望を抑制しうるのか、という問題の立て方になる。

八島さんはきちんと商売をして、税金を支払うことが自分の責任だという。税金を通しての公共生活への貢献、というのはもっともらしいが、どうもタテマエが強すぎるように思う。万引き少年への対応にみたように、彼女は地域社会の中での商売を通じての様々な交流に喜びを見出しているように思う。金銭獲得という手段的価値を超えたところにやはり仕事の意味を見出している。地域の人との交流に喜びがあり、それがきつい仕事を継続させていく源泉だし、無限の欲望への抑制として働いているように思える。一見、金銭にのみ仕事の意味が限定されがちな自営業であるが、その内実まで溯ってそれぞれの仕事に従事している人の話を聞いてみると、やはり、他の職業と同様に、他者との関わりの中で、あるいは広い意味の公共生活とのつながりの中で仕事の意味を見出していることが理解されよう。

なるほど、公共世界は自営の人にとって、他の人よりも狭いかもしれない。地域社会に限定されることが多いだろう。しかし地域に限定され、企業組織とは無縁で生きているだけに、地域社会との結びつきは密接である。自営業の世界での公共世界とは、とりもなおさず地域社会であるように思える。

結　語

仕事は諸刃の剣である。仕事につくこと、あるいは職業を継続していくことは、人に我慢を教え、自己の能力を伸ばし、人と人との関係を豊かにする。だが一方では、職業の手段的な価値が強調されその成果としての金銭が価値の基準となったり、あるいは人と人との間柄が絶えず競争関係に置かれて職業が序列を表す基準となることもある。そうした場合には、職業への献身が公共生活への参加の契機であるよりも、本人のエゴイズムを昂進させるもっともらしい根拠となる場合もある。

本章で取り上げた日本人の仕事の世界は、ブルーカラー、ホワイトカラー、自由業、自営業、と多様であったが、それぞれにこの生活手段として収入を得るという職業の一側面と、自分が携わっている仕事の中に、その意味を見出すというもう一つの側面との間にバランスをとっていた。もちろん、人によって力点を置く部分は異なっていたが、自分が属している会社の与える価値観、仕事の厳しさが与える生活手段としての仕事、という側面だけでなく、それぞれがそこに公共生活につながる契機を見出そうとしていた。そして、それが自分自身のエゴイズムの抑制となって働いている。

その契機は、自分の子どもや配偶者、あるいは亡くなった母親という家族の場合もあるし、顧客や周囲の人間であることもある。顧客、消費者、利用者といった場合には、直接に接する場合もあるが、直接に顔を知らない抽象的存在としての顧客という場合もあった。そして具体的、あるいは抽象的な存在としての消費者を前提として公共生活へのつながりが求められた。あるいは子どもを通して、未来の社会へのつながりが求められた。子どものいない八島さんを別にすれば、自分で出産・育児を経験した女性はもちろんのこと、男性も子どもの将来、未来の社会へのつながりはかれらの生き方に影響を与えていた。日本人の公共生活を考えた場合、他者とのつながりが西欧社会の意味する「パブリック」に比べて弱い分、母親―自分―子どもという時間軸の中に公共生活とのつながりを求める意識が強いのかもしれない。これは狭義には家族に当たるけれども、それを超えてもう少し遠い未来を展望させているようにも考えられる。

確かに毎日のように自分が生きている仕事の世界で出会う人の数は限定されているかもしれない。しかし仕事を持つことによって、まだ会ったこともなく恐らく今後も会うことのないだろう人々が構成する抽象的な公共生活へ自分がつながっていること――この事実を仕事の中で確かめられることが仕事の持つ醍醐味でなくて何であろうか。もちろん、人と人を結びつける手段は仕事だけに限らない。しかし、仕事は誰にでも開かれた人と人とを結びつけ、公共生活への参加を保障する基本的な手段の一つであることは間違いないだろう。

注

（1）ベラー他（1985）訳書七六～七七頁。
（2）*The Penguin Dictionary of Sociology*, 4th edition.（2000）, p.29
（3）猪木武徳（1997）、二七五頁。
（4）小池和男他（2001）、二七九頁。
（5）こうした論稿の典型的なものは、R・ブラウナー（1981）の「第五章自動車労働者と組立ライン」にみられる。本書の産業毎の機械化の内容とその程度に応じて労働疎外の類型を描き出すという考察自体、戦略的に見事なものであるが、結論が見事であればあるほど、実は調査実施以前に既に何らかの価値判断と前提が入っており、それに沿って結論が出されていたのではないか、という疑問が残る。さらに言えば、ブルーカラーが単調労働に従事し、そこに自己実現をなし得ない、という労働疎外もひとつの仮説であるから、それ自体を検討しなければならないだろう。
（6）小池和男（1999）参照。
（7）稲上毅（1981）八頁。
（8）西田耕三（1987）参照。
（9）新渡戸稲造（1938）六九～七〇頁。
（10）同書、八七～八八頁。
（11）同書、六七頁。

文献

稲上毅（1981）『労使関係の社会学』東京大学出版会
猪木武徳（1997）『デモクラシーと市場の論理』東洋経済新報社
ヴェイユ、シモーヌ（1986）『労働と人生についての省察』勁草書房（原著 1951）
小池和男（1999）『仕事の経済学 第二版』東洋経済新報社
同、中馬宏之、太田聡一（2001）『もの造りの技能』東洋経済新報社
西田耕三（1987）『日本的経営と人材』講談社
新渡戸稲造（1938）『武士道』矢内原忠雄訳、岩波書店（改版一九七四年）（原著 1900）
間宏（1996）『経済大国を作り上げた思想』文眞堂
ブラウナー、ロバート（1981）『労働における疎外と自由』吉川栄一他訳、新泉社
ベラー、ロバート他（1991）『心の習慣』島薗進・中村圭志訳、みすず書房（原著 1985）

第三部　他者への橋

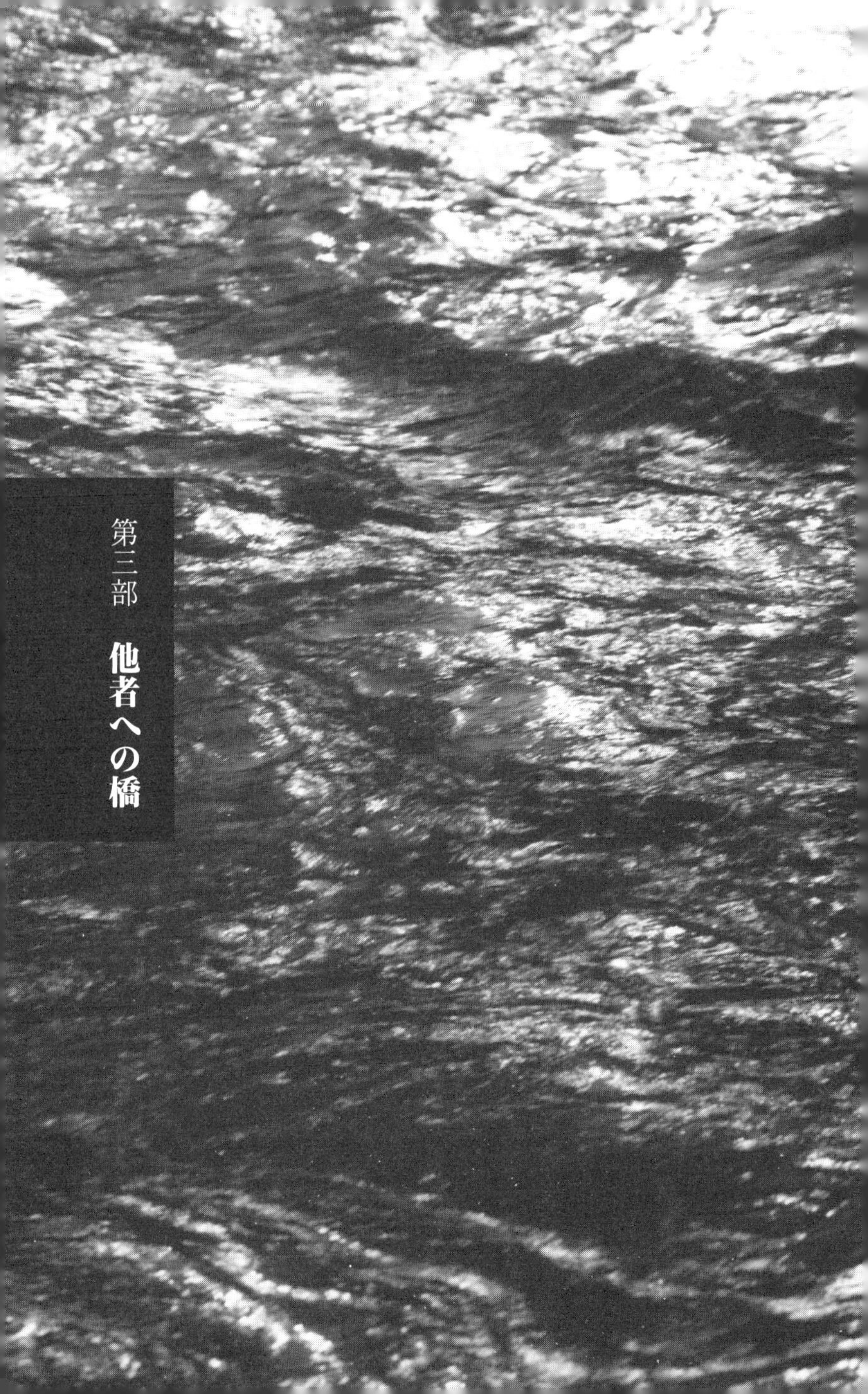

7 教えることと学ぶこと

米山光儀

一　日本人にとっての教育と学校

学校と他律

今回のインタビューの中で、語り方は様々であるが、教育に言及する人が多くいたことは注目されなければならない。そこから現代日本で「教育」への関心はきわめて強く存在することがわかるが、本章では、人々がどのように教育を考え、またそれにどのように関わっているかをみ、その中から自律と他者とのつながりを考察しようとするものである。その時、注意しなければならないことは、教育と学校の関係である。もちろん、教育＝学校ではない。しかし、近代日本の歴史を振り返ってみた時、教育が学校に矮小化されてきたことも否定できない。まずは、その歴史的経緯を踏まえることから本章をはじめよう。

わが国の近代学校制度は、一八七二（明治五）年の学制からはじまるとされるが、学制期（一八七二～一八七九年）には、地租改正や徴兵令への反対と学制への反発が結びつき、学校打ちこわしや学校焼き討ちなども少なからず起こっており、学校への関心は強いとはいえなかった。しかし、その時期においても、それまでに自分たちが行なっていた寺子屋などでの教育をそのまま認めることを要求するなど、政府が推進する学校に対しては反対していても、人々は教育そのものへの関心は持っていたことが確認されている。だが、民衆の要求は容れられることなく、近代学校に反対する暴動は力で鎮圧され、近代学校制度は政府により強力に推進されていったのである。学制期以降は民衆暴動のように歴史の表面にあらわれる形での学校への反対はなくなり、小学校への就学率も一八九一(明治二四)年には五〇パーセントを、一九〇〇(明治三三)年には八〇パーセントを越え、明治末年には九八パーセントにまで達し、多くの人たちが学校に通うようになっていくのである。このように人々の教育への思いは、国家によって上から創られた学校という教育システムに吸収されてしまった。この急速な就学率の上昇は、日本人の教育への関心の強さを示しているとも考えられようが、一方で学校の普及は、日本人の教育への関心を学校への関心に矮小化してしまい、教育=学校という図式を成立させてしまったのである。教育への関心が学校への関心に矮小化してしまったことを示す最もよい例は、「学歴主義」とよばれるものであろう。教育は学校に囲い込まれ、学校でなければ学べないという意識を人々に植え込み、人々の自律的な学びを阻害し、学歴による「他律」を人々に強要してきたのである。

教育における「善さ」の問題

「わが子を善くしようと思わない親はいない。若者たちが善く育つことを願わないおとなはいない。獣を追い、山野に自生する天然の食用植物を採取して生きてきた自然民の時代から、現代にいたるまで、人間は、親としても社会人としても、一貫してこの意欲を持ちつづけてきた。この意欲に支えられたもろもろの活動を、私は〝教育〟と呼んでいるのである」[1]と教育は定義されることもあり、教育とは本来、他者、とりわけわが子や若者を「善くしよう」とする人々の自然な感情に基づく働きかけであった。そこから、教育を行なうにあたって、人々が「善さ」をどのように考えるかは、きわめて重要な問題となってくる。しかし、近代以降になると、その「善さ」を国家が定め、学校で子どもをその鋳型にはめることが教育となってしまった。そして、学校が普及していくなかで、人々はそれ以外に教育はないと考えるようになってしまったのである。学校では、国家が定める「善さ」を積極的に教えることが、教師の仕事となった。学校での教師と子どもの関係は、教師は国家が定める「善さ」を教え、子どもはそれを教えられるという一方的な関係になってしまったのである。近代日本の教育はそのような歴史を有していることは事実であるが、現在でも学校では同じことが行なわれているのであろうか。国家が定める「善さ」からどれだけ自律的に教育が行なわれているのであろうか。どれだけ自律的に「善さ」を考え、教育が行なわれているのであろうか。教育における自律の問題は、「善さ」をめぐる問題としても考えられるのである。

教育が学校に囲い込まれる以前には、わが国には、伝統的に教育を人々の「学び」への援助とする考え方も存在していた。[2]この子どもの「学び」を援助するという考え方は、近代以降、どのようになってしまったのであろうか。それは歴史の表にはあらわれにくいが、人々の意識に中に埋み火のように存在しているようにも思われる。学校における教師と子どもの関係は、国家が期待したフォーマルなものだけでなく、その埋み火のように存在している教育の考え方に関わって、フォーマルなものとは異なるインフォーマルなものもあったであろう。教育は、他者への働きかけであるから、当然のことながら、人とのつながりを生じる。そのつながりにフォーマルなものだけでなく、インフォーマルなものもあるのは言うまでもない。インフォーマルなものを含めて、現代日本では、教育における人のつながりはどのように考えられ、実際にどのようなつながりが存在しているのであろうか。本章では、主に学校に関わっての人間関係についてみるが、教育=学校ではないことから、学校以外の教育にも注目し、その中で生じる人間関係についても論じることとしたい。

しかし、本調査は、教育についての調査ではないために、人々の教育についての言説はその人の教育観を十分に示しているとはいえないものが多い。「善い社会」との関わりで「善さ」をどのように考えて教育を行なおうとしているのかが語られることはあるが、その言説はあいまいである。しかし、教育について語る人が多くいたということは、現代日本人の生に教育が大きく関わっていることを示している。現代日本に生きる人々が、教育について、どのようなことを考え、どのようなことを行なっているのであろうか。以下「教育」に関わっての現代日本人の生のゆくえを探ろう。

二　国家と教育

教育への国家の関与

近代以降、国家は教育に積極的に関与するようになり、学校制度を整えていった。その中で、一般の人々も教育を国家との関わりで考えるようになっていく。国家との関わりで、教育はどのように考えられているのであろうか。本インタビューでも、数人の人が国家との関わりで教育を語っている。たとえば、第3章で登場した台湾出身の張建宏さんは、「国意識」を否定し、教育は理想的には国家から離れた方がいいと考えているが、国家が関与する学校教育を全否定するわけではない。張さんのように消極的に国家の関与を認める意見も多くあるが、一方で、国家との関わりで積極的に教育を考えていた人もいる。元自衛官の久保田史雄さんはその例である。彼は国防と教育への関心について、次のように言う。

高校時代からの人生観として国家の根幹は国防と教育にあると思っていました。ぬるま湯の日本に嫌気がさしていた頃、海軍兵学校の映画に影響され、防衛大学校への進学を決めました。そのため、教育はとりあえず脇へどけました。政治家はだらしがない、しかしもうおとな、だから次世代への教育に期待をかけたい。しかし教育を行なうためには教育よりもまず国の基盤がしっかりしていなければならない。そこで国防へ関心を向けました。だからと言って軍国主義ではありません。教育には、退官後に携われば良い。そうすれば自分のやりたかった二つのものが満たせると思い、まずは、国防に携わりました。

彼は高校時代から国防と教育に関心を抱いていたのであり、それは「国家の根幹」としてそれらが重要と考えていたのである。彼は国防への関心のきっかけを「高校時代クラスの討論会では、反体制的な意見が多数を占めていました。その反発心からだと言えます。多数派というのはしばしば過ちを犯します。若さ故に多数派が望むようなぬるま湯が嫌いだった」という。彼の高校時代は六〇年安保の時期であり、彼のような意見は少数派であったであろう。結局、彼は仕事として国防を選択するが、防衛大学校入学後、すぐに自衛隊の中に官僚主義がはびこっていることに気づき、幹部をめざすのは止めたという。ここにも「反発心」がみられるが、その官僚主義がはびこる中でも「自分の立場は自分の立場として全うすべき。そうでないと仕事が中途半端になり、人生をだめにしてしまう」と考えてきたという。

国家を超えるものとのつながり

自衛官をしながら、彼は大学通信教育に学び、「通信教育で勉強を続けていくことにアイデンティティを見出しました」と述べている。挫折しやすい大学通信教育で勉強を続けてこられたことについて、彼は次のように語っている。

私の全てのベースになっているのが、「宇宙の中に生かされている」という感覚です。というのも、次の様な自然体験をしたからです。北海道の駐屯地に赴任した際のことでした。冬の大雪山を背景にして、一面雪だらけの中で畑の真ん中に、独りポツンと立っていた時のことです。その時、あらゆる音がなくなった瞬間、宇宙の中に溶け込んだと、感じました。われわれは自分で生きているのではなくて、宇宙の中で生かされている、宇宙の大きな流れの中にのっている、と感じられました。でもだからこそ、自分で生きるのだという反語も出てくる。つまり、生かされているのだから、その分生を懸命に全うするというのが、天に対する返答だと思っています。そのような体験があったが故に現在、他の人から見ればしなくてもよい学問研究をしている、とも言えます。その体験が、通信教育を続けるエネルギー源となった。

彼は、現在でも国家の根幹としての教育を否定しているわけではない。しかし、自衛隊における自然体験から、国家を越えて、学ぶことそのものの意義を感じ、実践しているように思われる。「善い社会を作るための第一歩は、個を充実させること。個を充実させないで、ちょこまか動いても意味はないです。善い社会をイメージしても、百論百出であり、それでは何も言ったことにならない。だから、まず自分という個を大切にする。しかし、個を大切にするからといって、社会をおろそかにする訳ではない。つまり先ず、個人の姿勢をしっかりさせ、次いで家族、最後に社会という順で充実させていく」という個を重視する彼の言葉は、そのことをあらわしているといえよう。

久保田さんのように、国家の視点から教育を重要だとする考え方は、近代日本において一般的であったと言ってよい。しかし、宇宙・天など、国家を超えたものとのつながりを感じながら、人間の生き方を考えるとき、その教育観は問い直されることになる。彼の国家の視点から教育を重要だとする考え方は、自然体験を通して揺さぶられているようにみえる。もちろん、彼は国家を否定しているわけではない。彼の考える教育の中に国家がどのように位置づくのかも、よくわからない。しかも、インタビューの中で、教育を通しての人とのつながりが語られることもなかった。彼の場合、国家に従属する教育とは異なるそれの模索は、自然体験からはじまっている。いろいろなところに、国家と教育の関係を問う契機は存在しているのである。学校が普及してからは、確固として存在していた国家が定めた「善さ」による教育は、思わぬところから揺さぶりがかけられるようになってきているのである。久保田さんの学びは、国家が定めた「善さ」から自律していく可能性を有しているが、国家を超えたものとのつながりを意識する中で、それがはじまっていることは注目に価する。久保田さんは、つながりの中で自律に向けて歩み出している一例であると言えよう。

三　学校との関わり

親として学校に関わる

本調査はその対象者に仕事として学校教育に携わっている人を多く含んでいる。しかし、職業として「教育」に関わっている人たちばかりではない。「教育」は仕事としてばかり行なわれるのではない。それは「わが子を善くしようとしない親はいない」ということからもわかるであろう。調査では、家族についても質問しているが、その中で子どもへの期待や伝えたいことが語られることがあり、仕事として教育に携わっていない人でも、自分の子どもの教育について語っている。子どもの教育を考える時、現代日本に生きている限り、学校とのつながりを考えなければならない。そこで、教育そのものの中での人間関係をみる前に、人が学校をどのようにとらえ、それにどのように関わっているのかをみたい。ダウン症の子どもを持つ個人タクシー運転手の田辺宏孝さんを例にしよう。彼については、序章や第4章でも取り上げられているので、生活史などの詳細はそちらに譲るが、彼は子どもについて、次のように語っている。

私にできることはやるけど、所詮おれらが死んじゃえば、ひとりで生きていかなきゃならんから、それまでの準備はめいっぱい頑張るけど、後は、おまえしっかりやれよと言うしかないのかな。そういう面では見てるけどね。だから、子どもは健常児もみんなそうだけど、もう精一杯生きてくれと言うのがね、しぶとくね。私に言わせれば、子どもが私のしぶとさを学んでくれればいいのかなと。

田辺さんのこの発言は、彼が自分の子どもを自分とは別の人格と認めた上で、それを「おまえしっかりやれよ」と一生懸命に援助している姿を彷彿させる。彼は自分の「しぶとさ」を子どもが学んでくれれば、という。「ご家庭での自分の責任として思い浮かべるものとして何がありますか」という質問に対しても、「私は、生きるすべを教えてあげられればと思っていますから。学業をできるやつは頑張ったっていいしさ、能力のないのを無理矢理したって、無理をすればいずれ壊れるからね。能力以上を求めたら必ず無理が来る」と答え、子どもの将来についても、「子どもが自分で決められなきゃおれが、手伝ってあげなきゃいかんかなという気はしてるけど、自分で決められればね、それでいい。ぎゃくにこうなって欲しいというものはない」としている。彼には子どもに押しつける固定的な「善さ」があるわけではなく、子どもが自分で決められるように援助していこうとしているのである。彼が「私のしぶとさを学んでくれれば」というのは、「しぶとさ」が「善い」のではなく、子どもに「しぶとさ」をもって「善さ」を求め続けることを期待しているのである。その意味で、彼は子どもに特定の「善さ」を教えようとしているわけではない。

そのように子どもの教育を考えている田辺さんは、学校とどのようなつながり方をしているのであろうか。彼自身は高校を出て、けっきょくは、大学にはいかず、警察の世話にもなるような危ない仕事をするなどしてきたが、結婚を機会にタクシー運転手となっている。学校知に依拠して生きてきたのではなく、生活の中で身につけた生活知を駆使して生きてきた人物であると言ってよい。その彼は子どもを通して学校とつながりを持つようになり、ＰＴＡ会長を引き受けることになる。

学校を相対化する

彼はその経緯を、「おれの娘がダウン症で、普通学級にいってますでしょう。そうすると、先生方も難儀するから、手伝いにいってもいいだろうと思っていたし。やれることならね。私がＰＴＡ会長をやるなんておこがましい。そういう世界は疎いし、分からんし。（中略）娘の関係で、普通の親よりは、いく機会が多かったんですよ。なんか問題があれば、呼ばれていくし、それで顔見知りになったというかね」と語る。しかし、「やっててね。ＰＴＡの方は大事かなという気はするけど、個人的には仕事が生活だから、優先するけども、社会的には大事なものだなとは思っていましたよね。ＰＴＡ活動についてはね」とＰＴＡ活動の重要性を認識している。そして、不向きな自分がＰＴＡ活動を行なったことについては、「貢献とかは思わないけど、みなさん型にはまった人間が多いでしょう。私は、鹿児島の片田舎出身で、戦前戦中の雰囲気で育っているから、今の人とは育った時代背景が違うのか。〔ＰＴＡのなかに〕こういうのもいてもいいのかなという気はしましたけどね」と語っている。

そこからわかることとは、田辺さんは自分の生き方と学校が必ずしもあわないことも認識し、さらにＰＴＡの中でも自分が異質であることを認識しながらも、ＰＴＡ活動は重要だと思い、自分ができることをやっているということである。彼は自分の理想である「自由に全てをさらけ出して言える社会」を実現するためには、以下のように、教育が必要だという。第3章の引用と重複するが、あえて引用したい。

「それはやっぱり教育でしょう。文部省を改善しないと。とにかく、今は金、金でしょう。金は確かにいいものではあるけど、人間の本質を変えていく。金に縛られすぎる。一時金をバンバン使ったことがあるから、そういう事を私が言えるのかもしれないし。だけど、人間の心は大切だね。人間の心が歪んでくると、病気にはなるわで。だから、そういう物はいつも早く捨て去れるようにね。すぐ別なことを考えるようにしている。

教育というのは総合的なもんで。机上の計算も必要だけど、それだけじゃないからね。算数にしても、足し算、引き算ができればなんとかなるからね。何かが違うね。付き合い方だとか。教育委員会も、うちの娘の件で呼ぶわね。こういう特殊学級がありますと。うちの娘はそういう狭い世界に入れないよと。この子はずっと生きていかないといけないんだから。普通のところで、いじめられようが、いじめもあるだろうし、虐げられたり、そういうのも勉強しないといかんからね。そうすると、この子がつぶれるんじゃないかというわけよ。だけど、いじめる子もいれば、助ける子もいるわけよ。相手も勉強するし、うちの子も勉強する。お互い。

彼にとっての学校は、学習指導要領にあるような決められた知識を学ぶところではなく、社会の中にある人間関係を学ぶところであり、その中で「しぶとく」生きていく術を身につけるところと考えているように思える。彼は、学校を雑多な者が共生する場所と考え、そこで子どもたちが他者とのつながりを学んでいくことを期待している。田辺さん自身も、自分は学校と離れた存在と感じながらも、単純に学校を否定するのではなく、自分なりに学校を位置づけ、それと積極的につきあっている。定まった「善さ」から外れる異質な者を排除してきた学校に対して、異質な自分が関わり、異質な者を包摂するようなものに変質することを迫っているとも考えられる。

かれの学校との関わり方は、近代以降、「善さ」を独占して憚らなかった学校を揺さぶっているように思える。異質なものとの出会いの中で子どもたちが他者とつながり、学校を自律的学びを基盤にした組織に改変しようとしているかのようである。しかし、改革を大上段に振りかざしているわけではない。田辺さんはこれまでの人生の中で培ってきた確固とした生活知を持ち、学校を相対化している。学校への違和感から学校に関わらないのではなく、自分が学校には異質な者という意識を持ちながらも、積極的に関わっているその姿勢は、学歴主義という学校依存症から脱却する方向を指し示している。このように学校知に依存しない自律した生き方をしている日本人が多いとは言えないかもしれない。しかし、そのような人がいることもまた事実である。田辺さんの学校への関わり方は、学校に依存しない、新しい学校とのつながり方を示す例であろう。

四 「教えること」の周辺で

サポートあるいはケアとしての教育

それでは、次に学校の中で仕事をしている人が教育をどのように考え、どのような教育を行なっているかを検討しよう。学校で働いている人としては、すぐに教師を思い浮かべるが、学校で仕事をしているのは、教師のように教える仕事をしている人たちだけではない。まずは、学校で「教えること」の周辺にいる人たち、具体的には学校事務職の人たちの教育への関わりをみてみよう。

大学職員の小泉澄子さんは、その職業選択について、「最初、教員や公務員になりたかったんです。でも大学三年生のとき、一つ上の先輩がここに就職されて、そういう職場もあるんだな、職員として教員と学生さんの間に立ってサポートする仕事をやってみたいな、と思いました」と述べている。自分の仕事が「サポートする仕事」という認識がそこにはある。この「サポート」は、教員と学生の両者に対するものである。しかし、彼女が語るのは、主に学生に対する「サポート」である。学生に対する「サポート」の内容は、以下のようなものである。

学生さんの成績を出す、彼らがちゃんと履修できてるか調べる、実際はそれも実務としてはあるんですけれど、教員と連絡を取り合って、どういう方針でどういう学生を育てたいのかというところからサポートに入るということになっています。それがけっこうたいへんですね。

学生の相談はいろんなのがあります。教務部は成績を見て、履修状況が毎年あまりよくない人、成績チェックも定期的にしているんですね。それで、そういう方をお呼び出ししますが成績の話だけではなくて、アルバイトのために授業に出られないなどの話も出てくるので、生活まで聞くことになってしまうんですよ。「精神的にまいっているなあ」と感じる場合は学生相談所や診療所の先生をご紹介する場合もあるんです。成績だけで済むと、本人もあっけらかんとして「がんばります」という感じで終わる人もいるんですけれど、なかには精神面にも及んでしまう人がいるので、そういう場合はかなり四年間ケアする形になりますね。

このように彼女の仕事は、学生の「サポート」だけでは終わらず、「ケア」にまで至ることがある。大学事務の仕事は、個々の学生と向き合って行なわれている。しかし、事務の立場から学生に対して直接に何かを教えるというわけではない。その直接性のなさは彼女のストレスになっているという。彼女が大学の事務窓口で学生に具体的にどのような働きかけをしているかはわからない。しかし、窓口で行なわれていることは、学生に対する働きかけは、学生の学びを「援助」しようとするものではあり、その「援助」を通して彼女は学生の教育に参加しているのである。

小泉さんは、人と接する仕事を選択し、ストレスを感じながらも、学生を「サポート」・「ケア」している。そこには直接的に学生を教えるというのではないが、学生を「援助」する姿勢がみえる。学校で「教えること」の周辺にいる人たちには、この「援助」の意識が強いように思われる。この「援助」意識がさらに教育と結びつくことによって、近代日本の学校教育に顕著であった一方的に「善さ」を教え込む教育ではなく、子どもの「自律」を「援助」する教育に転換することも可能なように思える。「教えること」の周辺にいる人たちの姿勢は、「教えること」に従事するものにとって参考になるものなのである。

見えにくいつながりが見えて

同じ学校事務職員でも、小学校事務員の奥山朋子さんの場合は、小泉さんとは状況が異なる。それは、奥山さんが小泉さんのように窓口で直接に子どもと向き合うことがないということによる。しかし、奥山さんは自分の仕事と学校の児童との関係を「仲間」についての質問の中で、次のように述べている。

そうですねえ、ただ入ったばっかりの時は（先生は）「仲間」とは感じられなかったですね。今は仕事をやってく上で「子どもたちのために事務の仕事があるんだ」ということがわかってきたので、先生たちも同じ仲間かな、と思うようになってきました。最初は「先生のための事務員」という印象が強かったです。最初の頃は伝票を書くだけで、予算書を作るとかどういう備品を買うとかいうことはタッチできなかったんですよね。それがだんだん経験を積むにつれて、そういうことにも携わるようになって、そういったことで先生方とも「あれがあるとすごく教えるのに良いのよね」という話を聞いたりして、そういうところから〝子どもたちのために〟という感覚が出てきたと思います。

彼女は間接ではあるが、自分が教育に携わっているという意識を持って仕事をしているのである。小泉さんも、奥山さんも一度は学校の教師になることを考えた人たちであり、もともと教育への関心は持っていたと考えられる。しかし、教育職ではない学校事務という仕事の中で、そのサービスの対象としての学生や児童のことに思いを馳せ、自分も教育の一端を担っているという意識を持っている。とりわけ、奥山さんの場合、児童との直接的な接触は限られており、その意識を持つに至るまでには経験が必要であった。しかし、その中で自分の仕事にプライドが持てるようになってきたのである。彼女たちは声高に自分たちが教育していると言っているわけではない。彼女たちは自分の事務の仕事をしっかりやることが教育に携わることだと考えているのである。もちろん、インタビューからだけでは、彼女たちが教育をどのように考えているのか、その詳細については窺い知ることができない。ただ、直接教えるということを仕事としているのではないために、「サポート」あるいは「ケア」としての教育に携わっているという意識をみることができる。彼女たちにとっては、他者との関わりの基軸のひとつに教育があり、それを意識して仕事をしているということなのである。

学校で「教えること」の周辺にいる人たちは、直接に教育に携わらないだけ、教育に対して傲慢でないと言える。教育を「援助」として考える姿勢がそこにはみられる。近代以降、一貫して「他律」を強要してきた学校にあって、この人たちは「自律」の条件整備をしている人たちともいえる。もちろん、「自律」が可能になったわけではない。しかし、このような人たちによって現代日本の学校教育で「自律」の条件整備がなされつつあることはしっかり認識されなければならないだろう。

五　教師として

教師を職業とするということ

当然のことながら、学校には「教える人」がいる。しかし、そもそも人はなぜ他者に教えようとするのであろうか。学校教師という職業はどのようにして選択されるのであろうか。その理由は様々であろう。ここでは、積極的に教職を選択した人を紹介しよう。それは、民間企業を辞職し、教師になった横尾孝次さんである。

横尾さんは、大学卒業後、民間企業に就職する。その経緯は以下の通りである。


在学中から民間の企業に就職するよりも教職の方に就きたいという思いがありました。ただ、社会科という教科の性格上ですね、採用人数も少ないということで、ゼミナールの先生からは、社会科という教科の性格上、一度社会を知ってみるのもいいんじゃないかと、あと教師という職業自体もばら色の職業ではないかもしれないので、まず一度は社会に出てみなさいと、その上でじっくりと考えてみなさいという、そういった助言をして頂きまして、私も、新卒としてすぐ就職できるというのもその時しかないというふうな思いもありましたものですから、じゃあ民間の企業に一度就職して世の中を経験してみよう、自分の能力がどれぐらい世の中で通用するのか試してみようじゃないかというふうに思いました。実際にどの職業に就こうかなというふうに思ったときに、公共性の高い仕事がしてみたいということでいろいろと考えまして、エネルギー業界を選びまして、就職したという経緯です。

彼は大学在学中から教職への希望を持っていた。その意味では、その意志を持ち続けたともいえる。しかし、一方で民間企業での仕事は厳しかったが、非常に面白かったと彼は回想している。とりわけ、セールス活動の中で「物を自分の力で売ったときの喜びというのは学生時代には味わえなかった独特の喜び」と言い、全体としては仕事そのものに充実感があり、「二年半勤めてみて会社の中での仕事の面白さに気がついて、このまま会社の中でいい人を見つけて結婚して、子どももできて、より大きな、社会に貢献できるような仕事ができていけば、それはそれでいいんじゃないかと思い始めていた」という。それにも拘わらず、彼は両親の反対もあったが、教員として就職できるかどうかもわからないまま、その仕事を辞めてしまった。そこには一つの大きな契機があった。

私も教職に就くときに随分考えたところなんですけれども、確かに充実はしていたんですけれども、心の面でですね、充実していたのかなというと疑問符がつくところでして、なんで会社を辞めることにしたのかっていうのの一番大きな契機は阪神大震災にあってですね。ちょうど西宮に独身寮があったんですが、震度七くらいのゆれを経験しまして、私がいた独身寮自体は鉄筋造りの新しいものでしたのでひびが入るくらいでたいした被害はなかったんですが、周りが古くからの住宅街ということで木造の家が多くて、ですから随分倒壊した家が多くてですね、被害もかなり大きかったですね。会社の方からも出社しなくていい、周りの方々のいろんな救援作業にできるだけお手伝いしてくださいっていうことで、実際に水を配ったりですとかそういったことを。また、到壊した建物の中から閉じ込められた人を救助するようなことにも従事したんですけれども。そうした中で不便な生活が二、三ヶ月続きまして、通常通り出社するようになってから気づいたんですけれども、それまでは仕事に毎日追われてまして、近所の方と顔を合わせても何も言葉も交わしませんし、全然無関心だったんですが、その大きな震災の後ですね、実際にいろいろと近所の人といっしょに活動する機会も多かったので、随分顔見知りになり、お互いにどういった方なのかなっていうことを知るようになりまして、朝会社に出かけるときに挨拶してくれるようになったんですね。それが非常にうれしかった。確かにものを売ったときの喜びはさっきお話した通りなんですけれども、近所の方から挨拶されたときの喜びとはまた別のものなのです。利害関係を超えて信頼関係を築けたらいいなっていう。これが教員を目指した一番の理由なんです。

彼は「商売をするときにもお金だけでなく、私自身の人格もきりっとしないと物は売れないんです」と商売でも人間関係が重要であることがわかっている。しかし、震災という極限状況の中で地域に人たちと関わる中で、「素直などといいますか、もっと本音で付き合える、本音で語り合える関係っていう方がより心地いいと感じ」、商売の上での人間関係を「どうしても限界があるといいますか、やっぱりお金が絡んでくる。根っこの所での信頼関係っていうのはやっぱりなかなか出来ないんじゃないかっていうふうに思」うようになる。そして、その震災をきっかけに自分が本当にやりたいこと、求めているものは何なのかを考え直し、「疑問を持ってしまうと、また日々の忙しい仕事に埋没もなかなか出来なかったものですから、どっちつかずよりもここは一念発起して、非常勤講師をやりながら三〇ぐらいまでに何とか独りで食べていけるようになれば、親には迷惑をかけるかもしれないんですが、三〇年、四〇年先まで続くような仕事ですので、やってみようじゃないかと。会社を辞めて教職を目指し」た。阪神淡路大震災を契機としての人間関係のあり方への疑問が、彼を教職への道を探らせることになったのである。彼が求めていたものとは、他者をひとりの人格として認め、さらに自分もひとりの人格として認められるという人間関係であった。

「挨拶」に象徴されること

この人間関係を彼は「挨拶」に象徴させる。たとえば、現在の自分の仕事の責任ということについて、「挨拶がきちんとできる子をつくる」と言っているし、「私のこだわりというのはやっぱり挨拶をきちんと自分でもするということ」と言っている。彼にとって「挨拶」は非常に重要な意味を持っている。それは彼の次の言葉がよく示している。

転職のきっかけになったのも近所の人からの挨拶ということで、確かに人と人との潤滑油にもなりますし、いろいろな話をするきっかけにも、仲直りのきっかけにも、さらに仲良くなるきっかけにもなるんですけれども、つまるところ挨拶をするっていうことは、あなたの存在を認めてますよというか、好き嫌いは別としてあなたという存在を認識してますよということで何らかのつながりが確認できる作業なのかな。挨拶をするっていうのは直接何らかの関係がなくても共同体の意識といったらちょっと言い過ぎかもしれないですけど、そういうのが私の中にあるのかな。

横尾さんは、「顔と顔が見える、人と人で認め合う」ような、他者をそれぞれに個性ある他者として認められるような人間関係をつくりたいと考えている。彼の教育実践がそのような成果をあげているかどうかはわからない。まだ、教職についての日も浅く、学校の中の細々した仕事におわれる毎日であるが、最近「心が多少は通じるようになってきたのかなっていうことで充実感を感じる機会がでてきました」という。

人とのつながりの重視

横尾さんがめざしているような人間関係は、教師になっている人には共通のもののように思える。教師にとって「教えること」、とりわけ教科を教えることは、その仕事の中心的な部分ではあるが、学校の中で重視されていることは、教科教育以上に人間関係であると言ってよい。明治以降の学校では、教育内容は国家によって決められ、教師はそれを忠実に教える人と位置づけられてきた。そして、現在でも法的拘束力を持つといわれる学習指導要領が存在することから、そのことは大きく変わっていない。しかし、教師が重視しているのは、教科の教育内容そのものではなく、学校の中ではぐくまれる人間関係なのである。自分の働きかけに対して生徒が応える、その中で生まれる人間関係が重要なのである。ただし、生徒は働きかけに応えるだけの存在ではない。生徒は教師の働きかけに対して、教師が意図したように応えるわけではない。教師の働きかけに対して、生徒はさまざまな応え方をする。その多様な応え方は教師にとっては貴重なものであり、教師はそこから学び、成長していく。意図的ではないが、生徒からの働きかけが教師に対してもなされ、そこから教師は自分の教育活動を反省的に振り返り、成長していく。学校教師は子どもに働きかけることによって、自分自身が成長している、あるいは成長したいという意識を持っている存在なのである。学校教師と子どもの関係は、「教え—教えられる」という一方的な関係ではない。学校教師は、教育するにあたって、フォーマルなもの以上に、インフォーマルなものを重視し、子どもたちに接しているのである。

以上から、学校教師は、児童・生徒との人間関係を重視し、その中で自分自身が成長していく仕事であるようにみえる。本調査では必ずしも明らかにされていないが、その成長は、教師自身が考えている「善さ」の吟味が絶えず行なわなければならないということと関わっている。学校教師は、その人間関係の中で、国家が定める「善さ」や自分自身の考える「善さ」を吟味することによって成長するのである。教師へのインタビューの中には、学習指導要領に関する意見や文部行政に対する意見などは散見されるが、教師と国家が定める「善さ」との葛藤は、十分にはみえてこない。教師は子どもとの関係の中で「善さ」を吟味していくのであり、その過程で国家の「善さ」との葛藤は当然存在しているであろう。そのことが十分に論じられなかったことは、教師自身の自律性に対する意識に問題があるともいえるだろう。近代日本の学校は、その存在を疑問視されることなく存在し続け、学歴主義による他律を支えてきたのであるから、その中で生きてきた学校教師は他律に慣れ、自律の意識が弱いのも不思議ではない。しかし、学校教師が子どもとの関係の中で成長していくならば、自律を必要とするようになるであろう。学校教師は、他律を強いる構造を持っている学校の中で、自律を要求するという矛盾を背負うことになる。学校教師は、子どもとのつながりの中で自律の問題を突きつけられているのである。(3)

サービスとしての教育

学校教師の外にも、「教えること」を仕事としている人がいる。学歴主義に最も関係が深いと考えられる予備校の講師をしている坂田洋さんは、教育はサービス業だと言い切る。「お金をもらう以上プロである。プロであれば、どんな事でもきちっとそれなりの最善を尽くしてほしい」といい、自分は「一種のサービス業で、少しでもお互いに有意義な時間を過ごす。だから、こちらも全力を尽して、全力を尽すことを求める。お金を払ってサービスを受けてる訳ですからね」という。彼がいうサービス業とは、自分はサービスを最善を尽くして提供するが、それを受け取る方もそれに見合うだけのことはして受け取るべきだという考え方である。彼は、予備校の授業の進め方として、「かなり大人数の予備校でも、私は名前を呼ぶ。全部把握して当てるんですね、二〇〇、三〇〇でも。名前を呼ばれた方は、予備校なんてのはある意味では本当に孤独な所ですから、名前を呼んだだけでも全然反応が違う。それで徐々に〝ああ、こいつ出来るようになったな〟と実感できれば、まあそれで充実感はあります」といい、生徒ひとりひとりを認識することの大切さを主張する。そして、「先生方の話で、〃毎年どんどんわからなくなっていく〃とか〃どんどん生徒の質が落ちている〃ということには与《くみ》しません。毎年できない生徒はいます。ただ、いかに教えるかなんですよね。いかに教えて理解してもらうかが、本当は教師の仕事なのに、自分の教え方を棚に上げて〃できない〃という先生は予備校でもたくさんいらっしゃいますけども、そういうものには賛成しがたいところもある。できない生徒は、できないなりに少しでもわからせるためにどうするかを考えて、毎日授業やってますから、まあそれに、反応してくれた場合には嬉しいところもある」といっている。すなわち、彼が最善を尽くしているのは、教育内容をいかに教えて理解してもらうかということであり、そのためには生徒ひとりひとりを認識することが必要なのだというのである。そして、ひとりひとりを認識することによって、自分の提供したサービスが受け取られたことを確認することができ、そこから充実感も得られるというのである。

予備校では生徒とのつきあいもほとんどなく、そこから人間関係が生じることは難しい。坂田さんは、生徒ひとりひとりを認識してはいても、そこから授業以外のつきあいに発展することはあまりないようである。そこから、学校教師とは異なり、教育の中での人間関係を重視する姿勢はとらない。彼はサービスとして教育をとらえ、どんなにわからない生徒にも少しでもわからせる努力をしてきたのである。その意味では、教科教育にこだわっている。このような意識は、本インタビューでは学校の教師からあまり出てきていない。これはそれらの教師が制度としての学校に守られていることによると思われる。学歴社会であれば、学校は通過することに意味があり、通過の内容はあまり問われないということになる。日本の学校は、そのようなものとして存在している。そのことは逆に学校で教師が教育内容以外の人間関係を重視できる理由ともなっているのである。

教育内容を通してのつながり

一方で、学校外で「教える」人たちは、教える内容にこだわり、それをうまく教えることに対して努力を怠らない。それ故に、坂田さんもいっているように、相手がそれに応えてくれた時は充実感がある。「教える」場での子どもたちとの出会いは、「教えること」を仕事としている人たちの刺激になっている。坂田さんは、「〃わからない〃と質問されることによって、こちらが学ばなきゃいけないということも随分ありますしね」と、教える過程で学ばなければならないことを見出し、自分の学びの糧にしている。その意味では、学校外で「教えること」に携わっている人も、「教える」過程で学び、成長しているのである。この「教える」過程での成長ということは、学校で教えていても、学校外で教えていても同じようにある。しかし、学校外で「教える」人たちの場合、全人格的に生徒と関わるというわけではないので、教えられる人たちとの間の濃密な人間関係から成長が生じているわけではなく、これが「教える」側と「教えられる」側の教育内容への共通の関心から生じているように思われる。「教える」側は常に「教える」内容を持っているのであり、それをいかにうまく「教えられる」側に伝えられるかが考えられているのであるが、それがうまく伝わるためには、「教える」側—「教えられる」側が一方向的な関係ではなく、双方向的な関係がなければならないのである。そして、その双方向的な関係ができたとき、「教える」側は充実感を持つのである。

学校外での教育には、学校教育のような制度が持っている強制力は及ばない。その限りで、生徒の学ぶ気持ちがまず優先されなければならない。学校以上に学校外で「教えること」は、学習者のニーズに配慮しなければならない。その意味では、「教えること」が積極的に行なわれていても、学習者中心の教育とならざるをえない。その人たちは学習者のニーズを配慮しなければならないことから、生徒の集団と向き合っているという以上に、個々の生徒と向き合っており、「教える」にあたって、濃密な人間関係はないものの、生徒とのつながりは重要なものと認識されている。そして、生徒との関係で自分が学ぶとは、単に知識だけではなく、自分の考える「善さ」を再吟味するということも含まれているように思われる。しかし、学校外で教師をしている人は、教える内容が限定されていることが多く、全面的に「善さ」を吟味するまでに至るのかは疑問である。学校外の教師の多くは自分が好きなこと、関心のあることのみを教えているのであり、それだけになかなか自分の「善さ」を根本から再吟味することは難しい。自分が教える知識・技能の再検討から「善さ」の全面的吟味に至る場合もあるであろうが、本調査対象者にそのようなことが起こっているかどうかはわからない。

つながりの中での成長

本節では、学校の教師、学校外の教師がどのような考えを持って、教育実践を行なっているか、あるいは行なおうとしているのかをみてきた。学校の教師は、教育内容を教えることよりも、教育の中で生じる子どもたちとの濃密な人間関係を重視している。子どもを一個の人間として認め、その間に信頼関係を築くこと、それが学校教師が教育実践の中で求めていることなのである。その意味では、彼らは国家が学校に求めるフォーマルなものよりも、インフォーマルなものを大切にしているように思える。一方、学校外の教師は、教える内容に関わって子どもたちができるようになることを何よりも重視している。しかし、それを実現するためには子どもたちのそれぞれのニーズを考慮しなければならず、集団としてではなく、個としての子どもを認めるところから、教育をはじめざるを得ない。そこには、濃密な人間関係が生じることはないとはいうものの、学校外の教師も子どもとの関係で充実感を得ているのである。

濃密な人間関係が生じる、生じないの違いはあるものの、両者ともに子どもに働きかけるとともに、子どもの反応から、様々なことを学び、そのなかで成長しているという実感を持っている。その意味では、学校であろうと、学校外であろうと、教える人は教育実践の中で自己教育をしていると言ってもよい。他者への働きかけの中で、他者を個として認め、他者とつながりながら、自分自身がそこから学び、成長するという教師の姿が、この調査からうかがえる。教育を通して他者とつながることは、一方的な「教え―教えられる」という関係ではなく、双方向なつながりである。この双方向のつながりは、教師の自律を促し、「善さ」を常に吟味していく教師、反省的実践家としての教師を形成していくことになろう。教育の現場には、教えるということを通して、新たな関係を構築していく萌芽は見えているのである。

六　仕事の中で「教えること」

技術・技能教育を超えて

これまで仕事として「教えること」に携わっている人たちを取り上げてきた。しかし、「教えること」は仕事として行なわれているばかりではなく、それぞれの仕事の場でも行なわれている。仕事の場で「教えること」、そして「学ぶこと」が展開されることは想像に難くない。そして、それは仕事に関わる技術・技能の教育が主となっていると考えられる。

これまで何度か登場している保線作業員の吉崎力さんは班長として班の中で教育を行なっている。吉崎さんが行なっていることは、技術・技能の教育だけではない。彼は、班の中での教育について次のように答えている。

自分の勉強不足で答えられないことがあったとしても、調べるなり勉強するなりして、答えてあげるようにしないと、その子の疑問はなかなか解決しないので。(中略)結構、分からないこともあるんですよ。「俺、知らないよ」と言っちゃそれまでですけど、そう言われると、「何だあの人は」ということになるじゃないですか。そういうのは嫌なので、「今はちょっと分からないけど一日二日待ってくれ」と。それで「ここは、こういうふうだよ」と言っておくと、この人はそうしてくれるんだと思ってもらえれば、次からはやっぱり接し易いじゃないですか。この人は分からなくても、一生懸命やってくれたんだなと。そこですよね。

彼は、技術・技能に関わる教育をする中でも、自分が信頼されることが重要だと認識している。その教育の過程で彼は班の人間を把握し、適材適所で班を動かしていこうとする。彼は班長という役職について次のように語っている。

お医者さんみたいな植木屋さんみたいな、そんな感じで、こうするとかっこいいとなると針金でとめて巻いてあげると、その木は、嫌だけどこっちにいかなくちゃいけない。そういうふうに持っていくのが、自分達の仕事だと思いますよね。押してみたり、引いてみたり、いろいろやらなくちゃいけないいんです。人間をうまくつかんでいく。いい所は伸ばしてあげなくちゃいけないし、悪いところは、なるべく、そういうところがでないように押えるというか、それを出さないように分からせてあげなくちゃいけない。「そんなこと言ったって」という。「じゃあ、そう思うんだったら、これはどうなの」と問題提起してあげて、具体的に分かりやすく、自分の持っていきやすい方向に進めていかなくてはいけないわけじゃないですか。例えば、側溝にものが詰まるわけですよ。においもすごくて。それをスコップですくって、ビニール製の袋につめるわけです。そんな仕事やりたくないですよね。だけど、それがつまって、線路が水浸しになって、電車が止まる。そこまで考えつけば、やらなくちゃいけないと思いますよ。教えていないと、「何でこんなことしなきゃいけないんだよ」で終わっちゃうじゃないですか。「大雨が降って、線路が水浸しで、電車が止まって、お客さん困るだろ。最後は、自分達が困るんだよ。だったら、天気がいい時に側溝をきれいにしておけば、なおさらいいじゃない」のと。そう言って分かってくれる子が七割。後の三割は俺は関係ないと。いろいろな人はいますよ。直ぐ物事を決めたい人もいるし、のんびりしている人もいるし、いくら言ってもやってくれない人もいるし。でも、それはその人の能力じゃないですか。それをうまく引き出してあげるのが、自分達の役職。「適材適所」と言いますけど、仕事は駄目だけど、人をまとめてくれるのがうまいとか。仕事は出来るけども、いつも時間が守れないとか。いい所もあれば悪い所もあるんですよ。全部いい人間なんて、まずいないですから。うまく潤滑に回ってくれればいいんですよ。

吉崎さんは技術・技能を軽視しているわけではない。技術・技能がなければ、仕事は滞ってしまうことから、それは当然のことである。しかし、それ以上に仕事をするにあたって、その人の能力を引き出すということを考えている。仕事に対する意識の持ち方についても語られており、それは単に仕事をこなせばよいというのではなく、自分の仕事の意義をよく理解し、自分で納得して仕事をすることを求めている。それは強制されていやいや仕事をするというのではなくて、自主的に仕事をするということであり、自分の仕事に誇りを持つことでもある。このような仕事に対する自主的な取り組みは、自動車会社などではQCサークルなどによって喚起されており、労務管理の重要な手法であるが、吉崎さんにとっては自主的に仕事に取り組むことによって個性を伸ばすことが考えられているように思われる。

他者の個性を認める

吉崎さんは、それぞれの人の能力を個性として認め、それを仕事の場で生かせるようにしようとしている。彼は自分の確信を次のように言う。

絶対、駄目な子っていないんですよ。父親が、前に障害がある子たちにクリーニングの仕事を教えていたんですよ。それで言うのは、絶対駄目な子というのは、まずいないんだと。シャツの枚数をきちんと数えられる子もいれば、きれいにたためる子も、きれいにアイロンをかけられる子もいる。どこかにいいところがあるんだから、それを見つけて伸ばしてあげるようにと。それは感じますね。

その確信の下に班での教育にあたっているのである。「その子たちの世代の、その個人の考え、個性なので、伸ばしてやらなければいけないと思うんですよね。頭ごなしにやっちゃうと、反発が大きいですから。〃ああ、そうか。でもこんな考え方もあるんじゃないの〃と言って、その子が考えてくれれば、うれしいし。〃そんなの関係ねえよ〃と言われれば、今度はどういう方法でと考えるわけですよ」というやり方で教育にあたっている。彼は「元から悪い子、最初から〃腐ったみかん〃の子なんていないですからね。今の子ども達って多分そうだと思うんですよ。頭ごなしにお前は駄目だ、駄目だと言われているから、自分が本当に駄目になってしまう。そうではなくて、どこかいいところを見つけてあげないと、かわいそうなところはありますから。生れて、赤ん坊の時から駄目な子っていませんから。それを決めちゃうのは、親であり、先生であり、周りの人間でしょ。それを決めるのは、簡単だけど、決められた本人はたまらないですよ。決められちゃうと、その憤りをどこに持っていっていいかわからないから、ろくでもないところにいっちゃうわけですよ。皆、美味しいみかんで生れてきたのに、誰も手入れをしてあげなかったりとか、可愛がってあげなかったりするから、腐っちゃうんですよ」という人間観を持っている。このような人間観を持って彼は仕事の中で教育をしているのである。

吉崎さんのような人間観・教育観を持って仕事の中で教育を行なっている人は少ないかもしれない。吉崎さんとても仕事がスムーズに展開していくことを期待し、班長として教育を行なっているのであるが、彼の人間観はそこでの教育にも貫かれている。仕事の中で個々の人が自己実現できるように考えられているのである。

とはいえ、この教育が仕事の枠を越えることはない。その意味では限界もある。しかし、労働現場で生産性の向上や会社の発展のためだけではなく、個々の労働者の自己実現を考えて、教育にあたってい る人がいることも忘れてはならない。

教育の場としての仕事場

仕事の中で「教えること」が広範に行なわれていることは、日本の特徴かもしれない。仕事の中での教育は、技術・技能を中心とするとはいえ、それだけではなく個々の労働者の自己実現を願って行なわれる場合もあるのである。「仕事は〝修行の場〟だと思っている」という人もおり、仕事を単に生活の糧を得る手段としてだけみるのではない見方があるように思える。日本型労務管理として、そのような考え方がうまく利用されている面もあるが、日本人にとって仕事は重要な教育の場なのである。

仕事の中での教育は、労務管理の中にうまく組み込まれていることからもわかるように、労働現場での自律性は必ずしも確立しているとはいえない。技術・技能を中心とする仕事の中での教育は、仕事がスムーズに展開するためには必要不可欠なものである。その意味では強制的に行なわれるものでもある。吉崎さんがいうような班の中でそれぞれの個性を伸ばそうという教育が労働現場にどれだけ適合的なものであるかはわからないが、今のところ、彼の班で行なわれていることが、仕事に支障を来しているということはない。彼が行なっている教育を含めて、仕事の中での教育がどれだけ個々の個性を伸ばせるのかは改めて検討されなければならない。しかし、教育は学校の中だけで行なわれているのではなく、仕事の中でも行なわれていることは再認識されるべきであろう。仕事の中での教育は、システムとしての学校教育の弊害を受け継ぐものなのであろうか、それを打破するものなのであろうか。仕事の中での教育は、会社のシステムに組み込まれていることも多く、人によってはその教育を抑圧的に感じることもあるであろう。しかし、それをうまく利用して、信頼関係を築き、他者の個性を認めながら、それぞれが自己を高め、仕事を行なっている例もこの調査の中に見出すことができる。仕事の中で「教えること」、そして「学ぶこと」を通して、他者を個性を持った人間として認識し、つながりを持つ可能性が出ていることは注目されてよい。

七　他者とのつながりをつくる

会社人から社会人へ

これまで主に、「教える」ことに関わる他者との関わりをみてきたが、ここでは「教え」に対応してなされる「学び」ではなく、まったく自分の意志で行なう「学び」に関わって、他者とのつながりが作られる例を見てみよう。

すでに第5章の主人公の一人であった企業社史編集室勤務の春木洋一さんは、地域活動に熱心に参加している。彼は地域を生涯学習の場とすることが必要だと考え、それが自分のベースだという。第5章とやや重複するが、まずは彼の地域での学習や活動をみてみよう。

春木さんの地域での学習は、七、八年前に公民館の「健康体操」の講座に参加したことにはじまる。講座終了後もその卒業生を中心に体操の自主的なサークルを作り、今日まで続けている。そして、そのサークルの仲間を中心として「Tメンズカレッジ」という男性だけの生涯学習グループを作り、これまでに四回の講座を開いている。この「Tメンズカレッジ」は公民館の活動ではあるが、春木さんたちが自分たちで自主的にプログラムを作って企画運営するというものであり、「〃会社員〃は逆立ちして〃社会人〃にならなければということをコンセプト」として、地域にいる「その道で有名な人とか先達の人」に講演・講座・実技指導をお願いし、活動をしている。そのような活動の中で女性学級などの他の学習グループと一緒にダイオキシン問題などの地域の問題を調べたり、古い街並みとの共生を考えたりして、「地域に根ざした生涯学習」を展開し、地域の仲間作りをしている。そして、その仲間で一昨年からボランティア活動もしており、精神薄弱児施設や中国帰国者定住促進センターで「ごく簡単な出来る範囲のお手伝い」をしている。このように彼は地域の中で多様な活動を熱心にしており、自分自身が地域の中で生涯学習を実践していると言ってよい。

地域でのつながり

それでは彼の地域での活動の原動力は何だろうか。まずは、その地域に対する愛着をあげることができる。彼はそこに住んで二〇年ほどであるが、父親が幼少の頃住んだことがあったり、国木田独歩の『武蔵野』の原風景に憧れていたりしていたという。

彼は「出会い」を大切にし、仲間がいることが、活動を継続する上で重要であるという。彼にとって会社の仲間は「はっきり割り切ってしまうかもしれないけれど、仕事をする上での仲間」であり、地域の仲間とのつながりが多く、「会社の中の関係から地域の関係に出ることでホッとすることがありますか」という質問に対し、「ありますね」と答えている。地域の仲間は「面白いことに、どこの地区に住んでいる誰さんというのは分かっていても、勤め先が分からないんですよ」というような関係であり、「いろんな会社の人がいるんですけれども、あまり仕事の話はしない。そういう必要のない場」が彼にはある。地域での活動は会社とは完全に切れており、春木さんの生活の中でかなり大きな位置を占めている。もしかしたら「会社以上に」かもしれないとも彼は言っている。事実、彼は有給休暇をとって、平日に中国帰国者定着促進センターを訪問している。そのような活動は、サラリーマンとしては特殊という認識を彼は持っているが、彼の仲間の多くも同じようにしているのである。

彼は地域での生涯学習やボランティア活動を他人に強制しようとしているわけではない。だから、彼は会社の同僚や部下に自分がやっている活動について話はするが、それをしたらよいとまでは言わない。地域での活動をする、しないは本人に任せているのである。でも少なくてもそういう生活に物足りないと感じたり、何かやりたいと思ったら、実はいろんな所に転がっている。それに気付かないだけなんだと。私は広報や宣伝をやってますから、ミニコミ誌とか人づての口コミとか、いろんな所に情報があるということですね」と自分で情報を得てそれに関わることを薦める。だから、彼は会社の同僚とか、部下に対して「こういうことをやっているという話はしますよ。でも、したらいいというところまでは言わないですね」と、その本人に地域での活動をする、しないは任せているのである。

「出会い」を楽しむ

彼は地域での活動の仲間以外にもさまざまな人間関係を持っている。

いろんなところに首を突っ込んでましてね。仕事絡みの他社の広報部門の仲間とか、マーケティングの研究会とか。それとは別に、元T企業にいたSさんが主催する、月一回、午後九時くらいまでいろんな話題を持ちよって話し合うサロンもあるんです。そこで常に新しい出会いがあって、仲間が仲間を呼んで、輪がどんどん広がっていく。「あの人知ってますよ」とか言って、つながりがまた強化されるということがあるんですね。広報宣伝関係ばかりでなくて、自営業の人も、学生もいる。年齢層もバラバラで、国籍も違う人もいる。そういう面白い面がありますね。

このように彼は人との出会いをを楽しんでいるようにみえる。彼は職場以外にもさまざまな活動の場を持っているのである。その意味で、彼にとって仕事は、彼の生活の一面でしかない。彼がそのように変わったのは、一〇年前の山での遭難体験からだという。彼は山で倒れた時、「まず、会社のことを思いましたね。何て言おうかと。翌日会社に出社しなければいけないので、〞やばいなあ〞っていうのがまず一つ」と、以前は会社が第一であったことを示す発言をしている。しかし、これを契機に次のような認識を持つようになる。

それまでは何と言うか、山男というのは自分に自信があって、汗を流すことによってカタルシスの状態になって、世間や都会での人と人とのストレスとか嫌なことから解き放たれようという意識で行きますよね。山の好きな人間というのは、あまり人間を好きにならないのかもしれませんが、実は、山に行くとかえって人恋しくなるんですよ。そういうことも意識しましたし、正に助けられているんだなという意識もね。最終的にはやっぱり人間だなと。それからもちろん家族ですかね。(中略)ちょっと、改めて何と言うか、「家族」とか「人」とか、自分ひとりじゃないんだな、生かされているんだなということを認識しましたね。

そして、地域活動をはじめるきっかけとなった前述の「健康体操」の講座への参加も、この遭難後の体調回復のためにはじめたことだったのである。

彼は仕事を第一と考えてはいない。しかし、「正直なところ、社会正義というか自分の良心を持っていても、会社の不利益となれば、言えないというところがあるかもしれません」と、仕事をしていく上で生活者としての自分と企業人としての自分との葛藤を語っている。彼の「善い社会」のイメージは、「縁あって、この社会・地球に、生まれてきているわけですから、〔生を〕全うできるというか、本人も努力するべきだろうし、周りの環境もそうあって欲しいという。やっぱり、最終的には家族のしっかりとした結びつきがあって、それが地域社会で生かされ、広く社会、職場を含めた広い中で、本人の役割が十分果たせるというそういう社会」だという。彼は「Sさんが言う〝わがままに生きる〟こと」を「生きがい」だという。この「わがままに生きる」とは「好き勝手なことをするということではなくて、自分の意図するままに考えたり、行動したりしてみて、相手もそうやってみるなかで、調整作業をして一つのものが出来る。それが思い通りに行けば正にいいのかなと。小さい問題では、いろいろトライしたこと、考えたこと、やってることが、それなりに評価されて好意を持たれる」ということであり、彼はこれを自分の生き方としており、会社における葛藤もこのやり方で対処しているものと思われる。

「遊び」としての「学び」

やや長く春木さんの生き方を紹介してきたが、彼は山での遭難を契機として、会社での生活を相対化し、地域などの仲間とともに学び、活動する。彼は「地域の仲間とつくってきた関係を続けていきたいですよね」という。彼の「学び」は仲間に支えられて行なわれているのである。彼の地域での「学び」は、「健康体操」という趣味の「学び」からはじまり、徐々にその地域の抱える問題にまで及んでいっている。その意味では、彼の「学び」は趣味の域を越えて、地域社会と向き合うことになり、地域社会の問題を自分のそれとして引き受け、さまざまな活動をしていくことになる。しかし、彼はそれを無理をしてやっているのではなく、いわば「遊び」のようにやっているように思われる。その意味では、彼にとっての「学び」は一種の「遊び」となっている。

春木さんや彼の地域での仲間は、春木さん自身が認めているようにサラリーマンとしては特殊であると言えよう。企業人で会社での生活を相対化している人はまだ少ないかもしれない。しかし、春木さんのような生き方が可能になってはきているのである。まだ、多くの人たちがそのように生きるまでには時間がかかりそうであり、春木さんもそのような認識をしている。しかし、春木さんのように、さまざまなことから自由に「学ぶ」人たちがいることは事実であり、そこに自律的「学び」を見出すことが出来るのである。

春木さんは生活者としての自分と企業人としての自分に葛藤があるようであり、社会規範から自律的であるようにはみえない。企業人としてはそれを重視して生きていかなければならないのである。しかし、彼はその中でも「わがままに生きる」努力をしている。彼は人との出会いを大切にし、「縁あって、この社会・地球に生まれてきているわけですから、〔生を〕全うできる」ようにしようとしており、人々との関係の中で個の充実に努め、それが職場や地域社会で生かされることを願って活動を続けているのである。彼は誰に強制されるのでもなく、また他人に強制することもなく、自分のペースで自ら進んで「学び」続けているのであり、その「学び」は自律的である。しかも、その「学び」は個人主義的に行なわれているのではなく、仲間とともに共同でなされているものなのである。このような他者との関わりを持った「学び」が生涯学習の場ではなされているのであり、そこにひとつの新しい日本人の生き方を発見できるのである。

まとめと展望

教育の中での人とのつながり

本章では、主に「教えること」に関わって日本人の生き方をみてきた。現代日本では、教育への関心は強く、学校への不満が多く聞かれるが、一方では自分の生き方を振り返ったとき、学校経験が語られることは多くなかった。しかし、学校で「教えること」を仕事としている人たちは、具体的な教育内容を伝える以上に、児童・生徒との人間関係そのものを重視し、その中で自分自身が常に成長しようとしていた。それは学校以外で「教えること」を仕事としてきた人たちも学校教師よりは教育内容を伝えることを問題にするとはいえ、教育の中での人間関係を重視し、自分が「教える」なかで「学び」、成長するという意識を持っているという点では、学校教師とほぼ同じであったと言ってよい。また、学校で「教えること」の周辺で仕事をする人たちは、直接に「教えること」がないだけに、子どもとのつながりを意識した時、教育を援助としてとらえる観点を強く持つことになる。

一方、仕事の中で「教えること」も広く行なわれており、そこでは仕事に関わる技術・技能が中心であるとはいえ、仕事を通して労働者の自己実現が考えられて行なわれていることもあり、労働者が自己を高めていくこともある。事実、仕事の中で「教え—学ばれる」ことは、技術・技能という具体的なことが含まれているとはいえ、マニュアル化して伝えられることではなく、個々の人間の「生き方」というような抽象的なことであり、「向上心」や「自己実現」を「学び」の原動力として他律的にではなく学ばれていることも多い。

この抽象的なことを「学ぶ」というのは、学校でも同じであり、子どもたちは、具体的な教育内容以上に、濃密な人間関係の中で「生き方」というような抽象的なことを学んでいるのである。これは学校教師が人間関係を重視し、自分が成長しようとする姿に対応しており、そこに児童・生徒の「学び」があると言ってよい。

つながりの中で育まれる自律性

ところで、近代日本学校制度は、国家が「善さ」を決定し、それを他律的に子どもたちに強要してきた。そして、現在でも学習指導要領に法的拘束力があるなどして、学校はそのように機能しているようにみえる。しかし、本調査でみたように、学校での「教えること」「学ぶこと」に関わって言えば、国家が「善い」とする具体的な教育内容はあまり問題にされることがなく、抽象的な「生き方」を「教え」、「学ぶ」ことがめざされていた。学校が子どもたちの他律的な態度を涵養していることを否定はできないが、子どもに「生き方」としては自律を求める人たちも多くいる。子どもに自律を求める限り、教師も自律的であることが求められる。まだ学校教師は「善さ」の問題についても十分な吟味をしているとはいえないし、「生き方」としても十分に自律性を獲得しているとはいえない。しかし、自分自身が成長していこうとする教師は、そのような「生き方」を見出す可能性を持っているのである。そして、子どもたちとの間に築かれた人間関係を基盤として、他者とつながっていき、自律を前提とした新たな共同体の形成も可能性としてあり得るのである。

仕事に関わっても、それを単に生活の糧とだけ考えるのではなく、そこで自分を成長させようとする意欲がみられ、仕事の場を個性が生かされる場と考えることが日本人の一つの特徴であると思われる。しかし、そのような考えがうまく労務管理に利用され、知らず知らずに他律に傾いてしまうこともあるが、一方で自分の中に仕事を位置づけ、自律的にそれに対処できるようになる可能性もある。そこに仕事を相対化する視点が出てくれば、仕事以外の場での成長や自己実現も考えられるようになるであろう。

地域で生涯学習に取り組む春木洋一さんの例は、これからの一つの展望を示している。もちろん、彼も自律の問題では悩んでいる。しかし、仲間とともに共同学習をする中でさまざまなことを自分の問題ととらえ、それに取り組んでいく姿勢は、自律的に生きていく方向を示している。春木さんは、まさに他者とのつながりを持って、新たな生き方を実践しているのである。

現代日本人にとっての教育は、まだ学校に絡め取られていると言ってよい。しかし、その中でも今回の調査にあらわれたようなさまざまな萌芽がみられるのであり、明治以降の手枷足枷になってきた教育システムが再考され、再興される可能性が、現実の「教育・学習」の中にあるのである。今後の展望はそこから開かれると考えられる。本章で示した萌芽的にあらわれている現代日本人の教育に関わっての「生き方」、すなわち、他者とつながりを持つなかで、他律を疑い、自律を求めていくという「生き方」から学べることは多いのである。

注

(1) 村井実(1976)、一七頁。
(2) 渡辺弘(1997)、参照。
(3) 沼野一男他(2002)、第六章、参照。

文献

沼野一男他(2002)『教育の原理(第三版)』学文社

村井実（1976）『教育学入門 上』講談社学術文庫
渡辺弘（1997）（編著）『「援助」教育の系譜』川島書店

8　住民の責任

宮島　喬

はじめに――「住民」の再定義

「地域社会の崩壊」ということが言われてすでに久しい。

それを裏づけるものとして、周辺地方の、特に農村コミュニティの過疎化、アーバニズムの全面的浸透、都市地域におけるコミュニティ形成政策の難航、等々があげられる。大都市やその郊外では被雇用者人口が圧倒的多数となり、町内会、商工業者団体などのもっていた地域支配力は明らかに衰退している。かつて地域社会がもっていた、住民の相互交流（親睦）、相互扶助、知恵や経験の共有・伝達などの機能が失われた、という見方は一般的で、それがある種の危機感と、また過去へのノスタルジアを醸成している。

今日の地域社会の診断は、第5章のメインテーマだから、ここではもう立ち入らないが、しかし、こだわっておきたいことがある。

従来型の地域は崩壊したかもしれないが、そこには何か新しいものが生まれていないか。「地域」とは呼べないにしろ、新たなネットワークが存在し、機能しているのではなかろうか。たとえば一九九〇年代、阪神淡路大震災や、北陸海岸のタンカー原油流出事件が起こったとき、そこに出現した相互扶助のネットワークは何であったか。そこに登場した人々は、地域に常時結び付いている、いわゆる地付きの住民でなかったが、それでいて、地域を支えるあるネットワークをつむぎ出したのではなかろうか。在来型地域社会が生きていた時代へのノスタルジアを語ることが、こうした新しい住民像や、地域に関わりつつ、地域を越えるその人々の活動の可能性に目をむけるのを妨げてはならない。

グロバリゼーションの社会学の理論家、アンソニー・ギデンズはしばらく前にこう書いた。「たんに地域共同体だけではなく、個人生活の細々としたことがらや自己概念もまた、時空間の無限の拡大との関連で互いに絡み合っていく。われわれは誰もが、その結果の一般的な意味合いで人類全体に影響を及ぼしていくほどに開かれた〝日々の実験〟のなかに、取り込まれているのである」（ギデンズ 1997, p.112）。時空間の従来にない拡大のなかで、社会的アクターもまた、地域定位的存在としてよりも、日常空間と世界を架橋しつつ活動する者として捉えられるべきではなかろうか。言い換えると、「住民」の再定義、それも存在の側からよりも、むしろ機能、行為、役割の側からの再定義が、今求められているように思うのである。

一　地域から切り離されて

住民失格？

「地域社会に足場がない。……こんなことでよいのだろうか。」

エンジニアの鈴木俊夫さんは、夜遅く帰宅の途に就きながら、よくこんな問いを発する。自分の開発の関係の仕事においては、「生産第一主義や技術第一主義はもう通用しない」と感じたので、住民の立場に立った考え方をすすんで取り入れてきた。彼らの開発反対運動さえ決して仕事の妨げではなく、そうした運動と出会い考えることも必要なプロセスと考えている。みごとな社会的センスの持ち主といってよい。自らも、「職業的良心」に従って、社会的に貢献してきたという自負をもつ。にもかかわらず、一日の時間の多くを職場の中で過ごしてきた。たびたびの転勤によって転々と任地が変わった。だから五〇を越えた今日まで、地域の住民としての継続的な生活を、全くといってよいほどもてなかったのである。地域から切れていると感じる自分に、今、ある不安を予感している。「今後、職場を離れでもしたら、孤独な年寄りになるでしょうね。」

彼のように良心的に考えてしまうと、大部分の人間は「住民失格」を自分に宣告しなければならないだろう。だが、もしも鈴木さんが、退職または閑職に転じるのをきっかけに、地元の公民館のイベントへのボランティアとしての協力をでも申し出れば、彼は地域の中にささやかな足場をつくれるのではなかろうか。いや、それはなにも自分の地元に限られないだろう。ある退職サラリーマンはたまたま広報で外国人への日本語指導ボランティア募集の文章をみて、家から一時間もかかるある市に週に二日通うことになった。「生まれて初めて無償の仕事の味を知り、また地域に生きているという感じがもてた」と語る。

地域密着ではなく、しかし地域のために

住民とは空間的にある定められた生き場所（地域）をもち、その中で生活を自足させている人とみるならば、職‐住分離のアーバニズムの浸透している現在、大幅に人々の「非住民化」が進んでいるといえるだろう。

第6章などでも登場した、ある私鉄に勤務している、保線作業員吉崎力さんは、自分の生まれた地域

社会からこれまでほとんど動いていないという、今では少ないタイプの職－住近接型の住民である。このため、消防団等の地元の活動にも多少関っている。だが、消防団の集まりの呼びかけがあっても、「俺はサラリーマンだから……」と断らなければならないことが多く、農家の人々を怒らせるという。その地元には、まだ農業を営む人もいくらかいて、何かあるとすぐ飛んで行かなければならない消防団のような活動は、結局そうした人々に主に担われる。

しかしそうした農家のほうが今日では少数派であろう。吉崎さんは、この人々から叱られ叱られしながらも、可能な範囲で協力している。一方、電車の安全な運行のための保線という仕事も緊張があり、とっさの判断も必要であり、責任も伴う。三〇代後半という彼はこの現場でまさに要石の位置にあるから、地元との付き合いはつい二義的になる。しかし広く考えれば、保線もまた地域社会への責任を果たす道ではあるはずである。

今、住民とはいったい何だろうか。今日では、「住民」とは、その責任とはと問う時、もっと機能的な見方もあるのではないか。

二　機能としての住民

通いでサポートする

その地域に常居所をこそもたないが、地域のなんらかの問題に関り、活動し、多少とも責任をもとうとしている人々。彼らもまた立派な住民といえるだろう。ある地域で、自力で生きていくことの難しい人々のサポートに携わっているボランティアたちが、しばしば近隣の人間ではなく、時間をかけて他の地域から通ってくる、といった例は少なくない。今地域のなかで比較的活気があって、福祉、環境、学習などで住民の要求にも応えようとしているのは、むしろ地縁を売り物にしない、NGO、NPO型のグループではないだろうか。

たとえば、東海地方の中都市V市には自動車産業の広い裾野をなす下請工場が多数立地し、そこに働く日系ブラジル人など多くの外国人労働者とその家族が住むようになった。そして、子どもたちには、日本語という壁その他の理由から、編入学する同市の公立学校の授業についていくことが困難という深刻なケースが多く生まれている。その子どもたちのために、地域の外国人多住団地の中にボランティアによる補習教室が開かれている。その一つはNPOの資格をもつ団体が運営する形をとっているが、そこでは、スタッフの全員が、あっても交通費支給程度の手弁当であり、同じくほとんど全員が、V市の外に住む人々である。そして実際の指導にあたる若いスタッフの主力は、ほとんど一時間以上の移動時間を要するX市にある大学の学生、院生たちなのだ。

NPOの役員の一人であるYさん(今回のインタビューの対象者ではない)は言う。「V市に住むブラジル人の子どもたちの、学校にも行けない、居場所もないという姿をテレビのルポルタージュで観て、本当にいても立ってもいられない気持ちになった。自分がV市の住民ではないなんてことは関係ない。幸い家から車を飛ばせば一時間以内で彼らの住む団地まで行けるので、そこで一人悪戦苦闘して学習室を開いているXさんにすぐに連絡して仲間に加えてもらった。聞いてみればXさんも、私よりもっと遠い所に住んでいて、時間をかけて通ってくるということだった。学習室のスタッフ、ボランティアのほとんどがV市にとっては〝外様〟だけど、そんなことをとやかく言う人は地元にはだれもいない。もっとも、私たちのやっている活動に地元からの反応があまりないのは物足りないが……。」

専門的能力とボランティア精神、こうしたものを備えた諸個人が求められるのであって、もし地付きの住民からそうした個人が得にくければ、地域外からの「通い」の人々に助けを求めるほかはないのである。こうしたいわば「よそ者」の人々がいなければ、その地域における教育という日常的な営みも、また、祭りなどハレの日のイベントさえも成り立たない。

「在る」よりも「成る」ものとしての住民

「住民」という言葉にはどこか、限定された場、地域に日常を生きる人々という響きがあった。この点で、より広い公的な関心、権利意識、発言と参加の行動という点で特徴づけられる「市民」と対照づけられてきた。しかし、市民的に行動する住民というものに以下眼を向けたいので、この区別にあまりこだわらなくてよいと考えている。

たぶん一九七〇年代くらいまで、住民、地域コミュニティ、地域権力構造（CPS）などの関連は、日本の社会学のメジャーな研究課題の一つだったといえよう。そしてよくも悪くも地域の中に根を張り、地域内の諸決定に影響力を行使する自営業者を中心とする名望家層が存在すること、これと異質で、時にそれと対抗するが、地域へのつながりも愛着も薄い「新住民」が対置されること、が前提とされていた。首都圏近郊コミュニティを対象とした社会学者中村八朗の、1地域社会型、2近隣型、3準近隣型、4準孤立型、5孤立型、というタイポロジーが、とくに代表的なものといえる（中村 1973）。

しかし、今、近郊コミュニティでは、地域一円の土地持ちの旧地主とか、旧造り酒屋で、地域の生き字引、ボスとして長年まとめ役を務め、いくつもの団体の役員を引き受けているような「地域社会型」人間は必ずしも健在とはいえないだろう。また、こまめな世話役で、地域の住民の動静にくわしい小自営主であることの多い「近隣」型も、はたして機能しているだろうか。

そもそも地域社会とは、今も「在る」ものなのだろうか。また、住民も「在る」ものなのか、それとも「成る」ものなのか。筆者としては、あえて後者の視点に立ってみたい。

三　つくるべきものとしての〝地域〟

自宅からのバス路線のために議員へ

地域って、与えられるものじゃなくて、つくっていくものに変わっちゃったんですよ。今は昔と違って、頑張らないと地域社会って消滅していくわけですよね。議員になってみて、そういうことで頑張っている人をはじめてみたというか……。

若くて区議会議員となった酒井智子さんは、「地域への責任とは？」と尋ねられて、こう切り出している。

彼女の認識もまた、もう六〇年代型、七〇年代型の地域はないのだから、だれが住民か、地域を支えるのはだれか、といったことも新しい眼で見直さなければいけない、といっている。これは必ずしも彼女の関っている地域が、大都市圏内の一地域だから、ということではないだろう。

酒井さん自身最近まで、どちらかといえば、「地域」というものを肯定的に体験するタイプではなかった。割に名を知られた学者を父として育ち、小学生の頃からずっと学級委員をつとめるなど、近所の人々からも注目されることが多く、それが大きなプレッシャーだった。だから地元を離れて高校に通うようになって、成績もぐっと下がった代わりに、大いに解放感を味わった。大学では、勉強がかなり面白くなって、大学院に行こうか、と思ったりもしたが、結局やめて、ある大企業に勤めることになった。「企業になど就職するな」「能力は自己実現のために一〇〇パーセント使え」と日頃言っていた父親への反動だった、と彼女は振り返っている。

親の影響からも、また近隣・地域の眼からも自由でありたいという気持が人一倍強かったのだろう。だが、そうした人並みの、その意味で心地よい生活も四年間続けてみると、さして価値あるものとは感じられなくなる。

そして、突然彼女は自分の住んでいる自治体の議員選挙に立候補する決心をする。思い立ったのが二月一日、選挙が目の前の四月だったので、政策などあまり考える余裕もなかった。「とにかくやってみよう」というだけだったという。ただ一つ、立候補のきっかけ、動機としてはっきりしていたのは、「通勤のバス路線」だった。

通勤路線の関係で、ある駅に行きたかったのに、その駅に行くバスがなかった。自転車やタクシーを使っていたが、その駅に行くバスがないのは変だと思い、うちの地区からその駅までのバス路線を手っとり早くつくるには、議員になるしかないと思い、立候補しました。選挙戦では、それだけを政策に掲げていました。また、これができるなら議員になってもいいなという気持ちもありました。

この決心を聞いて、父親は反対しなかったという。

「軽はずみに」政治に関わる

このように立候補の弁を語る彼女にとっては、少なくともその時点で、地域住民であるということは、生活の利便を離れては考えられなかった。地域とは、いわば通勤経路の空間であり、たぶん同じように「バス路線がほしい」と考えているだろう、彼女が個人的には全く知らない匿名の人々の集合を含むものだった。議員に当選すればそれなりの責任が生じるだろうが、人から陳情を受けたり約束をしたわけではないから、特定の人々の意向に縛られることはないだろうし、まして次の選挙に向けて票を維持していきたい、などとも考えない。だから彼女は、政治を重いことと考えずに、「軽はずみに」引き受けたと述べ、「軽はずみに」政治に関わるべきだ、と繰り返し強調する。

しかし、この「軽はずみ」論には、現代型のラディカルな住民像が含まれているように思う。今から四〇年前、アメリカで誕生をみたラディカル・フェミニズムの流れからは、“The personal is political”（個人的なことは政治的なこと）という有名な言葉が発せられた。酒井さんもまさにこのことを言いたいのだろう。自分の通勤に便利なA駅に行きたい、しかしバスがない、なんとかしてほしいと望むのは個人のエゴだろうか、いや、同じことで困っている地域住民もきっと多いはずだ、では、政治に訴えてこれを解決しよう。これを「軽はずみ」というが、彼女の思考の回路のなかでは、皆が個人的に困ることが、ほかならぬパブリック・イッシューであるという強い確信があったのだ。

「ゴミ出しコミュニティ」から地域をつくる

それでも、個人的イニシアティヴを強く感じさせる行動である。そうした酒井さんの行動を支えてくれる地域コミュニティの力はあるのだろうか。この要請は、今の日本の大都市の郊外のコミュニティにとってどう満たされるのか。

議員になってはじめて「地域」というものに正面から眼をむけ、そこで気づいたのは、在来の地域社会なるものの消滅の進行である。地域のために「頑張っている」人はいないわけではない。たとえば消防団の人々。地域の種々の行事、お祭りなどを手伝ってくれる人々である。ただ、彼らは非常に高齢化していて、この先どうなってしまうのだろうか、その将来は心もとないのである。

では、どんな形で地域コミュニティのつながりを創ることができるだろうか。酒井さんは「ブツ（物）」という言葉を使う。「地域は大事だ」ということを漠然と、精神主義的にいうだけでは、つながりは生まれないだろう。「バス路線」という生活の利便に訴えたのも、その時は無意識だったにせよ、この戦略だったのではなかろうか。今、彼女が考えている「ブツ」の一つは、ゴミである。消費の生活は個人主義的に行なわれるが、ゴミ出しには決まり、約束、協力が必要である。だからゴミ収集に際して、リサイクルの活動をしっかりやる、それを通じて「ゴミ出しコミュニティ」みたいなものを創っていきたい。

しかしそうした活動がどの程度コミュニティの核になりうるかは、まださだかではない。政治家としての彼女の地域への関わり方では、再び「軽はずみ」論が展開される。それは「誰でもが普通に生きながら、政治に関ってほしい」という願いなのである。

私みたいに軽はずみに、じゃあ〔政治家を〕やってみようかなという、いかに人を軽はずみにさせるかということをしないと。結局私自身が、いわゆる既成パターンで、たとえば駅に毎日立つとかしてしまうと、ああやっぱり政治家は大変だと思ってしまう。それは票にとってはいいかもしれないけど、逆にそういうことをしないと政治家はやれないと思う人が出てくると思うのですよ。だからなるべく普通に生活していてできるよ、ということを知らせていきたい。

選管の仕事一筋に歩む

地方公務員の五十嵐利幸さん。公務員であることは、彼に「住民の責任」を重く感じさせている。だが今から二十年前の市職員への就職の際にはそこまでの意識にはなかったようだ。「公務員になった動機は?」と問われて、こう回想する。

それは安定した職場ですから。……大学で法学部を選んだのは、自分自身でものを考えて何かを発見するというよりも、何か決まったものがあってそれに寄りかかった方がいいなと思ったからです。決まったものというのは法律です。法律を解釈して、法律で決まった枠のなかで仕事をするのが向いているのかな、と思ったんです。

ここにある「公務員は安定している」「法律に寄りかかっていればよい」といった言葉は、いわゆる役所勤め志向のことなかれ主義を典型的に表すものであるが、彼も学生時代はそんな普通の法科学生だったのだ。

採用面接の際に、「どんな仕事をしたいか」と尋ねられて、「法律で縛られる」仕事の最たるものとして、「選挙管理委員会の仕事」と答えたのだった。以来、二〇年間以上、彼は一貫してL市の選管の畑を歩むことになる。

しかし、今、彼がL市の「選管の顔」とまでも認められるようになっているのは、単に勤務が長いからだけではない。それは、むしろ、頭の下がるようなその仕事ぶりからである。

資料、質疑メモはきちっと整理、蓄積しています。選挙管理委員会に来る質問には、罰則に関する問題が多くて、そのときああ言った、こう言ったでは通らないですから、残しておけば他の人も参考になるでしょう。……変なこだわりでしょうけれど、ワープロを使わずに全部手書きでね。

自分で判断してメモ、記録をつくる

今どき珍しい手書きで記録やメモを残すのは、保存が法的に義務づけられている公式文書から区別するためであり、事実、五十嵐さんの分厚いファイルは、自分で必要と思って書き留めた資料、自分で手

ずから集めた資料からなっている。「自己顕示的」ととられれることをやや気にしながらではあるが、やめるわけにはいかないと言う。たとえば現在、国会にも上程されている定住外国人地方参政権の法案も、彼のファイルの中に、彼の頭脳の中にきちんと収められていることが、別の機会に分った。それらの資料を、仲間、後輩たちに有効に使ってほしい、と望んでいる。

これは、単に「職務に忠実」ということには尽きない。上から命じられたから、法律で決められているから、ということでなく、自律的に判断して、これは必要だと思う仕事をするのは、専門職的な働き方である。学生時代の五十嵐さんからみれば、これは信条、ウエイ・オブ・ライフの大きな変化であると思われる。なぜこのような働き方に転じたか。一つには、このL市には職員が自発的に特定テーマについて研究会をつくって政策の勉強をし、提案するという伝統があった。その影響もあろうし、また勤務を重ねるうちに何かに目覚めるところがあったのかもしれない。理由について彼は多くを語らない。

「仕事の上で最大の悩みは……？」という問いに、「最近の投票率の低さ」という答えが返って来るのも、いかにも五十嵐さんらしい。自律的な職務遂行の態度とはこのようなものを指すのだろうが、彼は、地方分権が言われている昨今、選挙の際に演説会、放送メディアの使用などを「公選法で規定しないで、選挙制度も地方の実状に応じて工夫すべきではないか」と考えていて、そのことを庁内の政策研究誌にも書いたことがある。

率先して参加し、地域の輪をつくる

「地域」というとき、彼には、まずL市内の市民、有権者、そして政党や議員たちがアクターとなって織り成す地域が重要であろうが、自分の居住の場としての地域もそれに劣らず大切だと感じている。自分の仕事の上でも、投票率の問題を考えるたびに、果たして地域の住民たちがどれだけの帰属感や参加意欲をもっているのか、が気になってならないからである。といっても、個人的な事情から、彼はL市内ではなく、かなり離れた別の市に住んでいて、毎日職場まで二時間をかけて長距離通勤している。しかし、その居住の場を、単に寝に帰るだけの場にしてはならないと日頃考えている。

学校での子どもの授業参観日には可能なかぎり出かけるし、「親子の△△大会」のような学校の行事にも必ず行って、料理とか運動のような活動に参加してくる。祭り、自治会の餅つき大会なども出かけていく。日曜日に自分たちできれいにしようという町内清掃があると、ビニール袋をもらっては植え込みの中の缶を拾う作業を進んで行なう。

彼には意識的に努力しているという面がたしかにあるようだ。個人個人がその殻から抜け出して参加の行為を追求しないと、地域コミュニティは成り立たないのではないか、という危惧があるからである。たとえば、次のように語る。

朝、バス停などでは皆けっこう黙っているんですよ。一緒に住んでいる人たちが五分なり三分なり一列に並んで待っているんだから、挨拶くらいはすべきだと思いますから、ぼくはします。そういうことをやっていかないと、輪が広がっていかないですものね。何十年住んでても、他人みたいな……。それにおとなが黙っていれば子どもも黙っていますから、隣近所の子どもに対して挨拶しなければいけないな、と思っています。

年々の選挙における地域の投票率の低さ、地域のなかの住民接触の「薄さ」は、五十嵐さんにとって、地域をつくるという努力を鼓舞するものではあれ、地域生活への赤信号であることも確かなのである。

四 社会参加をもとめる

共働きからの撤退

順調に運んできた人生が、他律的な事情からとつぜん出口の見えない長いトンネルのような閉塞状態に陥り、それに耐え、抜け出して、人との〈つながり〉を見出すのに、必死の思いで頑張った。現在、四〇半ばを迎える伊藤幸子さんはそんな風に自分を語る。

すでに前の章で紹介されているが、仕事は好きだったし、行政マン（ウーマン）としてやれるという自信もあった。いわゆる〈頑張り屋〉であったが、しゃにむに突き進む行動派ではなく、むしろ物を考えたり、社会的判断基準をもとめたりする、どちらかといえばバランス派だった。

結婚相手は、同じく公務員だったが、その共同生活の分担は思ったほど対等にならない。それは、家事などをいい加減に〈手抜き〉ができない彼女の性格にも一部よるのだろう。子どもはもたなかったが、それでも、三〇歳を過ぎて、毎日の勤務はきつさを増すばかりで、無念だったが、ついに仕事を辞める決意をする。

管理職になるための試験があるんです。そのコースに乗れないんですね。私どもそういう年になってくると、家事だけで手いっぱいなところに、試験勉強がかかりますよね。……そのころ週休二日にもなっていなかったし、やはり男女ではどうしてもハンディがありました。

回想して、当時は優秀な女性職員のなかにも、夫の転勤、ひとりで担う育児、週六日の出勤、男性中心の職場運営に不満でやる気をなくす、といった事情が重なって、辞めて行く者がかなりいたという。

浮上の願望、もう一度社会につながりたい

「専業主婦」と呼ばれる身になり、夫の海外勤務に同行して、外国に滞在すると、持ち前の熱心さで、その国の文化と社会的仕組みを勉強し、人々の生活もよく観察した。それはそれで有意義だったが、「仕事は好きで、楽しかった」という思いは心のどこかに潜んでいたようである。

やがて独りで負わなければならない課題が次々と押し寄せてくる。夫の親と自分自身の親の介護が相継いで双肩にかかってきて、その生活のはてしもない連続は、彼女に強い未来閉塞感をもたらす。夫が必ずしも非協力だったわけではない。だが、かつて張り切って職場の生活を送っていた自分に引き比べ、孤立したなかで介護に悪戦苦闘しなければならない自分の姿に、惨めさを感じた。

介護ばっかりやっていると、もう一度世の中に出ることができるだろうか、という気持ちになるんですね。だから、なにか自分に自信をつけたいと思って、日本語を教える資格の試験を受けて、資格をとりました。そうすれば、またやれるかなという気持ちになるのではないかな、と。

この気持ちはなかなか当事者でなければ分からないでしょう、と伊藤さんはいうが、いっこうに出口

の光明の見えない長い暗いトンネルのなかの毎日だったのである。

介護に関して、彼女は、仕事に多忙な夫と十分に分担できず、また「社会」を当てにすることもできず、ほとんど自分の努力でやりきってしまう。実の父母はかなり遠隔の地方に住んでいたので、飛行機や新幹線を使っての辛い往復もずいぶん重ねた。その間に激しくつのったのは、「もう一度社会との絆を感じたい、取り戻したい」という思いだった。社会人としてかつて本格的に仕事と取り組んだことのある女性の、正直な気持ちを表しているといえるだろう。

教えるのは自分のため、だから勉強しなければ……

今、伊藤さんは、外国人に日本語を教える市民団体のボランティア、兼、事務局責任者の仕事を自ら買って出て、ささやかな社会参加を行なっている。

もちろん他者への責任を伴う活動ではあるが、それを行なうのは第一義的には「自分のため」である、とはっきり自覚している。だから、その活動を通じて「他人に役立てばよい」とするだけではなく、自分の世界もそれによって開けていかなければならないと感じている。「勉強をしなければ……」と思うインセンティヴを与えられることだけでも素晴らしい。『言語学とは何か』という本を読み始めてみて、今自分たちが話している日本語とは何だったか、と考えるようになった。そこで、遡って『古事記』をひもとくことになったが、読んでみて、当時ものの考え方や感じ方は今とほとんど変わらないのではないかと気づいたという。「一二〇〇年以上前に言葉や文字をあれだけ使いこなしていたことを考えると、例えば、日本人がまだ文字をもたなかった弥生時代は呪術や迷信ばかりが存在した遅れた時代だったかというと、それは疑問だな、と思うんですね。」彼女の「自己発見」としての、知ることへの旅は尽きることはない。

そして今、日本語を教えること、在日外国人と接触することを通じて、「あるべき社会」といったものについて考えることも多くなった。

言いたいことが言える国になってほしい

特にアジアのことは考える機会がたびたびあり、アジアの人々に関っているという意識、責任の感情を覚えるようになっている。第2章でもすでに紹介したが、彼女自身、東南アジアの一国に生活した経験もあるので、そのことも関係しているのだろう。

日本とちがい、中国もインドネシアも言いたいことが言える社会ではないと思うんです〔インドネシアについては、スハルト大統領時代のことが言われている〕。だから、できるだけ外国の人が、自分の国で言えないことが日本で言えたり、言えなくて危ない時に日本に来て仲間を募ることができるといいですね。そういうことができる社会という点では、アメリカもよい社会だと思います。日本の場合、ちょっと自己規制が強すぎた息苦しさがあります。もう少し何を言っても許された方がいいのではないか、もう少し大らかになれないのかと思いますね。

ちなみに、日本は一九八二年以来、「難民の地位に関する国際加条約」に加盟しているが、難民の受入れ数は先進諸国のなかでは、きわだって少ない。中国、ビルマ（ミャンマー）などからの出国者を中心に、一九八二年から九八年の間に、約一七〇〇件の庇護申請があったが、難民に認定されたのは約二五〇件にすぎなかった。彼女のいうように、アジアの現状を考えるならば、日本が、自由にものが言える国としてアサイラム（庇護）の提供できることの意義は大きいだろう。だが、その理想と現実の距離は大きいのである。

伊藤さんの社会参加の探り方、つながりの求め方は、一般の主婦とはやや違うだろう。かつて仕事をもち、本格的に働いていた経験と能力から、その後十年を経ても、目的を立て、資格を取得し、市民団体に参加するというように積極的に動くことができた。単に人々と一緒にいて、ぬくもりがほしい、というのとは違う。自分の認識を広げ、その上で、共感できる人々の範囲を広げたいのである。そして、日本語を学んでいる外国人たちの背景にある現実も、次第にその視野の中にはいってきた。

だが、それでも、その毎日の生にはまだ不全感がつきまとう。それは、大きな拘束や責任を伴ってもよいから、もっと明瞭な碇泊点を与えてくれる社会的な居場所がほしいという思いからではなかろうか。

五　「グローカル」に生きる

障害のあるわが子を介して地域とつながる

「住民」という形での地域とのつながりが、かなり偶然的であるような人々もいる。たまたまある地域に住むことになり、限られたつながりの中で活動するようになったが、本人自身はより広い空間の中に行動を展開してきた、またはコスモポリットとして地域的こだわりをほとんどもたないというケースである。今、流行りの言葉、「グローバルに（地球的に）考え、ローカルに（地域の中で）行動する」といわれる「グローカル」な生き方が表すのも、それかもしれない。

第4章でも登場したあのタクシー運転手の田辺宏孝さん。自分の子どもの通う地元の学校のＰＴＡ会長を引き受けるわけであるが、地元の生活が特に長いわけでも、地域の社会に根を下ろしている世話役や名望家というわけでもない。障害のある我が子をもってはじめて、「開かれた」学校教育の大切さを感じ、我が子をいじめる子もいれば、また助ける子もいることを知る。「助け合いは大事だ」「お互い様だ」といった人生哲学を再確認するのである。そこに学校側の懇望もあって、断りきれなくなった。「地域社会への責任」といっても、おそらくその辺りが出発点なのだろう。

ご近所や地域のイベントなどで頼まれごとがあれば、時間的余裕があればやります。やるようにはしています。人間はね、助け合いという精神も必要だし、生きる上で人間は、人にものを頼まれなくなったら、存在意義というか意味合いがないというかね。頼まれるうちが花というかね。

人に頼まれたら、手を差し伸べる

すでに紹介ずみのように、もともと田辺さんの生き方は、高校を出てもこれといった確かな職には就かず、競馬ののみやや、怪しげな品のブローカーで食べるといった、悪く言えばやくざな生活に出発しているが、他面からみると、自力がすべての生き方だった。どこででも、何をしてでも、何とか生きて行くという、ある意味でコスモポリットなたくましさである。しかしそれだけに、自力ではどうにもならない、切り開けないような何らかの事態に陥った時、人の助けのありがたさをつくづくと知る。人に頼られたり、困っている人間がいるとき、その期待に応え、手を差し伸べなければならないと感じる。

そんな経験から、彼は彼なりに考える。そして、そこから事実上あるモラルを抽出している。それが、素朴な言い方だが、「助け合い」のそれであり、「頼まれたら、期待に答えること」だろう。障害のある我が子を普通学級で受け入れ、それなりに苦労している先生たちを手伝いに行く。学校でＰＴＡ会長の引き受けて手がいなければ、「自分なんておこがましい」と思いながらも、会長受諾という助け船を出すのである。二〇代をやくざ的に生きてきた人間が、五〇に近づいてやっと分別がついたのだ、と第三者は単純にみるかもしれないが。

自分の国籍は地球

保科稔さんにとっても、「助け合い」そして「頼まれたら、期待に答える」は、人生哲学の中心テーマである。

東海地方の日系ブラジル人が数多く住んでいるある中都市で、彼らへの電話機のレンタルをしながら、同時に情報提供や支援を行なっているある団体で活動している。生活の糧としてビジネスもするが、この町に住むブラジル人への日本語の授業などにもかかわってきた。気持ちの上では、彼らを援ける後者の活動のほうがずっと重いようである。なお、特に地縁があってこの町に居るというわけでもないが、ブラジル人コミュニティの存在が彼をここに引き寄せたことは間違いない。伴侶である保科夫人も、市から頼まれてボランティアとしてブラジル人等外国人市民への援助や助言に努めている。

日本国籍をもつれっきとした日本人であるが、自分は「地球人」だ、と真顔でいう。

「国籍はどこ？」って本当によく聞かれる。「地球だ」と。地球上どこでもいい、国籍がどうこうってことはない。自分の中で、日本の良さ、ブラジルの良さ、アメリカも良いところはある……どこの国へ行っても良さはある。良さだけを自分の中にため込んで生きたらいいじゃないか？ それができたら素晴らしいと思う。それができたら人生、最高ですよ。二、三回生まれ変わってきたい。

小学校五年生の時、親に連れられてブラジルに渡り、三〇代半ばで帰国（来日？）するまで、だいたい日本人開拓地を中心に生きてきた。サン・パウロやリオ・デ・ジャネイロのような都市部とは大いにちがう環境である。学校は大学まで行ったが、早くから親を手伝いながら自分の事業に手を染めていた。事業とは胡椒の取り引きであり、かなりのお金を動かしていたと語る。自助、自立が当たり前とされる環境だったのである。大学の時に出遭って結婚した妻は、ブラジル生まれの日系人。

自立の哲学

「日本に行ってみようか」、と思ったのは、ブラジル経済が不況になり、サン・パウロ等から日本への出稼ぎブームの話も伝え聞き、住んでいた地域の治安も案じられるようになったからである。子どもが生まれて、「この子が大きくなるとき、この国〔ブラジル〕はどうなっているのか」という不安もあったからという。だが、あくまで「日本に行く」であり、そのまま日本に腰を落ち着ける帰国者になろうとはゆめ思わなかったという。

生きる場ががらりと変わっても、彼の心と生き方は、ブラジル的、というよりは地球的であり、自助、自立という筋を一本通している。若い日本人インタビュアーに語る。

カンナ研ぎもやったことないでしょう。われわれすべてやります。家から何まで。自分で家も建てますし、機械をエンジンから何からバラすし、組み立てられますし。すべて自分でやる。何軒くらい家を建てたか分からないですけど、そのくらいのことはできます。〔そういうことは〕小さい頃からイヤというほど身に染み付いているわけ。

今はもちろん日本の都市生活暮しだから、開拓地的な自助、自立を言うのはあまり意味がないし、必要もない。それでも、「私は掃除機もかけますし、洗濯もしますし、洗濯物も干します、食器もあれば洗いますし、べつに苦にならない」という保科さんの日常生活は、家事を敬遠する日本の平均的な既婚中年男性とはだいぶ違う。

子どもは今日本の学校に通っていて、当然将来も日本の社会の中に生きて行く可能性は高いが、人間の生きていく力というものは、学校に通い続けることで本当に獲得されるのか。ここでも彼の胸に去来するのは、ブラジルでの仕事の中で経験した色々な人間との出会いの思い出である。

うちの子には、まぁ、勉強して良い大学に行くというのもいいけれど、それだけが人生じゃない。〔仕事場で請け負い業者と〕いろいろと値段の交渉があるでしょう。その仕事、その仕事で、その値段を決めますけど、ブラジルでは、自分の名前も書けない人がですよ、ぱっと見ただけで、これはこ

	ブラジル	ペルー	ボリヴィア	アルゼンチン	その他	合計
登録者総数	254, 394	46, 171	3, 915	3, 072	5, 369	312, 921
「日本人の配偶者等」と「永住者」ビザ保有者	239, 272	31, 347	3, 438	1, 977	3, 159	279, 193
そのパーセンテージ	94.1%	67.9%	87.8%	64.4%	58.8%	89.2%

（入管協会，2001より作成）

う、だいたいこれくらいの広さがあって、この仕事をするんだったら、これだけもらわないと、と交渉してくるんですから。ぼくは大学に行っている。それでも対等な交渉をしてくるんですからね。下手すると、こちらが言い負けてしまう時があるんです。あの頃から思って、やっぱり学校だけが人生じゃないってことだと思いましたね。

気がかりな仲間たち――「なぜ彼らは努力をしないのか？」

だが、そのように語る保科さんにも、気がかりで憂鬱になることがある。自助、自立の精神に富むたくましい人々であるはずの、この町に住む四〇〇〇人を越える日系ブラジル人の仲間たちが、必ずしも自分の力で生きる主体性を示していないことである。「なぜ、彼らは日本語を身につける努力をしないのか」、これは彼がある機会に吐き出した、仲間たちへの批判である。

“Nikkeijin”（日系人）と今呼ばれることの多い、ブラジル人が圧倒的マジョリティを占める南米出身の滞日外国人について一言しておこう。

表が示すように、二〇〇〇年現在、南米諸国全体の出身の外国人登録者は三一万人余におよぶ。十年前の一九九〇年にはわずか七万人程度だったから、この間に五倍近い急成長を示しているのである。上に挙げられた二つの在留資格に当たるものが近似的に「日系人」の数を示すとみてよい。では、この間に何が起こったのか。

一九八〇年代、日本の製造業、建設業の人手不足が顕在化するとともに、自動車のメーカーの下請けなどは、南米諸国(わけてもブラジル)に多い日系の人々に目を着け、その導入の道を探りはじめた。日本人の子である二世たちは、それ以前から在留資格4－1－16－1(日本人の配偶者又は子)によって、合法的に滞在し就労することができた。しかし、南米の日系人人口もしだいに三世の時代へと移りはじめ、折からの経済不況の進行に伴って、彼らにもはるか遠隔の祖父の国日本が、まさに新しい「エル・ドラード(黄金郷)」と映じるようになり、出稼ぎ希望が増していた。そして、日本の側の受け入れのドアも大きく開かれる。

おそらく自動車産業等の業界団体からの働きかけも激しかったのだろう、政府は一九八九年の「出入国管理及び難民認定法」の改正の際に、「日本人の配偶者等」とならんで、「定住者」という在留資格を起こし、これを日系人の三世に適用することとした。三世たちは所定の手続きを行なえば、就労に制限のない三年期限(更新可能)のビザの交付を受けることができるようになったのだ。その後の日系人の来日ラッシュの始まりである。この時、出入国管理の主務官庁である法務省の幹部は「外国人を入れるといっても、日本人の子孫だ、という安心感がある」と語ったと報道は伝えている(宮島 1993, p.59)。その後の三世を中心とする日系人の増加ぶりについては、もう触れる必要もないだろう。

「日本人の子孫だ、という安心感がある」という右の言葉を、もしも保科さんが聞いていたならば、呵呵と大笑したかもしれない。あるいは苦笑いだったかもしれない。このいかにも日本的で神経質な法務省高官の態度に対してとともに、現実に日本社会のなかに姿を現した日系南米人たちの実像に対して、である。

来日する日系ブラジル人は、今では日本語を満足に使えない者が多い。ブラジルでのビザ手続、雇用先確保、航空券や便の手配まですべて業者任せでやってくる。日本の制度や事情も十分知らずに、ひたすら与えられた仕事に励むのであるが、「出稼ぎ」者の意識のためか、日本語を学ぶことに熱意がなく、日本社会に関りをもつこともできず、自分たちの世界を狭めている。こうした他律的な態度でいて、長期滞在→定住ということになった場合に、彼らはどんな存在になっていくのか。それが気がかりでならない点である。

助け合い——自然のモラル

再び保科さんのウェイ・オブ・ライフの議論に立ち返る。自助、自立が大事であればこそ、自己は主張するが、他人をも尊重し、他人を蹴落とすようなことをしてはいけない。困っている者がいれば、助け合いが大事であり、それを当たりまえのこと、自然のこと、つまり普段着のモラルにしなければならない。実に分かりやすい理屈であるが、彼の目からみると、日本人の日常での助け合いへの冷たさが気にかかる。

たとえば東京駅。すごい階段でしょう。人通りも多いし。仮にあんな所でお婆さんが重い荷物をもって往生していたら、よその人手伝いますか。ブラジルの子って、あれを見たら絶対素通りをしない。どんなに知らない人でも、重い荷物をもっていたら、「持ってあげるよ」と。同じペースで上がってあげて、あるいは下りてあげて、「じゃあ元気でね」みたいに。

公徳心の強調といってしまえばそれまでだが、「どんな知らない人でも」というところに、彼の強調点があるだろう。ブラジルの子どもが突然、東京駅の人混みの中に投げ込まれたら……という想定がなされているのだ。人々は心の中で、人間の共感コミュニティの境界をしばしば、国籍によって、顔つきによって、言葉の通じる範囲によって限っていないだろうか。「国籍は地球」と言う保科さんの、日本人にたいする問いかけである。

とはいえ、これは一ブラジル人のメッセージなのではなく、国籍上つねに日本人であり続けて、完ぺきな日本語で雄弁に自分を語るひとりの人間の言葉であるということを思い出しておきたい。

六　ボーダレス市民として地域・住宅問題に関わる

ひとり工学部に進む

高度な専門的な知識と相当の経験をもった人間が、その知識、経験をどのように、どこに向けて、何のために使っていくか。企業、官庁などの組織の中に部署を与えられている専門家には、その選択の幅は狭くならざるをえない。だが、仕事柄、かなり独立性をもっている高橋さゆりさんなどは、「住民のため」ということを、かなり意識して選択肢の中に入れているようだ。彼女は、仲間と共同で東京に事務所をもつ、固い言い方では「建築コンサルタント」である。

日本の全国の四年制の大学に学ぶ女子学生で、工学部に籍を置く者は、一九八〇年の数字では、約一六〇〇人、一・三パーセントにすぎなかった。現在は情報関係のソフトな性格の学科がつくられて、女性の工学部進学も増えているようであるが、これはそれ以前の数字である。その点からして彼女は例外的だったわけで、自分のやりたいことができたという思いをもっている。

高校生の頃から美術と理科系科目が好きだったので、建築学をやればいい、と考えて、一浪して、大学の工学部に入学した。親は何もいわず、彼女の選択の自由に任せてくれた。一年生の時から無理に押しかけて都市計画ゼミに入れてもらったりして、張り切って勉強したが、四年生になって、ハタと行き詰ったという。「専門家が大所、高所からやる計画づくりに〝これでいいんだろうか〟と疑問を感じた。住民参加の視角なんかまだなかったんです。」そこで、卒業→都市計画事務所就職、という直行の道は選ばず、自分のやりたいことをやろう、探そうということで、大学院に進学した。

工学的な技術主義ではなく住民の視点を、と考えていた高橋さんだが、よき指導者との出遭いもあって、江戸の都市構造の究明といったテーマと取り組むようになった。こうしたいわば回り道をしたことで、かえって都市とは、街とは、がよく分ってきたという。

住民の視点から「自主研究」

都市計画は分野がとても広いのですが、〔自分の関心は〕住宅地計画、住宅問題が主で、商業地再開発なんかはやりません。最初に働いた建築事務所はニュータウン計画などを手がけていて、とても勉強になりましたが、私自身は新規計画よりも、既成市街地計画の方にだんだん興味が向いてきていました。……私はいつも〝生活〟という視点から考えたいので、ごくごく普通の人にとって、どんな街のどんな暮しが望ましいのか、そういったことをきちんと考えたいのです。

都市計画は、流行り廃りがある、バブル期とその崩壊期で考え方が変わる、行政の考え方も猫の目のように変わる。そういうことではなく、生活していく上で何が本当に大切なのか、を考えなければいけない。これは、専門家としての意見だろうが、「住民」の視点を一貫して重視している以上、住民としての関与の意思といってもよい。たとえば、住民としても愛着をもつW区。この街づくりなどには協力した。この区は行政としても街づくりに大いに力を入れていた。そこで、街づくり協会と協力して、既成市街地開発と住民参加を結び付けることに進んで力を貸したのである。他の仕事は忙しくても、これだけは自分の関心から切り離したくはないという。なお、こうした活動を称するのに、彼女は「自主研究」と言っている。「自分のためにやっているんだと思うのですね。そして納得するんです」と。これは、少し内なる意味づけに違いがあるが、伊藤幸子さんの自分の活動への考え方と似ている。

自主研究はたぶん高橋さんの〝持ち出し〟であろう。事務所を維持していくための業務とは区別されていて、こちらのほうはある程度割り切っている。それは、「面白くないが、効率のよい〔ペイのよい〕仕事」を引受けることであって、それが「すごく面白い仕事」ができるための条件である。一緒に事務所をやっている仲間たちともこの点はよく了解できているという。

高橋さんの活動には、根底では一つに結びついているにせよ、もう一つの側面がある。それは日本に滞在する外国人の住宅問題を調査し、彼らに情報を提供し、また社会的に提案、提言するという活動である。一種の住まい情報誌を外国人のためにつくっているのである。むろん、これは、右の線引きで言えば、収益となんの関係もない完全な「自主研究」の領域である。

アジアのことを知りたい

だが、この面に触れるには、彼女の人生のなかでほとんど唯一苦しみ、戸惑いをもたらした一つの思い出に溯らなければならない。これも第2章で紹介されているが、以前に勤めていた職場で知り合い、親しく付き合っていて、互いに惹かれあっていた男性から、ある時「自分は実は在日韓国人なのだ」と深刻に打ち明けられて、その意味が分からず、びっくりした。後に述べるように高橋さんは「天性」といってよいくらいのボーダレス人間である。彼女の反応は、「この人、なんでそんなこと言うのかな」「在日だろうと何だろうと、そんなことといいじゃないか」というものだった。しかし、やがて分ったことは、彼の親が日本女性との結婚に反対していること、どうしようもなくて、けっきょく何も実らずに終わった。

その男性を熱愛していただけに、ショックは非常に大きく、茫然としてしまった。そして、「なぜなのか、といろいろ考えて、自分の知らないことが多すぎると思って、アジアのことを勉強しようと思い、朝鮮や中国の歴史なんかを読みはじめたんですよ。」行動派の高橋さんのこと、机上の知識だけでは満足できない。「行ってみよう」ということで、機会もあって、西安市に中国語を学ぶ語学留学もした。

それまで歴史的、政治的、社会的側面から日本人─外国人関係を考えたことはほとんどなかったのである。それをこう語る。

私の場合はもともと国籍、民族のこだわりなんてないですね。友達になったり、知り合いになってみたら、その人がたまたま中国人だったり、マレーシア人だったり、バングラデッシュ人だったりする、そんな感覚なんです。「外国人とは」なんて考えませんね。小さい時、サン・パウロで過ごしたことも関係あるでしょう。父が商社マンでしたので。

思えば、大学進学では迷いもなく工学部に進むといった生き方も、このボーダレス思考の現われといえるだろう。こうした、日本人には稀有ともいえる彼女の感覚は、第9章「境界を越えた人々」の主題にもなりうるだろう。そして、こういう感覚の素地の上に、歴史や国際関係の認識を加えることで、「外国人とは」と考えることが始まった。

外国人の住宅問題にかかわる

同じ人間である中国人やフィリピン人が日本に住もうとして、住宅問題で特に苦労し、辛い思いをしているのはおかしい。しかしそれには日本の住宅賃貸制度の問題点や、日本人の歴史的に形成してきた外国人観が関係しているのだろう。それを解きほぐしながら問題提起をし、彼らにもアドバイスをしたい、ということである。そのために彼女は忙しいなか、同志の仲間とともに大久保など、東京のインナーシティをこまめによく歩き、時には郊外の町にも足を伸ばし、取材をしている。

ただ、ここでも「自主研究」を、という彼女の地が現れる。それは滞日外国人たちの住まい方を通して、「重層的な都市構造」を解明したい、という抱負なのである。

たとえば、日本人の知っている大久保の街〔新宿の盛り場の歌舞伎町に隣接したインナーエリア〕がありますが、都市は絶対に一平面的なものじゃないですよ。中国人の知る大久保の街は日本人の知るそれと違い、いろいろな彼らの店とか、彼らの入居可能なアパートから成っていて、日本人のもっている大久保地図とは違うと思うんですね。フィリピン人、タイ人もそれぞれ違った地図をもっている。だから、多民族によってそれぞれ生きられている空間が違うので、それだけ都市というのは重層的だと思っていますし、歌舞伎町のアンダーグラウンドな世界などを加えれば、もっと複雑になる。それを、学生の時からこれまで勉強してきた方法でスパッと切ってみたい……。

では、外国人の住まいのため、というよりも都市研究者の研究上の関心から問題にかかわっているのか、と対話者はつい尋ねたくなる。

いいえ、両方ですよ。外国人は住宅問題を解決したいと切実に思ってますよね。そして私は、こういう職業に就いている者として、それに応える義務があると思っています。今まで街並み保存とか住民参加とかいろいろなことに関係してきて、今そういうテーマを統合できそうな気がしています。

「住民運動家」、「外国人支援ボランティア」、そのどのイメージとも、高橋さゆりさんの思考、行動パターンはぴたりとは重ならない。しかし、今日の都市化社会の多様な住民にとって、ある責任をすすんで担ってくれる、まさに不可欠の存在であるのかもしれない。彼女自身は、「自分の自主研究なのだから、自分のためです」という気負いもなく言うかもしれないが。

結び――個人主義と共同体と

住民とは何か、住民とはだれか、地域に生活の根拠をもち根を下ろしているのが真の住民なのか、……いろいろと問うてみて、ここでの暫定的結論は、地域と住民生活にかかわり、何らかの責任を果たすという行為は、地付き住民とは限らない多様な地位の人々によって担われているのではないか、ということであろう。もちろん、地域の自治会とか団地の管理組合の役員などで、地付き住民に近い人もいないことはないが、でも当人たちもしばしば勤め人だったりする。こうした人々は、地域の諸々の生活に全面的に関わっていたかつての名望家的なリーダーとはちがい、関わりは部分的であり、場合によっては特定の住民層とのみかかわる人もいる（保科稔さんとブラジル人住民の関係など）。また、専門的知識において助言したり、援助するタイプの人もいて、一般住民にはその姿がよく見えない場合もある。

個人主義、あるいはより控えめに言って個人化という傾向も、明らかに読み取れる。自治体議員である酒井智子さんは、その抱負、主張ははっきりしているが、「地元のため」といって日常活動に精を出したり、永続的地縁をつくろうとは考えない。個が一人で地域を背負いこむようなやり方は、あまりに大変だし、その覚悟がなければということになると、「軽はずみに」政治家になる人はいなくなるだろう、という。それでも、住民たちの間につながりをつくらなければいけないと思い、リサイクル活動を通じて「ゴミ出し共同体」が地域につくれないか、と彼女は考えている。また、地方公務員の五十嵐利幸さんは、せめてみなが毎日顔を合わせる朝のバス停では「おはよう」の挨拶をしよう、と、その実践に努めている。

じっさい、個人主義化とコミュニティの関係、これは今の日本の一つの論点だろう。R・ベラーは、『心の習慣』の「日本語版への序文」の中で、「個人と共同体はどちらかが強くなれば、他方が弱くなるようなゼロサム状況にあるのではない。むしろ、ある種の強い個人主義を支えるには、ある種の強い共同体が必要である」(1991, p. vii)と書いた。これは今の日本に照らすとき、どのような意味合いで解釈されるだろうか。それぞれのケースに即してさらに考えてみたい事柄である。

文献

ギデンズ、アンソニー(1997)「ポスト伝統社会を生きること」、『再帰的近代化』U・ベック、S・ラッシュ共著、松尾精文他訳、而立書房(原著 1994)
中村八朗(1973)『都市コミュニティーの社会学』有斐閣
人管協会(2001)『在留外国人統計(平成一三年度版)』
ベラー、ロバート他(1991)『心の習慣』島薗進・中村圭志訳、みすず書房(原著 1985)
宮島喬(1993)『外国人労働者と日本社会』明石書店

9　境界を越えた人々——グローバル化する社会の自己さがし

恒吉僚子

一　アイデンティティ模索の時代

グローバル時代の自己定義

「世界が一つ」と言われるわれわれの時代は同時にアイデンティティ模索の時代である。二一世紀に突入してまもなく起きたアメリカの世界貿易センターのテロの報道を見ながらこうした実感を持った人々も少なくなかったであろう。イスラム原理主義のリバイバル、ベールを被った女性達、街が星条旗で彩られるアメリカ・ナショナリズムの高揚、経済格差と文明の衝突、両文明にまたがるアメリカのアラブ系住民の姿……

われわれの住むグローバル時代は一方ではアイデンティティの観点から見たならば、重層的なアイデンティティの形成を以前より可能にする状況をつくり出す。一例として、かつてのような二者択一的な（国民国家を前提にした「日本人」か否か）、明確な境界線のある集団、自分の所属する固定的な集団を前提としたアイデンティティではなく、こうした従来の固定的カテゴリーに入らないアイデンティティのあり方が、今日的な自己定義の一つの姿として注目されている。二ケ国にまたがっている移住者のコミュニティにおいて支持されるようなトランスナショナルなアイデンティティはその象徴的な例であろう。国際移動は世界的に盛んになり、また、情報網や交通機関の発達によって、同時に二つ以上の国に本拠地を持ったり、海外の親族等とのネットワークを維持しながら他国に住んだり、二重国籍化等も以前より見られる（International Organization for Migration and the UN 2000, p.41）。こうした状況下では、「あれかこれか」式の選択ではなく、「これもあれも」式のアイデンティティ（Kearney 1995, p.558）を支える基盤がある。

前記のようなトランスナショナル・コミュニティは象徴的に重層的なアイデンティティを支えるものであろうが、それはより大きなアイデンティティ模索時代の一つの潮流に過ぎないと思われる（恒吉 2001）。社会的境界線が弾力化していく状況のもとでは、個々人は自己の意味付けを模索できる（することを求められる）と同時に複数の境界を越えた自分を軸にしつつアイデンティティを形成しうる。従来は「男性の領域」とされた職種に進出して行く女性達、会社を辞めて再び大学に入学し「大学生」となる中高年の人達等、社会的「境界」を越えた人々の語りを探る一つのキーコンセプトを挙げるとすると、所与でない自己を探ることの必然性が挙げられるのではないかと思われる。本書のもととなったインタビュー対象者においても、多様な自己捜しが見出された。

無論、新たに引かれた、ないし、消えつつある「境界線」は静的なものではない。例えば、女性も従来の境界を越えたり、越えることを求められる状況にあるが、後述の根本さんのように、伝統的な性別役割分業観もまた見え隠れする。また、重層的アイデンティティが可能になる一方では、新たな境界線を鮮明化させようとする集団的アイデンティティ、前述の原理主義アイデンティティ、民族的アイデンティティ等が新たな展開を見せている。

日本人は国際化されていない、多角的な文化の視点を持っていない、としばしば非難されるが、異文化間領域に関わるパイオニア的な人々が、日本社会にあっていかに自己の意味付けをしたのか、そして、いかに社会に対して変革的アイデンティティを形成しているのかに対する洞察は、グローバル時代における日本人の自己のあり方を考える材料にもなろう。肝心な点は、以下のような変革的視点が、自らが社会的に少数派の人々の自己変革、サバイバル的な社会変革の軸であるに止まらず、そこで提供される世界観の文化的断片は、彼らに関わるマジョリティ側にとっても正当性を持つ、有効なアイデンティティの要素になっている、ということであろう。

作られるアイデンティティ

さて、異文化の「文化」は、様々な軸をもって理解することができる。例えば、多文化主義的な発想をすれば、ジェンダーも、年齢も、宗教も、皆、文化集団の軸となりうる。しかし、ここではフォーカスを保つ意味で、①異文化間領域に関わる人々の内、帰国子女と外国人のカテゴリーに自分自身が属するか、属する人々に緊密に関わっている人である、そして、②社会的な公の部分において、これらの対象に関わる仕事（例――国際的NGO、帰国子女教育の実践者）をし、そこでパイオニア的な存在である人を選ぼうとした。何をもってパイオニア的と言うかは曖昧な点があるが、ここでは代表的な異文化間にまたがる組織で長をしている、新しい異文化間的職業カテゴリー（例――海外帰国子女ジャーナリスト）で主導的立場にある、を目安とした。上記の定義に当てはまる人が六人、それ以外に①に当てはまる人が一〇人、全体の対象者に含まれていると判断した。これらから、異文化間領域に関連した「変革的アイデンティティ」、つまり、既存の日本社会のあり方に対して、異文化に関連した形で異なる社会ヴィジョンを核とするアイデンティティを語りの中で提示している人だけを拾い上げ、以下にその語りを追った（結果として全て①②に該当する人々であった）。根本さんはジェンダーは日本のコンテクストの中で他の文化軸に比べて意識化されているものの一つであり、前記①の意味での人々とパラレルな自己捜しのプロセスを見るためにも敢えて含めた。異文化を軸に対抗的な社会ヴィジョンを日本的コンテクストの中で作り上げていく姿へのいくつかの予備的洞察を得ることを目指した。

選択された人々は根本さんを除き、筆者が他の場でのフィールドを通じて職場を観察する等、その人の置かれたコンテクストについて知識のある人々である。[1] 語られたライフヒストリーを理解する上で、コンテクストの中に対象者を位置付けることの重要性(ラングネス他 1992, p.42)、また、インタビューを行なう者、行なわれる者との関係を意識したからである。

こうしたパイオニア的な人の語りにどのような意味があるのか。例えば、ここ何十年間かの間に、既存の社会的秩序の正当性を前提にするのではなく、文化的マイノリティの視点や経験、意味付けを重視しながら、既存の知識や社会に対して対抗的な視点がフェミニズム、批判理論等から提起されてきた。そのような視点から、支配的な社会に対して対抗的潮流をつくろうとしたパイオニア達に焦点を当て、知識を個人の経験と切り離して、中立的で客観的なものとして扱ってきた伝統的な支配的社会科学のあり方に問題提起をしながら、人間を社会変化における客体としてではなく、主体として捉えようとする試みも見られる(Laslett and Thorne 1997 ; Torres 1998)。その一因としては、それまで支配的社会の中で声を聞くことができなかった人々の自己理解を聞くことによって、既成の価値から距離を置いた自己定義のあり方、人が社会によって作られ、社会によって翻弄させられる存在としてだけでなく、社会を作る主体として自己定義をしようとした当事者の「経験や声」を前面に出す(Laslett and Thorne, 1997, pp.2-6)ような試みに、こうしたアプローチが独特の強さを持っているからであろう。自ずから、語られた内容は話し手によって再構成された現実（その時点での）である。記憶は実際の出来事とは違うかもしれないし、人生のイベントの意味付けも、人生の時期によって変わってくるかもしれないし、語ること自体が自己プレゼンテーションであるとも考えうる。それ自体が意味付けのプロセスでもある。

さて、「現代日本人の生き方」チームで当初行なったインタビューの中には、アジアからの花嫁のように、重層的なアイデンティティを持ちやすい条件の対象者も含まれていなかったわけではない。しかし、本章では、個人の範疇に止まらずに、異なる日本社会のヴィジョンへと向かう過程に焦点を絞っているため、日本社会に育ち、そこに第一のルーツを持ちながらも「異文化」性を当初は選択したのではなく、与えられていた人々が中心となっている。彼らは、それぞれに、「自分に正直に」、「自分らしく」生きるためには、社会の従来の規範や仕組みが障壁となっている。こうした中で、日本社会の変革を自分のアイデンティティの軸とした変革的アイデンティティを形成する動機付けが強い。

しかし、マジョリティ社会の価値に対抗・距離を置いた自分を「自分らしい」と感じること、また、それを核として社会の変化を求めていくことは、社会的に低く（ないし異質に）評価された彼らの社会的位置や文化的特性から必然的に起きてくることではない。そこには、自分の置かれた状況をどのように理解し、どのような社会的境界線を重視し、どの役割が「自分らしく」生きるために重要かを「つながり」を通じて意味付ける、個人と集団の双方向的なプロセスがある。そのプロセスの語りを、ライフヒストリー的な感覚でまとめたのが以下の文章である。

そして、彼らとコインの表裏の存在であるのが、焦点になっている文化的特性に関してはマジョリティでありながら、世界観を部分的に共有する人々であろう。意図せずして、前者（自分自身が文化的マイノリティ）の対象者は三〇～五〇代、マジョリティ側の二人は、それよりも一世代上の人々である。

筆者の解釈的なまとめとなっているために、本人の語り部分が不十分だと感じる向きもあろう。本書のインタビューを原型で近い形で残しているものは別にある（「現代日本人の生き方」調査研究会2000）。限られた範囲での語りであるが、グローバル時代の日本社会における自己の意味付けのあり方について予備的に考える材料にはなろう。

二　与えられた条件を選択し直す

自分らしく生きるために共に生きる

在日朝鮮人（二世）の梁さん（男性）はインタビュー当時、日本人と在日韓国・朝鮮人の共生をテーマとしたＮＧＯの代表、ジャーナリストであった。彼は子ども時代、自分が在日朝鮮人であることをひたすら周囲に隠していた。その頃、自分の民族が恥ずかしかった、「とにかく自分の朝鮮人の血というもの、そのものが嫌だった」と梁さんは回想する。本人は通名を使っていたが、両親が本名を使って生活していたため、日本人の友達を家に連れてくることさえも出来なっかたと言う。自分の秘密を暴かれたくない、「朝鮮」に触れられたくないという「アレルギーみたい」な拒否反応を起こしていたとも本人は回想している。ひたすら「隠す」ことに全力を傾けているため、「内向き」にしか思考が働かなかった。大阪で育ったため、在日韓国・朝鮮人の多いところであるが、それでも「貧しくて汚らしくてという環境で育ちましたから、自分のアイデンティティを誇るということはできなかった」と梁さんは思い出す。

やっぱり自分が隠していた時は、朝鮮とかいうものとかに対する全くふれたくないというアレルギーみたいなね。ひたすら隠すだけだから、非常にうち向きにしか思考がないわけですよね。

そうした梁さんに一つの転機が訪れる。高校一年生の時。在日朝鮮人の先輩から朝鮮人のこと、在日朝鮮人のことを聞かされて、「その場で変った感じ」がした。それから在日韓国・朝鮮人が多く参加するイベントに参加して、「こんなに同胞がたくさんいたのか」と同じ社会的境遇の仲間の存在を再発見したと言う。こうした経験を、梁さんは次のように説明している。

やはり自分自身が差別される側にあったということですね。僕の高校までの体験で言うと、これはものすごい深刻な問題ですね。それは体験しないと分からないくらいのものすごい重圧があります。自分のアイデンティティを隠すというのは、非常に辛いものがありますね。まず、それを取っ払わなければならないという強烈な思いがありましたね。

高校までは日本名を使っていました。ずっと隠していた在日朝鮮人が、ある日突然変わるというのは、よくあるんですね。何かのきっかけがあれば変わる。だれかの話を聞いて変わるとか、本を読んで変わるとか、元々差別というのは、いわれのないものだから、そこに気がつけばガラっと変わる……。

僕の場合は、僕の一年先輩から初めて朝鮮人の、在日のことをいろいろと話を聞かされて、その場で変わった感じですよね。その他にも在日が集まっている祭みたいなイベントがあってね。そういうところに初めていって、こんなに同胞が沢山いたのかと触発されるというかね。生まれ育ったところが大阪でしたから。比較的同胞が多いところですよね。それでもやっぱり貧しくて汚らしくてという環境で育ちましたから、自分のアイデンティティを誇るということはとても出来なかったですね……差別をされるいわれがないことに、まず気がつくわけです。先ず、何も自分の非がないということで、それが一つの大きな転機ですね。

まず、何も自分に非がないことに気付いた、それが自分が変わるきっかけとなったと言う梁さんは、「人間が、自分を誇れないということほど辛いものはない」と語る。そう話す梁さんはアメリカの黒人の「ブラック・イズ・ビューティフル」の言葉に共鳴する。黒人にとって一番悲しいことは、自分の皮膚が醜く見えてしまうこと、それも自分ではどうしようもできないことであると彼は言う。自分は他の人と同じように美しいと思える社会、それが基礎だろうと梁さんは考える。

人間が、自分を誇れないということほど辛いものはないと思います。子どものころの僕にとっては誇れるものは何もない。親は貧しいし、日本語も満足に話せないし、とにかく自分の朝鮮人の血というもの、そのものが嫌だったんです。僕は学校の成績は良かったんですね。それでは、とてもじゃないけれども補いきれない。朝鮮人でよく、成績がトップか、喧嘩がトップとかいうのがあるんですね。それはそうならざるを得ない条件があるということです。早く言えば、黒人にとって一番悲しいことは、自分の皮膚が汚く見えるということだと思うんですよ。これは自分の努力ではどうしようもない。これは本当に辛い。しかし、キング牧師もマルコムXも、いろいろと主張は違ったけれども、二人とも共通して「ブラック・イズ・ビューティフル」だと、黒は美しいという。その視点が一番大事だったと思うんですね。他よりは美しいという必要はなくって、自分は少なくとも他と同じように美しいというのが、それはやはり一番基礎だと思いますね。

やがて、梁さんは、つながりを求め、「自分と同じような立場にある、なろうとしている人たちのために何かやりたい」、そう思って朝鮮大学校に行って朝鮮語を学び、在日関係のNGOを結成して働き始める。

「闘うばかりでなく、もっと話し合うコミュニケーションの中で、より良いものが見出せるんではないか。」日本人と在日韓国・朝鮮人が共生できる社会を目指す、互いにコミュニケートできる社会を作る、梁さんは今の目標をこう語る。その際には在日韓国・朝鮮人と日本人双方をターゲットする、なぜなら、それは「まったく同じ問題」の裏表であるからだと梁さんは言う。

有志で集まり、日本社会で活躍している在日韓国・朝鮮人をインタビューして回った。芸術家、作家、ジャーナリスト、医者、色々な分野で在日の人々は活躍していた。国籍も韓国・朝鮮、日本と含めた。高齢者から若者までいた。世代差も感じた。年齢の高い層は民族差別が厳しい中での努力について語り、比較的若い層では、「在日コリアンであることをマイナスに捉えるというよりも、むしろプラスに捉える」、「これが自分にとって他の、一般の日本人にはない自分の新しい個性という前向きな捉え方」をする人もいた。自分達の時代には「考えられなかった」ような分野でも在日韓国・朝鮮人が活躍していたことを、このインタビューの作業を通じて梁さんは改めて発見したという。「現実には共生社会が進みつつある」

と励まされたと梁さんは語る。そして、梁さんの関心は、日本だけでなく、他国での朝鮮民族の状況を知りたいという願望にもつながり、調査した。それもまた自分、そして、日本における在日韓国・朝鮮人の状況を再考するのに役立った。

梁さんは「日本の対応は先進国の中で遅れている」、と講演活動等を通じて訴えている。日本人と他の外国人が本当に共生できる社会を実現する、民族性が保障され、人権が守られる社会、そうした社会を梁さんは「よい社会」だと説明する。

かつて、ひたすら自分の民族を隠していた梁さんは、こうして、与えられた民族の条件を自ら選び取ったものとして、再定義を行なっているように見える。そして、ひとりで苦しんでいた時代から、自分と同じ社会的位置付けに置かれた人々を発見し、自分が自分の民族を恥ずかしく思うようになる日本社会のメカニズムを意識化している。そして、在日朝鮮人として自分らしく生きようとする梁さんの視点は、障壁となる日本社会の状況の変革、共生社会のヴィジョンへとつながっている。

マージナリティに自分らしさを見出す

松谷さん（男性）は帰国子女問題を扱う、自分自身が帰国子女の若手ジャーナリストである。前記の梁さんが、若い層には、在日韓国・朝鮮人であることを他の人にはない、自分の特色として捉える人々も出てきた、と指摘していた在日の若者達と同じ三〇～四〇代の世代である。そして、松谷さんは、「帰国子女」であることを日本社会への戦略として用いられていると自ら語る。

松谷さんは小学校四年生の時にメキシコ・シティに行き、アメリカン・スクールに四年間通った後、日本人学校に一年余り通った。全部で五年半の海外生活だった。途中で日本人学校に移ったのは、受験のためではなくて、「生まれて初めて自分と同じ民族の同じ年の子どもたちにあったから」、そして、「その子たちと友達になりたいと思ったから」だと松谷さんは回想する。アメリカン・スクールで違和感があったわけではない。しかし、何かのきっかけで日本人学校を見学する機会があった。その時に松谷さんは生まれて初めて同じ民族の子どもと会い、友達になりたいと直感的に思ったと言う。その経験を以下のように松谷さんは分析する。

友達になりたいと直感的に思ったのは、たぶん学校に行けば多数派の仲間入りができると思ったからなんでしょうね、無意識に。

こうして、松谷さんは日本人学校に移る。しかし、実はそこでも多数派にはならなかったと言う。彼は今度は一番スペイン語と英語ができる現地化された子ども（他とは違う）ということになったのである。修学旅行の時など、先生の通訳をよく頼まれた。こうした自分を、「多重にマージナル」であったと松谷さんは表現する。アメリカン・スクールにいた頃は、メキシコにおける外国人であると同時に、アメリカン・スクールの少数派であり、「日本人がいなかったんだから。当然自分は日本人の代表だと思い込むわけですよね。その時点で。」この時、アメリカ人の子どもの中で日本を背負ったマイノリティーとしての自己定義をしていた。ところが、自分と同じ民族の子どもの集まり、日本人学校に移ると、今度は言語もでき、一番現地化された子どもとして理解された。「スペイン語ができて、街を歩ける。ひとりでバスに乗れる、電車に乗れる。そういう生活をできるほとんど唯一の子」だったと言うのである。

日本に帰ると「リベラル」な雰囲気の国立高校に入ったと松谷さんは話す。自分が帰国子女であることを隠そうと思わなかったのか。それに対して松谷さんは次のように語っている。

日本に帰ってきた時点では隠そうという意識はなかった。というか、隠した方がいいのかな、隠さなければならないのかなということは知識としてはありましたけれども……自己紹介で「僕どこの中学からきました」って言ったら自動的に学校名が出ちゃう。嘘つかない限り。だったらもういいやっていう、居直っているところがその時点であるんです。

「日本人学校にしろアメリカンスクールにしろ、学校中心で、学校が楽しくってしょうがないっていう期間を送ったので、日本の国立高校で、受験社会で、学校ってものに対して周りがそんなにコミットしないんですね。で、僕の中では欲求不満が溜まるわけですね。」そして、その時、「日本の教育制度が間違っていると思った」と本人は回想する。しかし、受験の後、有名大学に入った松谷さんは今度は大学でアイデンティティ・クライシスを迎える。それを、「本当の帰国カルチャーショックは大学」と松谷さんは表現する。アイデンティティが揺れる中、「自分を創り直す空間」を見つけるために演劇を始めた。そして、「いわゆる本流のサラリーマンになろうという気はとうに失ってしまった。」演劇に近いところだと思い、テレビを選んだ。その後、フリーランスのジャーナリストとして海外帰国子女教育を題材に雑誌等で執筆することになる。

「海外帰国子女教育でないといけないのか」という質問に、「そうだ」、と本人はうなずく。日本の教育に対する不満を抱えている、外から日本の教育を見ている、社会の仕組みも含めて外から見ている、そうした帰国子女の視点が自分らしさなのだと松谷さんは示唆する。海外帰国子女の問題を追求することが自分らしさでもあり、また自分の仕事でもあると自覚していくにあたって、重要だった出来事として、松谷さんはNさんと作った帰国子女の会を挙げている。大学三年生の時である。当時、帰国子女のNさんは松谷さんによると、「日本へのリエントリー・ショックが一番厳しい」時で、「自分をどうにかしなければしょうがない」という感じだったという。一九八三年には多くの人を集めて討論会も開いた。多くの帰国子女、また研究者も集まった。(2)

松谷さんはかつてはあまり好きでなかった「帰国子女」というラベルに実は自分はこだわってきたことを今では納得している。「なぜ」と聞かれ、「なぜだろう」、と答えに迷いながらも、松谷さんは一つの回答を得ている。それは自分の得意分野で勝負する「戦術」的な意味を持っていた。

何か、当時〔「帰国子女」という言葉〕はあまり好きな言葉じゃなかったのですが……、やはりこだわってきたのは確かです……避けようとは思ってなかった。むしろずっとそばにいました。何だろうな。「何で？」って言われると非常に困るんですけれど……なぜだろうな。そこが一番自分でもわからない。テレビ局にいたときに先輩の方に何でもいいから日本一になれと言われたことがあった。日本一になるには近道なんですよ、これは、僕にとって。そういう戦術的な部分で一番簡単に日本一になれますよね。それは確かに意識した。現実にそういう非常に狭い定義付けをすれば……、定義が狭ければ当然すぐ第一人者になれると思います……自分が帰国子女のジャーナリストで帰国子女について語っている人なんて他に誰もいないんですよ。

しかし、社会に対して有効性を持つ「戦術」だという認識だけでなく、それが本人のアイデンティティにとっても重要な意味を持っていることは松谷さんの言葉の端々から伝わってくる。

こうして、今では松谷さんは、かつては「嫌だった」と語る「帰国子女」という、社会が付与してきたラベルを自分が選び取ったものとして、再定義し、それを自分の個性としてアイデンティティに組込むと同時に、仕事を通じて社会に訴えかけて行く上での意識的な戦略としているように見える。だが、松谷さんの経験では、帰国子女の多くは自分のアイデンティティの揺れが「解決する」とそのテーマから離れていく。「卒業してしまう」という言い方を松谷さんはしている。松谷さんが帰国子女問題を扱うジャーナリストとして、「手塩にかけて育てた人も、〃もう私終わったわ〃といなくなる」のである。しかし、松谷さんは帰国子女にこだわり続けるのだという。帰国子女をライフワークにしようと思ったのはいつかと聞かれ、松谷さんは子どもの誕生がきっかけであったと答えている。

子どもの顔見てて、かっこいい言い方させてもらうと、「俺の背中見て、嘘ついている背中見せたくない。一番やりたいことをやっている親父でいたいな」と思った……それがなぜか海外子女教育でしかなかったんですよ。

かつて、テレビ会社で作っていたバラエティ番組は自分にとっては完全に「嘘」だった。自分らしい生き方は海外帰国子女にこだわることであった。こう語る松谷さんは、「帰国子女仲間」との出会いに喜びを感じると言う。「帰国子女」と言われる人々に会うのが楽しい。単純に帰国子女だからいい、とは言えないが、どこか通じるものがある、つまり、「帰国子女同士で話していると、自分が自分でいられる……僕流の言い方すりゃ〝同窓生〟なんだよね」と松谷さんは言う。帰国子女の視点を持って見ると、日本社会の問題がよくわかることがあると言う。発信する仕事をしていて、

その時に、海外子女・帰国子女としての視点で物事を斬ってみると、「ああ、そういうことなのか」ってわかることがよくある。

松谷さんは言う。自分のアイデンティティの揺れと比較して、配偶者はどこか日本社会の支配的価値から離れたところがありながら、彼のような揺れのない人である。密接な、安定した対人関係の中で育った人である。「根っこがある」という言い方を松谷さんはしている。

前記の帰国子女の会を作った時も、「僕らは翼はあるけれど根っこは持ってない」と帰国子女同士で話し合っていたと言う。「両方持ちたいよね」が、皆の願望であった。松谷さんは、自分は根っこは持っていないという感覚をこの当時から抱いていたそうである。それに対して、配偶者は「根っこはすごく深くてしっかりして」いる。松谷さんは、配偶者は、自分と同じようにある種のマージナリティ、社会の支配的価値と距離を置く態度を持ちながら、同時に自分にない根っこを持っている、と感じている。

松谷さんにとって「善い社会」とは、自分が信じていること、自分が自分らしいと思えることをできて経済的に困らない社会であると言う。かつて、帰国子女という言葉が好きでなかった松谷さん。ある時点で「帰国子女教育・海外子女教育にこだわっているね」と言われて嫌な気がしなくなった。「気にならなくなったその時に、自分のアイデンティティを〝自分は帰国子女である〟と規定した」と松谷さんは自覚している。自分の中で一つの安定を得た時期である。それはまた、社会の側から見たならば、社

会の側からの「帰国子女」の規定を戦略的に再構成し、本人の自己定義においても意味付けされ、社会、個人双方にとって有効なアイデンティティが一定の確立を見た時でもあろう。

「設定された」条件から自分の生き方を開く

社会的に劣った位置付けをされてきた集団の一つとして女性がある。生殖と結び付けられてきたジェンダー観は、様々な正当化の論理を伴ってきた。その境遇は、マイノリティ文化集団として前述の両集団と通じるものを持つ。

第2章でも登場した根本さん（女性）は不妊と言われ、八年間不妊治療を続けた後、不妊治療を止め、大学院でジェンダーの問題を研究している。その根本さんにとって、まさに不妊は選びとった状況ではなかった。「設定されてしまった」と根本さんは表現している。

女性を生殖と結び付ける発想は根深い。鎌田他（1990, pp.44-45）は、かつて、妊娠できない女性は石女《うまずめ》と呼ばれ、「石女とは生物ではない無機物ということで、生む性をもつ女性とはみなしていなかった」こと、そして、地域によっては石女と結婚すれば夫の命が危ないとされたり、また、子どものいない女性は一人前とはみなされず、葬式も未婚者と同じ半人前扱い、「死後の供養も直系の血縁者不在から祭祀者のない餓鬼として扱われる」等を挙げ、子どもを産めない女性の置かれた厳しい状況を描写している。

今日では様々な女性の生き方が許される。しかし、同時に、まだ母親として、妻としての役割を期待される向きも強い。社会が当たり前としている、女性は結婚して、子どもを産んで、という道を歩めないことに直面して、根本さんは最初、不妊治療に希望をつなぐ。しかし、治療の過程において、女性に対しての既存の日本社会のあり方に関して様々な疑問を感じるようになるのである。権威に慣れっこになっているように見えた医師。屈辱。そうして、「人間の生命・人間の尊厳とかね、女性の役割とかを真剣に考えさせられた。」何気なく、女性ならば結婚して、子どもを産んで、と自然なこととして受け止めている社会、子どもを産めない人にも「子どもは？」と聞く社会、色々と考えさせられたという。

なんで患者（のイス）はクルクル回っているんだろう。医者はふんぞりかえっている。私たちの不安を象徴しているかのように、クルクル回る、不安に揺れる。医者が「右向け」といえば、クルっと回る。嫌だったわね。体外受精をやってみて、人間的ではないような気がしたわけ。そういうことを通してさ、人間の生命・人間の尊厳とかね、女性の役割とかを真剣に考えさせられたわけじゃない、八年間。だから、女性がただ普通に子どもを産むということを何気なくやっているけど、私たちみたいに子どものできなかった人は、子どもを産むとか、子どもの存在とかをどれほど考えるかということよね……それにもかかわらず、子どもの産めない人に、まったくわからずに「子どもは？」と聞く。そういうところがおかしいと思った。

在日朝鮮人の先輩との出会い、その後、自分と同じ仲間がこれほどいることを発見した梁さん、帰国子女の会を作って、やがて子どもの誕生が自分の生き方を変える転機となったと語った松谷さんのように、根本さんにも、自分にとっての転機だと考える出来事がある。根本さんは新聞で見つけた記事で不妊についてのシンポジウムに出席して自分と同じ境遇にある人々が思いの他多いことを発見したことがこうした転機だったと言う。いずれの場合も同じ社会的状況に置かれた人々同士の連帯・共感の共同体が、与えられた社会的位置付けを肯定的に意味付けし直すにあたって関係しているように見える。しかも、こうした民族、トランスナショナルな経験、ジェンダー等を核とした共同体は、それ自体が国境を越えて地理的制約を越えて正当性を持つような、(潜在的に)グローバルな共同体である。

八年の治療の後、「振り回された」、「そろそろもういいんじゃないかなあ」と思って思い切って治療を止めた。治療を止めた根本さんには、不思議と心の平安がもどってきたと言う。ある意味では吹っ切れた面もあったのだろうか。この時点で大学院にでも行ってみようかと言う気にもなったそうである。

子どもが出来ていれば、大学院に通い、研究している今の自分はない。「運命のいたずらといいますかねえ。子どもができなかったということで、今の自分があると思えば、しょうがないね。こういう風に生きていくしかないじゃない。生き方というより、しょうがないなあというような」、根本さんは自分の今をこう語る。

自分らしく生きることの意味

梁さん、松谷さん、根本さんは互いに面識もなければ悩んできた具体的内容も異なる。しかし、そうした違いを越えて、三者には共通点も少なくない。

第一に、三者とも、自分であることが何者かという部分の根幹に関わるような文化・社会的特性(例――民族、「日本人」、ジェンダー)で、強烈なアイデンティティ・クライシスを経験している。そして、そうしたクライシスの背景にある社会的境遇は三者とも自分が当初から選択したものではない。在日朝鮮人の梁さんは最初、自分の民族が嫌で仕方がなかった。松谷さんは自分で自律的な選択が出来る以前に両親の仕事の関係で海外で暮らし、人格形成の重要な時期に影響を受けた。「帰国子女」という社会のラベルが最初は嫌だった。根本さんは、当然自分も世間の〝一般の〟女性同様、結婚すれば子どもを産んで育てたい、と考えていたのが突然不妊の現実によって人生が変っていく。

自ら選択したのではないが、それがその個人が所属する社会・集団においてその人の存在を周囲が理解するにあたって軸となる特性を非選択的な定義特性とここでは便宜的に呼ぶと、その特性のあり方、例えば、その特性の持つスティグマ（社会的に望ましくないとされる差異）の度合い、周囲がどのようにしてその特性を察知できるか等は社会的に構築されていったものであることがわかる。梁さんの場合は民族が非選択的な定義特性となっている。そして、見かけは周囲の日本人と同じである中では、その民族のシグナルとなる代表的なものが名前である。かつては通名を使っていた梁さんは、今では本名を使っている。その行為自体によって、自分の意味付け、周囲へのシグナル、双方の視点から一つのメッセージを送っている。根本さんも、女性に向けられた偏見を問い直すジェンダー研究に取り組もうとしていることは、それ自体が、自他へのメッセージとなっている。松谷さんの非選択的な定義特性は帰国子女であることであるが、民族・人種等の特性に比べてそれはスティグマの度合いが少ない。しかし、それは人格形成部分に異文化的なものとして組み込まれ、他とは違った、〝変な〟日本人として理解される可能性のあるものでもある。帰国子女ジャーナリストとして名乗りを挙げることは、やはり、自分自身に対してだけでなく、周囲にも帰国子女アイデンティティを形成していることを、シグナルする行為でもある。

さて、三者とも自分のマージナリティゆえに別の角度から日本社会を見る視点を獲得し、一方ではそれが日本社会の支配的な規範や差別への批判的視点を提供していると同時に、自分の今までのアイデンティティの揺れ（とその原因）が意識化され、現時点では一定の均衡を得ているように見える。そして、三者とも、自分と社会との関わりの中で、その獲得された視点を新しい生き方に反映させようとしている。梁さんは共生社会に向けて日本社会の中の在日朝鮮人として発信することをＮＧＯを通じて行なおうとし、松谷さんは帰国子女としての視点を生かした帰国子女を扱うジャーナリストであることに自己実現を見出そうとしている、そして、根本さんは女性の問題を研究する大学院生として、「自分らしい」生き方を模索している。

さらに、三者は社会の少数派として、「自分らしい」生き方をしようとし、社会と結びつこうとした時、スティグマを付与され、社会的に低く位置付けられている、あるいは松谷さんのように大勢とは異なる価値・行動様式を身に付けたために、自分を生かすためには支配的な社会価値とは距離を置いた、対抗的なアイデンティティを形成する必要があり、既存の日本社会のあり方の変革を求める視点にもつながりやすい、という共通点もある。したがって、前記三者のアイデンティティの形成は、社会の支配的原理に対抗的な論理によって自己尊厳を取り戻す、自己実現をはかる方向に動き、同じような境遇の人々との（実質的ないし精神的）連帯による共同的アイデンティティの形成、そして、異なる日本社会のヴィジョンを求める変革的アイデンティティへと移行している（しつつある）ように見える。

梁さんの立場に立てば、自分の民族を恥ずかしいと思うようになる過程には、日本社会の差別の問題が結びついているわけであり、それを改善していかない限り、本当の意味で梁さん（と同じ社会的位置にいる人々も）は彼が語るところの「全ての人が美しい」と感じるような「自分らしい」生き方はできない。その目指すべき社会を梁さんは日本人と外国人が同等に共生する社会としてイメージしている。あるいは、民族・人種をめぐる差別体験と単純に比較できない面を持ちつつも、他方では、松谷さんも、自分が帰国子女であるために日本社会の中で違和感を感じている（例――受験）ズレの部分を直視した時、やはり、日本社会の変革への視点と結びついていく。そして、根本さんも、女性であることと結婚や出産を自動的に結びつけている社会的規範を研究対象として問うて発信することを始めている。

インタビューをしていて気付かされるのは、三者ともかなり自己の置かれた状況が意識化され、また、それを明瞭な語りで表現していることである。彼らは、アイデンティティの揺れの中で、自分の状態を説明できない段階を過ぎ、意識化するような機会にも恵まれ、今では一定の均衡を保っている人々であることを考慮すれば、その明瞭な語りの一端は説明できよう。また、三者とも、同じような社会的境遇の人々、在日韓国・朝鮮人の仲間、帰国子女の会、不妊女性のシンポジウム出席者との遭遇が連帯の共同体として対抗的なアイデンティティを形成していく一つのきっかけになっていると語っている。そうした場、そこに見られる連帯の言葉は、今日、人権等の概念を媒介として、国際社会で少なくとも建前としては正当性を持つ論理である。彼らの語りの明瞭さは、しばしばファジーな言語化が多い他のインタビュー対象者に比べても一つの特徴となっているように見える。通常は意識下に存在し、自明のこととして認識されてきたようなことをあぶりだしたり問題を意識化させる役割を社会運動は担うことがある（Hanvey〔1976〕1982, p.5）。前記三者が軸とする民族、ジェンダー等の軸は、今日、国際社会においても、人権思想等と結び付られて正当性を得ているタイプのものである。そして、中には、こうした、人権等のグローバルなプロジェクトに結びつけ、自己定義や社会の中での自分達の位置付けを捉え直すことによって、自己の国家の中では声を持たない先住民等が自分の所属する国家に対してトランスナショナルな場を利用しながら発言権を獲得していくような姿さえ見られる（Kearney 1995）。

三　つながりの中で

共感による変革的アイデンティティ

変革的アイデンティティは自己が特定の文化軸によってマイノリティである場合だけとは限らない。以下に挙げるのは、先駆的に帰国子女、そして外国人に関わってきた広田さんと滝沢さんの例である。それぞれは自分が軸として変革的アイデンティティを築いている社会・文化的特性（帰国子女、民族、女性）に関して、自分自身は（部分的にしか）含まれない（つまり、マジョリティである）。しかし、その特性を持つ人々との境界を越えた連帯によって、日本社会に対する変革視点を得ている。しかし、こうした同じ非マイノリティ的な変革的アイデンティティを形成するにいたっても、国家との関係を自分の中にどのように位置付けるかは異なる。広田さんは長年、先駆的に帰国子女教育に挑んできた私立小学校で管理職として手腕をふるった人物であり、その後も帰国子女関係組織の長にあり、そうした意味では、支配的な機関としての学校や行政を信じ、体制内にあって改革をしてきた人物である。一方、滝沢さんはＮＧＯ一筋に何十年のキャリアを持ち、同じように変革的視点を持ちながらも、(行政に対する)市民の力を唱えてきた人である。その論理は民主主義にのっとったものであり、支配的な社会の制度を支えるそれと連続的なものである。しかし、場合によっては国家に対して対決的な立場にもなり、また、行政への批判も隠さない。

ある社会の支配的な制度や論理との関係で、特定の変革的アイデンティティが許容できない場合ももちろん出てくる。変革的アイデンティティの意味付けの根拠が民主主義的であるとも限らない。それが持つ「進歩性」や「正当性」も、社会的交渉やコンテクストの中で定義付けられる。そうした観点から見た場合、本章で取り上げている人はどれも、対抗的、ないし変革的なアイデンティティを築きながらも、日本社会の基本的理念、民主主義等を信じているものであり、それぞれが社会的な仕事の場を得た代表であるという意味でも、メインストリーム社会の中で一定のニッチを得ていることがわかる。

帰国子女が現場を変える

広田さん（男性）は帰国子女教育の現場にパイオニア的に関わり、引退後は帰国子女の機関で活躍してきた人物である。広田さんが帰国子女教育に足を踏み入れたのは今のように帰国子女が話題になっていた頃ではなかった。T学園という、帰国子女教育で先駆的な実践をしていた私立小学校に勤めていた広田さんは、T学園の教頭だった時代に、帰国子女学級をめぐっての改革に取り組むことになる。当時、帰国子女学級から普通学級に移るには様々な障壁があった。そもそも入学試験を受けないと入れない仕組みになっていた。それを取り払い、帰国子女学級を正規の体系の中にメインストリーム化しようとした広田さんは様々な抵抗にあった。「帰国子女が増えると大変だ」、「正規の試験を受けた普通学級の子どもに比べてT学園に入る〝裏口〟入学になる」、お荷物感覚の発言も相次いだ。広田さん達は二年間の末に帰国子女学級を本校に組み込むことに成功する。その原動力になったのが、帰国子女との出会いであったと広田さんは回想する。広田さんは文部科学省の制度でアメリカでの日本人の子どもを見る機会を得た。

その時にいわゆる「現地校」に行っている日本人の子どもたちがいかに苦労しているかという実情を目で見たわけ。じーんときたわけだ、これが原動力。やはり人生ってのは、一つの感動っても のが起爆剤になるわけね。

広田さんは人生にはそうした感動が重要だと言う。

普通ならもう嫌になって、何でこんなことで、苦労しなくちゃいけないか、「俺はやめたい」ってなるんだけれども、結局、経験というか、現状を自分が見たことが原動力になって。

広田さんはT学園の改革を通じて、帰国子女教育に入り込んでいく。本校の方にもどって来いという誘いも断って、帰国子女学級の方にとどまった。「結局好きになっちゃった」「ミイラとりがミイラ」になってしまって、と広田さんは苦笑する。広田さんにとって帰国子女の魅力は、何なのか。複眼的視点だと広田さんは表現する。

やっぱり、僕は帰国子女を高く評価している理由は、複眼的視点を持っている……日本の外に出てみないと日本って分からないから。日本の中にいて、いくら日本を理解しようと言っても分からない。やっぱり外へ行ってるから、比較するということが出来るんで、そういう体験というのはものすごく大事だと。これからの日本人というのは、そういう意識というか、そういう眼を持った教育というものが、ものすごく大事だと思う。そういう教育を日本の教育はやっていないと。その突破口になるのが、帰国子女なんだという。これが僕の一番の帰国子女に対する発想の原点なの。「日本はかくあるべし」と言ったときに、複眼的視野を持ってなきゃ駄目だよと。帰国子女という一つの問題をとっ捕まえることによって、日本の教育問題点が非常に浮き彫りになっちゃう。これがずっと今日まで続いちゃった発想の原点ということかな……帰国子女的な発想を持った日本人が増えるのが、日本のプラスになると思う。

広田さんにとってのやりがいは、「日本が少しでも変われば、それがやっぱり生きがいにつながる」ことである。

そうした広田さんにとって、近頃の帰国子女はやや覇気に欠けるように見えている。昔の帰国子女は自分の運命を自分の力で切り開くような強さがあった。それがこの頃は制度が整い、塾に入れればいい、補習校にまかせればいい、という家庭も増えた。

広田さんは、日本人学校の門戸を開こうと主張している。例えば、インドネシアの日本人学校で日本人の子どもが現地の子どもと知り合って、それがやがておとなになって社会を引っ張るようになって、「ジャカルタには俺の小学校の友達がいて、あいつは今あんなになっている」、お互いに行き来する、そのような人が双方に育てば日本は明るくなると語る。

松谷さんと同様、日本の受験制度に広田さんは最大の問題を見出す。「世界の教育の中にでていっても出る時から顔が日本に向いている」、そうした土台になっている社会のあり方を変えなくてはならない。

広田さんによると、「相手を論理的に説得して、妥協点をどこに求めるかということを冷静な論理性をもとに議論が出来る、本当の意味の国際的な感覚を身につけるような教育というものを日本の教育者みんなが出来るような、そういう国になってほしい。」国際感覚はなあなあの関係による「オリンピックのフィナーレ」的なものではない。

国際関係というのはもっと厳しいもので、利害関係のつばぜり合い。日本人は、なあなあで論理的に利害関係の妥協点をきちんと求めようとするような、そういう人間は非常に少ない。そういうのが、僕の（言う）「国際感覚」。

広田さんは教師達に言い続けている。現地校の子どもも「どんどん」とれ。「帰国子女をうんと作れ」「そうすれば眠っている先生の目が覚める」。一つの障壁は現地化した子どもに不利な日本の受験体制。そこで、帰国子女学級部門の校長だった頃、広田さんは帰国子女学級に入るにあたって学科試験不要論を提案した。面接と組み合わせて、現地での成績がよければそれを評価しようじゃないか、そのような資料を持って来るのだから、それを信用しようじゃないか、「中に入ってから鍛える」、「今、日本語出来なくたって、ガンガン鍛えなさいと。鍛えるのが面白いんだから」。しかし、算数の試験をしなければという規則がはずれず、日本語を一言も入れない計算問題だけの試験を行なったりした。三、四年ができて、五、六年ができなければ、この子どもは四年までしか習わなかったと考えればいいではないか。色々な国から色々な事情を持って帰国するのであるから、この子どもはここまでしか習っていないのだから、出来ないで当たり前ではないかと。「あんなことでわかるのか」という声もあった。しかし、広田さんは

「わかる」と言い通した。現地での生活に「つかってきた」ことこそ一番大事なのだという広田さんの信念を曲げずに、制度との接点を見出そうとした広田さんなりの抵抗であった。

市民による連帯

広田さん同様、渡辺さん（女性）はその領域でパイオニア的存在である。

八〇年代以後、日本社会は従来のオールドカマーに加え、様々な新来外国人の流入を見る。八〇年代以後、ＮＧＯの数も飛躍的に伸びた。そうしたＮＧＯの中で、先駆的に（外国人）女性のシェルターとして機能しているところの所長の立場として渡辺さんはいる。外国人、不法就労、女性、という三重のマイノリティとしての位置付けをされた女性達の中には、搾取の対象となり、人権を侵害されるケースも少なくない。

創設者が道路にうずくまっていた外国人女性を見て、何とかしなくてはいけないと感じたのが、このシェルターが出来たきっかけであったと渡辺さんは言う。渡辺さんのシェルターは、外国人を含めた多くのボランティアによって成り立っている。

渡辺さんはこのシェルターに来る前は、子どもの権利条約批准のための運動をしていた。クリスチャンの家庭で育った渡辺さんは自身もキリスト教徒であり、人権を抑圧された人々の声が教会に届いてきたりする中、人権問題に関心を持ちやすい環境で育ったと言う。しかし、直接子どもの権利条約に関わるようになったのは自分の子どもの教育に接してから。自分の子どもの学校を見て、校則、管理……疑問に思うことが多かったからだそうである。

ちょうど子どもの権利条約も批准され、もとからのキリスト教のフェミニズム理解を手がけてみたい、女性のことに関わりたい、と思っていたところに今の仕事の話が来た。それまでも、在日韓国・朝鮮人の母親のグループとか、アイヌの母親のグループとかを結成しながら資料作りもした。すっと今の仕事に入っていけた。NGO一筋のキャリアだった。

シェルターの仕事は休みなしである。なぜ続けるのか、何が報われるのかと尋ねられると、渡辺さんは「女性達の笑顔」であると答えている。シェルターに入ってくるときはそれぞれに大変な状況で入ってくる。しかし、それが出て行く時には「笑顔」で出て行く。その笑顔を見ると報われる。

やりがいはね。そう……やっぱり女性達が退寮するときに、入ってくるときは本当に暗い顔してそれこそ震えて泣きながら入ってくる人もいるし、そんな状態でしょ。でも出るときには子どもと一緒の人も、ひとりで国に帰る人も、もうすごくニコニコして出る状態を見ればやっぱり嬉しいですね。それが一番やりがいがあると感じるときだと思います。でもそういう時は半分くらいなんですけれども。必ずしも出る時は本当にニコニコして出る人ばかりじゃなくて、これから大変だなと思いながら出る人もいるから。

信念の強さはどこから来るのか。「宗教か？」という質問に本人はそれを否定する。宗教だと言えば、「疲れる」に違いないと渡辺さんはいう。「女性達の笑顔に救われる」、そう渡辺さんは繰り返す。

将来の夢は何なのか。地域の中での草の根の運動をしたいと渡辺さんは語る。

運動は……。地域ではね、女性の問題はずっと続けて……今ここで働いていて思うのは、小さな地域の中でも行政と民間との関係がもうちょっと出来ていれば、例えば、私たちが話をしても行政がもう少し理解があると思うんです。ところが地域の中での民間運動の活動がないから、行政に対して刺激がないから、それで行政も気がつかない部分もずいぶん大きいんじゃないかと思うんですね。だから小さな町の中で、そういう仕事が出来ればいいと思いますね。

やがて子どもも独立する。ひとりでいる人、女性とかの、二、三人のシェルター。外国人も日本人も含めて。そうしたものが出来れば「すごく楽しい」と渡辺さんは語る。

対抗的視点とアイデンティティの作り変え

E・ゴフマンは社会的承認を阻害するような烙印、スティグマを持つ人々にとって支持を期待できる人々として、第一に自分と同じスティグマを持つ人々と、第二に自らはそうしたスティグマは持たないが、何らかしらの特別な状況により（例――特定スティグマを持つ人々に関連した職場にいる、家族等に特定のスティグマを持つ人がいる）、そのスティグマを持つ人々の視点を理解し、共感し、そのスティグマを持つ人々に一定程度受け入れられたような人々（the wise）がいるとしている（Goffman 1963, p. 41）。そして、それ以前の時期にルーツを持ちつつも、特に七〇年代以後の西欧先進国では、前者の集団的アイデンティティの覚醒や声の高まりに後押しされながら、その論理が学校（例――マイノリティの視点を入れた教科書改訂）や職場（例――アメリカのアファーマティブ・アクション）等の社会の支配的制度や組織に部分的に組み込まれ、社会の中に後者の共感者やそれに準じる傾向を持つ人々を制度的に作り出す仕組み作りが模索された時期ではなかったか。

文化的マイノリティの三者と違い、後記の二人は関わっている部分（帰国子女、国籍等）においてマジョリティの一員として、帰国子女であること、外国人であること等を根本さんの表現を借りれば「設定されている」わけではない。広田さんが言っているように、「普通ならもう嫌になって、何でこんなことで、苦労しなくちゃいけないか、〃俺はやめたい〃ってなる」、つまり、逆に言うと、「やめたい」と言って関わりを止められる関係でもある。しかし、関わりを止めなかったのは、広田さんによると、帰国子女の苦労する姿を見て「じーん」としたからである。渡辺さんも、女性であることは別として、外国人と関係を絶ってしまおうと思えばできないわけでもない。しかし、やはり続ける理由があるわけである。それを渡辺さんは「女性達の笑顔」という言い方で表現している。

最初の三人と違い、与えられたものを再定義するというよりも、離れたければ離れられる対象との共感、その共感を背景とした対抗的な視点（日本社会の課題が見える）、それを自己定義に組み入れいているように見える。

変革的なアイデンティティは社会の観点から見たならば、正当性を欠く場合もあるし、民主主義的論理といつも相容れるものでもない。これは、二〇〇一年九月一一日の世界貿易センタービルのテロやオウム真理教による地下鉄テロ事件を見てもわかる。あれらを推進したグループも、宗教に正当化の論理を求めた変革的アイデンティティの持ち主達であったと思われる。

そうした観点から見た場合、社会との関わりにおいては、本章で取り上げた五人は、それぞれに（国際社会）日本社会においても少なくとも建て前としては正当性を持つ論理（例——人権、平等、国際化）に拠り所を置いて、変革的アイデンティティを築いていることがわかる。そうした意味においては対抗的であるが支配的社会との連続性を絶っていない。実行の手段も、組織の改革、合法的な運動、マスコミでの発言等、日本社会の枠組みの中では反社会的ではない。もっとも、これらは全てコンテクストの中で定義されるものであり、表現の自由の規制の激しい社会においては反社会的だと政府から罰せられる性質のものもある。

われわれのグローバル時代においては、社会の支配的制度の支配を持続・合理化するような正当化のアイデンティティ（legitimizing identity）に代わり、カステル（Castells 1997）は、社会的に少数派の集団的なレジスタンス・アイデンティティこそが、ネットワーク社会に適合的な自己の意味付けであるとした。それは支配の論理のもとでは価値を認められず、スティグマを付与された社会的地位の行為者によって構築され、支配的制度とは異質の、あるいは対抗的な原則のもとに抵抗とサバイバルの拠り所、コミューンを作る。ネットワーク社会においては、社会変革を軸とする自己定義、プロジェクト・アイデンティティ（ここでの変革的アイデンティティに対応）もまた、支配的制度ではなく、こうしたレジスタンスを軸とするようになる。

こうした観点から見たならば、本章で登場した人々は、極めて今日的（未来的？）なアイデンティティの一面を示していると言えよう。集団軸を民族や国籍・幼少期でのトランスナショナルな社会化経験に限定せず、多様に拡大していったならば、境界を越える時代において様々に展開している自己捜しの現象に突き当たるのではないか。そして、例えば、前記の例で挙げた文化集団の軸も情勢が変われば

（例――在日コリアンの内部分化が進む、帰国子女の社会的位置付けの変化）、そうした軸が個人にとって持つ意味も、社会にとって持つ意味も変わってくる。異文化的なマージナリティから対抗的な日本社会のヴィジョンを描き、変革を求める自己定義のあり方は、日本のコンテクストの中でそうした変革的なアイデンティティの形成を支持する条件、そのエネルギーを支配的機関の内に生かすルートのあり方について、マイノリティ・マジョリティの連帯の共同体の日本的展開について、予備的に考える材料になろう。

注

（1）梁さんは仕事場でのインタビュー、一回の招聘、と接触が限られていたが他の対象者は単発的な場合もあるが、五年以上の複数回の接触がある。

（2）筆者の観察。帰国子女の発表では、自分が「欲したことでない」のに、「外国に連れて行かれ」、成長し、日本社会に適応できなくされてしまった、「どうしてこうなってしまったのか、誰かに謝ってほしい」等の主張が多く出ていた。帰国子女にとって発信だけでなく、癒しの機能があったように思われた。

文献

Castells, Manual (1997) *The Power of Identity* (The Information Age : Economy, Society, and Culture Vol. II). New

York : Blackwell.
Goffman, Erving (1963) *Stigma : Notes on the Management of Spoiled Identity*. Middlesex, England : Penguin Books. (originally from Englewood Cliffs, N. J. : Prentice-Hall) (『スティグマの社会学』石黒毅訳、せりか書房、一九七〇年)
Hanvey, Robert G.〔1976〕(1982). *An Attainable Global Perspective*. The American Forum for Global Education, New York.
International Organization for Migration and the United Nations. (2000) *World Migration Report 2000*.
Kearney, M. (1995) "The Local and the Global : The Anthropology of Globalization and Transnationalism." *Annual Review of Anthropology* 24, pp.547-65.
Laslett, Barbara and Barrie Thorne eds. 1997. *Feminist Sociology : Life Histories of a Movement*. New Bruns wick, N.J. : Ratgers University Press.
Torres, Carlos Alberto (1998) *Education, Power, and Personal Biography: Dialogues with Critical Educators*. New York, Routledge.
鎌田久子他 (1990)『日本人の子産み・子育て――いま・むかし』勁草書房
恒吉僚子 (2001)「教育の国際化と多様な「多文化教育」――日米の教室から」、『国際化とアイデンティティ』梶田孝道編著、ミネルヴァ書房
ラングネス、L・L、フランク、G (1993)『ライフヒストリー研究入門――伝記への人類学的アプローチ』米山俊直・小林多寿子訳、ミネルヴァ書房 (原著 1988)

終章　近代日本の向こうへ

村井　実

一　日本の近代化と自律の意識

「個人」の目覚め

「個人主義」の発生

夏目漱石のよく知られた小説『三四郎』に、いまとくに私たちの興味を引く一節がある。明治四〇年前後、ちょうど「日露戦争大勝利」「大日本帝国万々歳」と、日本全国が沸き立っていた当時である。熊本の高等学校を出た主人公の三四郎が大学入学のために上京する車中での、見知らぬ客との対話の一節である。

――「しかし、これからは日本も段々に発展するでしょう」（と三四郎は）弁護した。すると、かの男は、すましたもので、「滅びるね」と言った。――

「かの男」というのは、やがて東京のある高等学校の教師であることが分かる、著者漱石の分身のような人物であるが、その一〇年前の日清戦争につづいた日露戦争の大勝利に国民を挙げて熱狂する世間の只中にあって、この男はすまして、「滅びるね」と言っているのである。

当時としては多分に天邪鬼と感じられたであろう漱石のこの感覚が、いまの私たちにはとりわけ興味深く感じられるのである。

漱石はこの直後、当時の支配層の子弟の温床であった学習院に招かれて「私の個人主義」という講演を行なっている。そこで彼は、「個人主義」の意義を説明して、その二つの特色に言及している。一つは、彼の独自の表現で「自己本位」あるいは「自我本位」と名づけたものであり、その自覚を欠く事例として、西洋人の「尻馬に乗って騒ぐ」人々や「むやみに片仮名をならべて人に吹聴して得意がった男」などがきびしく批判されている。もう一つは、「お上のご威光」を笠に着たり、国家国家と騒いだりする「国家主義」であり、漱石はそれについて「国家は大切かもしれないが、そう朝から晩まで国家国家といってあたかも国家に取り付かれたような真似はとてもできない……国家のために飯を食わせられたり、国家のために顔を洗わせられたり、また国家のために便所に行かせられたりしては大変である。……」などと公言しているのである。

「個人主義」というのは、英語の individualism の訳語として、明治時代の中ごろから用いられ始めたことばである。それ以前には、「個人」を指す indvidual も、辞書（ヘボン著『和英語林集成』第三版、一八八六年）には「ひとつ、ひとり、いちにん」などと訳されてきており、したがって日本にはもともと「個人主義」どころか、「個人」や「個人的」などということばすらなかったのである。ことばがなかったということは、そういう自覚が一般に日本人に無かったことを意味する。したがってそこに、新しく「個人」ということばが生まれ、さらに「個人主義」ということばが使われはじめたということは、ようやく日本人の意識に何かの画期的な変化が起こり始めたことを告げていると考えられる。漱石の講演は鋭くその変化を象徴しているわけである。

どういう変化が起こったのであろうか？

「個人」ということばにかぎれば、西欧文化が一般に indvidual（個人）を単位に成立・発展してきたとされているのであるから、その文化や言語の移入に伴ってこのことばが日本語にもいやでも作られて使用されないわけにいかなかったであろう。だが、「個人主義」となれば、事情が異なるわけである。

「個人主義」というのは、よかれ悪しかれ社会での個人の「自律」が自覚されて生まれるものであろうから、実際に日本人に「個人」の自覚が生まれないかぎり、生活の中で使用されるとはかぎらないわけである。使用されるためには、まず社会に対して「自律」を自覚する個人が実際に生まれなければならない。上記の漱石からの引用は、明らかにそうした自覚をもつ個人が日本に生まれ始めたことを示唆しているのであり、漱石自身がまさにその自覚に目覚めた日本の先駆者のひとりであった事実を示しているのである。

「個人主義」の運命　そこで漱石のばあいのこの「個人主義」の自覚が、本書のテーマである「現代日本人の生き方」、とくにその「自律」と「つながり」の在り方との関わりで、何を私たちに教えてくれるであろうか？

『三四郎』での車中の男が、いわば国を挙げての「大日本帝国万々歳」という歓呼の中にあって、独り平然と「滅びるね」と言っていたことが象徴的である。

その時「滅びる」と言われたものが日本の何を意味していたかは別として、その後の日本はやがて太平洋戦争に敗れたのであり、その意味でたしかに一応は「滅びた」といえるであろう。だが、「国敗れて山河あり」である。日本国も日本人も地上から消滅したわけではなかった。むしろ、私たちの現在のテーマにとっては、歴史のそうした激動の中で日本のどういう側面が滅び、どういう側面が生き延びたかが問題である。その微妙で複雑な意味が、「現代日本人の生き方」といういまの私たちの課題につながっているわけである。

私たちの今回の調査を介してとりわけ印象的に感じとられることの一つは、漱石が指摘した、「朝から晩まで国家国家と言う」という類いの「国家主義」の一面は現代の日本人からはすっかり影をひそめたということである。

これは太平洋戦争の敗戦を通じていわゆる「大日本帝国」が現実に滅びて、国家が「民主国家」という建て前に変わってすでに五〇年を経過しているのであるから、いまやとうぜんともいえるであろう。

だが、その「国家主義」の別の一面、漱石が「お上のご威光を笠に着る」といった類いの一面はどうであろうか？

これは、彼が同時に指摘したもう一つの問題点、（漱石のことばでの）「自己本位」の姿勢の欠如、つまり「西洋人の尻馬に乗って騒ぐ」とか、「むやみに片仮名を並べて得意がる」というような事大主義の風潮は、人間としての「自律」に欠けるという点では国家主義と一つ軌道のものとも見ることができるわけであるが、この一面はどうであろうか？

この一面は、今回の私たちの調査では直接に明らかにされてはいない。だが、一般的に現代日本人の日常生活を顧みれば、今日においても事情は大きく変わってはいないと認められるであろう。公務員と呼ばれる人々の間での「お上」意識の根強さや、職権と地位とのさまざまの形での乱用の事例が今なおしきりに指摘される現実であり、「西洋人の尻馬に」乗ったり、「むやみに片仮名を並べて得意がる」知識人たちの風潮に至っては、世界のグローバル化、情報化という一般的動きを差し引いて考えても、跡を絶つどころか、むしろいよいよ甚だしくなったとすら見えるのである。

「個人主義」と「独立自尊」　漱石の「個人主義」という主張が示唆する当時の日本人の生き方のこうした事情は、私たちの関心をさらに時代をさかのぼって、日本が西欧先進諸国をモデルとしていわゆる近代化に向って動き始めた明治維新の時期にまで向けさせることになる。

この漱石よりも以前の維新の当初に、はやくも国民ひとりひとりの「独立自尊」の自覚が重要であることを訴えていた福沢諭吉という人物がいたわけである。

この福沢の「独立自尊」という主張は、漱石の「個人主義」、あるいは「自我中心主義」、「自己中心主義」という主張と何かのちがいがあったのであろうか、それとも何のちがいもなかったのであろうか？

おそらく、日本人の「自律」への呼びかけであった点では、何のちがいもないであろう。だが、人間としての日本人の置かれた状況は明らかに変化しているのであり、その変化に応じて、求められた「自律」の内容も意味もおのずからちがっていたと考えなければならないと思われる。

一体どうちがったのだろうか？

福沢諭吉の「独立自尊」というのは、幕藩体制当時の「お上」の側での専制主義、権威主義と、民衆の側での卑屈な服従、阿諛、迎合、面従腹背、等の陋習が、維新の変革を経た明治の新体制下においても少しも変わらず、かえって増強されていくとさえ見える危険に対して、上下、貴賎、官民を問わず広く日本人の個々人の「自律」の重要性を人々に呼びかけるものであったと言える。

「天は人の上に人を造らず人の下に人を造らずと言えり。されば天より人を生ずるには、万人は万人皆同じ位にして、生まれながら貴賎上下の差別なく、万物の霊たる身と心との働きを以って天地の間にあるよろずのものを資り、以って衣食住の用を達し、自由自在、互いに人の妨げをなさずして各安楽に此の世を渡らしめ給うの趣意なり。……」（『学問のすすめ』第一編）

――これは有名な『学問のすすめ』開巻第一のことばであるが、福沢はこうして、人間にはもともと上下貴賤の別などはありえないのであり、とうぜん生き方の上での「自律」にもなんのちがいもないということを呼びかけていたわけである。

また、こうも言っていた。

「青年の書生わずかに数巻の書を読めばすなわち官途に志し、有志の町人わずかに数百の元金あればすなわち官の名を借りて商売を行わんとし、学校も官許なり、説教も官許なり、牧牛も官許、養蚕も官許……これをもって世の人心ますますその風に靡き、官を慕い、官を頼み、官を恐れ、豪も独立の丹心を発露するものなくして、その醜態見るに忍びざるものなり。……これを概すれば、日本にはただ政府ありていまだ国民あらずというも可なり……。」（『学問のすすめ』第四編）

——これは、維新の変革を経てもなお、民衆に「自律」（「自立」）の気風が育たないことを嘆き、その原因を政府を構成する学者たち（知識人）の姿勢にあるとして、警告的にそのことを指摘しているのである——

こうしていま、現実はどうなっているか？

「古の政府は力を用い、いまの政府は力と知とを用ゆ。古の政府は民を御するの術に乏しく、いまの政府はこれに富めり。古の政府は民の力を挫き、いまの政府はその心を奪う。古の政府は民の外を犯し、いまの政府はその内を制す。古の民は政府を視ること鬼の如くし、いまの民はこれを視ること神の如くす。古の民は政府を恐れ、いまの民は政府を拝む。この勢いに乗じて事の轍を改むることなくば、政府にて一事を起こせば文明の形はしだいに具わるには似たれども、人民はまさしく一段の気力を失い、文明の精神はしだいに衰うるのみ。……」（『学問のすすめ』第五編）

——つまりこうして福沢は、人々の「自律」を妨げる国家との葛藤について、その当時の日本の社会の異常さを熱心に人々に訴えているのである。

こうして見るとき、上下貴賤をとわず政府も国民もすべてが人間の「独立自尊」に目覚めなければならないという、この福沢諭吉の警告に比較してみれば、同じく「自律」への呼びかけを意図した点では同じであっても、漱石の関心の方向が時代の推移につれてどうちがってきているかは明らかであろう。

福沢から漱石への変化

年数にしてこの間わずかにほぼ四〇余年にすぎないともいえる。

だが、国家の近代化、西欧化への動きは急速に進み、その間に起こった日清、日露の戦争は、一応は「大勝利」を納め、まさに「大日本帝国万々歳」の風潮が生まれるにいたっているのである。国家は見るからに近代国家への道を着々と歩みつつあり、いまや対外的には国家主義、対内的には専制主義の姿勢を確固と整えてきたといってよい。したがってこうした現実の中での日本人の「自律」への関心も、この漱石のばあいは、ほぼ四〇余年以前の、維新政府が政府としてスタートした当時の福沢の関心とは、おのずからその方向がちがわないではいなかったことが推測できるのである。

実際に漱石にはどういう方向がとられたのであろうか？

福沢との対比でまず明らかなことは、政府とそこに関わる人々を相手に人間の「自律」の意義を説くという関心は、もはや漱石には見られないということである。

政府と人民とのそれぞれの立場をめぐる勝負は、いまや現実として決着したと感じられていたということであろう。政府はすでに「国家主義」に立つ専制主義の体制を整えており、漱石自身もその国家の要求に応じて英文学教師としてのイギリスへの留学を果たして帰ってきている。じつはその留学修業の中ではじめて、彼の「個人主義」も「自己中心主義」への目覚めも生じたと言えるのである。

こうして、帰国後の漱石は、いわばまさに国家にとっては寵児が鬼子となった立場で国家主義への批判を行ない、そこに新しく「自律」の意識を発揮したという経緯があったのである。

しかし、もう一つ福沢との対比の上で気づかれる、漱石の「自律」の意識のちがいがある。それは、漱石のいわゆる「自己中心主義」「自我中心主義」というのが、国家のいわば寵児として留学した漱石の西欧文化との苦闘の産物として生まれたものであり、「西洋人の尻馬に乗って騒ぐ」とか、「むやみに片仮名を並べて得意がる」などの風潮への批判を足場に、いまや日本人のいわば「自分らしさ」、いわゆるアイデンティティを模索するという、日本の伝統文化への回帰の方向を含んでいたということである。

これは、彼自身がイギリス留学中に神経衰弱に陥るほどのいわば異文化体験をもったことを告白して、むしろそうした体験の重要さを自覚的に強調していたことや、俳諧や漢文学への彼の生涯を貫く積極的な関心の持ち方にも現れていたと言える。そしてそれは、福沢諭吉が「封建主義は親の仇でござる」と公言して、自分の生まれついての教養であった漢学の衣をあっさりと脱ぎ捨て、もっぱら西欧の文明と学術を大胆に取り入れる姿勢を見せて生きたのとは、著しい対照をなしているのである。

こうして「自律」の自覚に関わる福沢諭吉と漱石との在り様のこのちがいは、二人の間に流れたほぼ四〇年の歳月と、その間に生じた日本社会の近代化への急激な変化を敏感に反映していると見ることができるのである。

「独立自尊」と表現された福沢のばあいの「自律」への呼びかけは、まさに社会の新生を経験しつつある日本人の全体に対しての、いわば大きく国家のあり方を含んだ包括的な呼びかけであったと見られるのであるが、それに対して漱石のばあいは、「個人主義」といい、「自我中心主義」、「自己中心主義」といい、むしろ出来上がってしまった国家主義的・専制主義的社会に生きる日本人の、しかも知識層に限るとでもいえる性質の、意識としては遥かに部分的・限定的な訴えとならないわけにいかなかったと見られるのである。

「個人主義」ということばが当時から、そしてその後も、一般にしばしばこの漱石の本来の意味では受け取られず、むしろ他人や国家・社会を顧慮しない「独りよがり」、「利己主義」の意味に使用されたり、「自己中心主義」や「自我中心主義」という表現も、ほとんどもっぱら反社会的な生き方を意味するかに受け取られていったのも、漱石が訴えようとした「自律」の自覚が、国民全体の意識に対してはやはり部分的・限定的でしかなかったところからきていたといえるであろう。

「自律」・「個人」・「国家」

予備的理解の必要

「個人」と「個人主義」をめぐる以上の考察を通じてとくに深く印象づけられることがらがある。

それは、私たちがいま取り上げている「現代日本人の生き方」、とくに「自律」と「つながり」という問題が、個々の日本人にとっても国家としての日本にとっても、明治の時代の当初から国家のいわゆる「近代化」をめぐっていかに重大な課題であったかということである。

言い換えれば、「自律」と「つながり」をめぐる日本人の意識が、個人としても国民としても、日本国の「近代化」の歩みといかに切り離しがたい関わりをもって今日に至ったかということである。

考えてみれば、前節で見た福沢から漱石にいたる経過は時間にしてわずか四〇年ほどにすぎない。だが、それですでに、「個人」としても「国民」としても、人々の意識がこれほどにまで国家の「近代化」の歩みにともなって変化していたのである。ましてや、いま私たちが直接に関心をもつ現代日本人の「自律」と「つながり」の意識となれば、漱石以後国家はさらにほぼ九〇年に及ぶ多難な「近代化」への歩みを経て今日に至っている。その間の社会状況や条件の変化はもとより、それに関わって日本人の意識に生じた変化がどれほどに複雑に大きかったであろうかは、推測に難くないことになるわけである。

もちろん、そうした意識の変化の背景には、国家の「近代化」にともなって生じた国民の生活上のさまざまの変化、村や町や都市等に分化していく人々の居住様式や生活条件の変化や、新しい仕事や職業の要求、男女の生活条件のそれぞれの変化、さらには学校制度の発展とそれに伴って生じる教養・学歴による新しい社会的階層秩序の発生、等、数え上げればきりもないほどの生活条件、生活環境の変化があったことも忘れることはできない。

したがってこうした歴史を経た上での今回の私たちの調査は、「現代日本人の生き方」という名称のとおり、直接にはまさに「現代日本人」を相手とする、しかもその一部に対象を限った上での調査ではあるが、実質上では、日本人が明治維新をもっていわゆる「近代化」に乗り出して以来の意識の変化を、その背後に生じた社会生活の激変を前提とした上で、時間的には大半が過去に属するとはいえ、思想的にはなお生き続けるにちがいない複雑な背景として、広い意味での「現代日本人」の意識を探ろうとしたものであったといえる。

思えばいかにも野心的な試みであったということになるのである。

そこで、私は以下に、この野心的試みに対応する上での私たちの共通理解として、この調査研究において人間のどういう見方がとられてきたかについて、一応の説明をしておきたいと思う。

それは、こうして国家の「近代化」とともに大きく変化してきた日本人の「自律」と「つながり」の意識の評価を、私たちが人間の一般的な生き方の意識、あるいは「自律」と「つながり」の意識のどういう普遍的理解の上に立って行なったかということである。

人間というものの生き方については、思想史上さまざまの見方があり、たとえばとくに近代に入っては、唯心論的な人間観、唯物論的な人間観などと呼ばれるものがきびしく対立してきたと言える。すぐれて精神的な働きをもつものとして人間を見るか、その物質的な条件を優先させて人間を見るかの見方の対立である。現代においてもなお、それに近い情況が、自然科学や社会科学の発展にともなって、それらとのさまざまな関わりをもって存在すると見られるであろう。

だが、私たちがいまとくに「自律」と「つながり」への関心をもって日本人の生き方を見るにあたっては、その関心に相応しいものとしてどういう人間観を選ぶかが、とりわけ慎重に考えられなければならない。その人間観に照らしてはじめて、日本人の「自律」と「つながり」の特色も、将来に向ってのその課題も、それなりに把握されるという結果が期待されることになるからである。

それはどういう人間観であればよいであろうか？

「自律」と「自立」の意味

まず、この「自律」ということばが人間にとってどういう意味をもつと見るかを、明らかにしておきたい。

「自律」ということばには、それと同音の「自立」という、とかく紛らわしく感じられることばがある。この二つのことばの関わりを、まずはっきりさせておきたい。

私たちの調査は、日本人の「自律」ということを問題としてスタートしたのであるが、「自律」の発音が「自立」と区別されず、しかもさまざまの文脈でしばしば同じ意味に使用されうるところから、調査中にもまた、この二つのことばが人々の間でたいていは区別されないで使用されてきたように感じられる。

だが、正確にはこの二つは、ことばのそれぞれの字義のとおりに、やはり区別されると考えるべきであろう。つまり、「自律」は自分を律することを指し、「自立」は自分で立つことを指すと考えられるのである。

したがって微妙ではあるが、この二つは本来はちがった意味のことばと見られることになる。言い換えれば、「自律」は道徳上、あるいは精神上の心得を指すことばとして、そして「自立」は広く人間の社会的な生き方を指すことばとして、それぞれが互いに区別して理解されることが相応しいことになるのである。

しかし、じつはここから、とくに「日本人の生き方」という私たちの関心にとって興味深い問題が発生する。

つまり、日本人の間では、この二つのことばが、その本来の意味のちがいにもかかわらず、明治以来の歴史上、久しく区別してはほとんど考えられなかっただけでなく、むしろ区別して考えること自体ができないという状況にあったということである。そしてその事実が、調査にあたった私たちにも、いまやあらためて重要な事実として自覚的に認識されないではいなかったということである。

どういうわけであろうか？

それは明らかに、日本が西欧諸国に後れて国家の「近代化」にスタートしたという事情のために、国家にとっては、西欧諸国からの国家としての（いわば政治的な）「自立」と、（いわば精神的な）「自律」を区別することが当初からきわめて困難であったということ、および、国民の個々人にとってもまた、おのずから同様に、そうした国家の中にあってのそれぞれの生活上での「自立」を、その道徳的・精神的な「自律」と区別することが、現実にきわめて難しい事情が生じていたということであろう。

そしてまた、国家と国民との双方の間での、「自立」と「自律」とをめぐるこの複雑な絡み合いの関係は、両者の間での「つながり」の在り方についても、おのずと同様にあてはまると見られるわけである。

この特異な事情を示す一好例が、国家の歴史と国民とを一般的に明治、大正、昭和、そして平成の時代、等に区分して考える、日本特有の慣習について指摘されるかもしれない。

これは、本来は国家の一つの慣習にすぎないのではあるが、それが国民としての日本人個々人の生き方のちがいについても、不思議によくあてはまると感じられているのである。

現代の日本人について見れば、以上の明治、大正、昭和、平成の四つの時代のうち、明治生まれ、あるいは明治人と呼ばれる人々こそ少なくなったものの、その人々はしばしばいかにも明治風と言われる一種の気風を残していると見られており、大正生まれ、あるいは大正人間と呼ばれる人々は、いまなお活発に活動していることが多いが、なんとなく明治の緊張から解放された独特な明るさ、長閑《のどか》さを感じさせる人々が多いと見られている。また、現在の国民の大半を占める昭和生まれの人々は、一括して昭和人間と呼ばれているのであるが、しかもその育ちについて自然に戦前育ち、戦中育ち、戦後育ち等と大別して考えられる慣習が生まれている。

つまりそれほどに、国家の時代区分とともに、国民の育ち方がさまざまに国家に関わりながら相違していると見られており、気風も教養も生き方もまた、さまざまにちがってきていると見られているのである。

「時代」と「世代」

こうした関わりの具体例を、たまたま最近総理大臣として一時期国家を代表する立場にあった森喜朗氏のばあいに取って見ることもできるかもしれない。

森氏は在任中しばしば「失言」によって物議を醸したとして知られるが、生まれが昭和一二年であるから、育ちについて見れば、まさにいわゆる昭和生まれの「戦中っ子」と見ることができる。小学校の前半は学童疎開、勤労奉仕、等の時代、後半はいわゆる青空教室、墨塗り教科書、等の不安定な生活の時期を経験して、やがて中、高、大学と、米ソの冷戦、資本主義か共産主義か、被占領の継続か独立か、またさらに、沖縄、奄美大島等の返還を約束する日米間の単独講和か、北方四島のソ連からの返還を同時に求める全面講和か、日米安保条約に賛成するか反対するか等々、日本国の運命を左右する激しい与論の政治的対立で混乱を極めた社会の中で、ほとんど正常といえる学校教育を経験することができないままに成人し、ほとんどそのまま代議士としての活動に入ってきたと見られるのである。

とすれば、氏が総理大臣として最初に「失言」と批判された神道政治連盟国会議員懇談会での「天皇を中心とする神の国」という発言をとってみても、当人にとってはそれほど奇異な発言であったとは思われないであろう。それよりもむしろ、幼少時からの自然の感覚と考え方の表現であり、それを今にいたって「失言」と批判されても、氏の側からは、そういう批判を生み出すに至った社会の激変と、そのことばを単純に「失言」と呼んで済ます現代の日本社会のあり方に、むしろより批判さるべき問題があると感じられるかもしれない。もちろん、そういう感じ方こそ総理大臣の立場として不穏当だというのがまた批判の大勢であったのであろうが、現実にそうした戦中育ちの人が、戦後の日本の有力な政党の中でいまや中心人物のひとりに育ち、たまたま総理大臣とまでなったのであるから、この事件は個人についての問題として以上に、時代と社会と日本人との運命的な変化を象徴する社会学的に興味深い問題であったと考えられるのであり、単純に一個人の「失言」と批判して済ますことのできる問題の域を越えているとも見られるのである。

さらにこのばあいの森氏のばあいの生き方は、とくに「自律」（あるいは自立）という視点からとりあげてみることもできる。

総理として「失言」を繰り返すようでは、「自律」的とも「自立」的ともいえないと見られるかもしれない。だが、「自律」にせよ「自立」にせよ、重要な問題点は、森氏個人にとってよりもむしろ別のところにあったとも言えるのである。

森氏がたまたま政治家であり、この間日本が置かれてきた政治情勢が国際的にも国内的にもそもそも日本の政治家に容易に「自立」（この場合は「自立」でよいであろう）を許さない状況を久しく続けてきたことを忘れてはならない。この点森氏は、首相として批判される以前に、たまたま日本国が置かれてきた困難な状況を正直に象徴した政治家のひとりにすぎないと見なければならないであろう。

一時、日本の経済の動きを「日本丸」という船の航行にたとえた議論が流行したことがあったが、まさに「日本丸」という船は、敗戦以来世界情勢の大波に翻弄されながら今日に至っているのである。経済上の浮き沈みもさまざまであったが、国家の全体は政治上とうてい「自立」どころではなかったと言わなければならないであろう。映画の「タイタニック」同様、日本は大氷山に激突して難破する危機に常時直面してきたと考えてもよいのであって、そうした状況下では、たまたま総理大臣の「失言」として取り上げられたものも、客観的には舵取りがつい氷山のかけらにぶつかる程度のへまをやったということでしかなかったのかもしれないのである。

もちろん同時にそこで、この「日本丸」の乗組員や乗客ともいえる日本人の個々人についても、その「自立」をどう見てどう対応することができるかという問題があったことが考えられる。

ここには、国の「自立」と切り離すことのできない、しかしやはり一応は別途に考えることができなければならない、国民個々人の生き方の「自律」(「自立」)という問題があるのである。

いわば「日本丸」の乗客である国民としては、船の舵取りのへまを批判したり憂慮したりすることはできるが、自分で舵はとれない。舵は政治家に委ねるほかはないのであるが、やはり忘れてならないことは、その国民個々人もまた、すべて同じ船の乗り組みとして、全体として日本という社会をつくっているのであり、それぞれが互いにその生き方のうえでの「自律」(同時に自立)という問題に向き合ってきているということである。

その「自律」のあり方はどう考えられるであろうか？

重層する「つながり」　ここに、日本人の「自律」の問題に合わせて、「つながり」の問題を考える必要が生ずるわけである。

私たちの今回の調査は、直接には個々人としての日本人の現代の生きかたに向けられていた。しかも、上記の大まかな時代区分に従えば、ほぼ戦後と呼ばれる世代の人々の一部を対象として、その現在の生き方をさまざまの境遇について明らかにしようということであった。そしてこの調査の直接の対象については、私たちはすでにその社会的「つながり」について一応の資料を整える目的は達成したと自負しているのである。

だが、いまや当面する問題は、その調査結果を、明治以来の歴史を背景とした「現代日本人の生きかた」としてどう適切に評価するかということである。とすれば私たちは、私たちの考慮の範囲をただ調査対象となった人々やそこから得られた直接の資料に限定してすますわけにはいかないことになる。「現代日本人」という以上、現在の日本には、すでに明治生まれの人々こそ少ないにしても、それにつづいた大正、昭和という世代の人々の多くが共存しており、しかもそれらの人々がそれぞれに特色ある育ちと教育と生活経験を経て現在を生きているという事実を見逃すことはできないのである。

このことを考慮すれば、いま現実に社会の中核となっている世代の一部だけをとりあげて「現代日本人」を代表させることはできない道理である。この人々にももちろん、さまざまに互いの同世代的「つながり」の問題があるわけであるが、同時にまた、前後のさまざまの世代との深い「つながり」をもって生きているのであり、その重層的な世代的「つながり」あいの中からおのずとこの世代の人々のそれなりの生き方も生まれていると考えなければならないからである。

同じ世代のつながりをかりに「ヨコのつながり」と見るとすれば、この明治、大正、昭和と重なる世代の重層的なつながりは、「タテのつながり」と呼ぶことができるかもしれない。このヨコとタテとの絡み合った「つながり」の関係を、私たちは「自律」と同時に、「現代日本人の生き方」について考えなければならないのである。どう考えればよいであろうか？

そこでおのずから、私たちは、人々の「自律」の意識が一般に人間にとってどう成立するかという問題とともに、人々のタテとヨコとの「つながり」の意識というものが、単に日本人のばあいにかぎらず、一般に人間にとってどう成立するかを考えるという、基本的に哲学的な人間観の問題に直面することになるのである。

二　「善く」生きようとする人間と社会

「善く」生きようとするとは何か？

「善い」ということば

まず何よりも、人間というものを普遍的にどう見るかが問われなければならないわけである。

人間を見る見方、つまり人間観については、まさにさまざまの異なった立場がありうるわけである。上述したように、いわゆる唯物論的な立場や観念論的な立場などがまず区別されることもできる。現実の世界を超えて理想を追うという理想主義的な立場に対して、基本的に感覚的な快楽や実利を求めるものだとする功利主義的な立場を対立させることも考えられるであろう。

しかしそうしたさまざまの歴史的な人間観に対して、私たちはここでは、人間はすべて「善く」生きようとしているという、私たちの独自の人間観に立って調査を行なった。したがって調査結果の評価にも、その同じ人間観が普遍的な基準としてとられたわけであるが、じつはその一部はすでに調査のスタートから、調査すべき項目にもとうぜん意識的に含まれていたと言わなければならないわけである。

今回の面接調査にあたって、私たちは対象となったすべての人々に対して、あえて「善い社会とはどういう社会だと思いますか？」という問いをかけてもらうことにした。これは要するに、調査の対象となった人々のすべてを、基本的に「善く」生きようとする人間として受け止めて、それを基準に、その人々がたまたま置かれた特定の状況の中でそれぞれにどう生きようとしてきたか、そしていまどう生きようとしているかを、「自律」と「つながり」への関心を以って明らかにしたいという意図があったことを示しているのである。

「善い社会とはどういう社会だと思いますか？」――この問いを計画した当初、その問いへの反応の予想として、計画した私たち自身の間でも、「善い社会」という言葉があまりに曖昧であり、したがってその問いの受け止め方もとうぜんにまちまちになりすぎるであろうとか、とりとめもない答えに終るのではないかとか、さまざまの懸念が表明されたのであった。だが、なおも私たちは、人間はすべて「善く」生きようとしているのであり、したがってだれでも、この問いにはそれぞれにしかるべく答えてくれるにちがいないと期待して、むしろその答えを通じて人々のそれぞれの反応を吟味し、それをもって現代日本人の「自律」と「つながり」への意識の特色を探りたいと考えたのである。

「善さ」の意味

そこでこの「善い」ということばの意味であるが、私たちはまず、このことばが現代において日常的に受け取られやすい道徳的な意味合いで問われたわけではないということを断っておかなければならない。

ここでの「善い」というのは、根本的には、人間のだれもが日常「今日は天気がよい」だの、「気分がよい」だの、「あれはよい人だ」、「これはよい仕事だ」などというばあいの、その「よい」の意味なのである。単純に道徳的な善悪を言う「よい」ではないのであり、むしろそれらの「よい」のそもそもの根源でもあったと見られる、素朴で広い、しかも深い意味での「よい」を意味しているのである。

それをここで「善い」と表記するのは、古来日本語でも「好い」「良い」「吉い」「美い」など、さまざまに異なった仕方がありうるのに対して、あえて漢字表記の古典的な伝統にしたがったものであり、基本的には、世界中のどの言語でもそれぞれの音声と表示をもって言われているにちがいない「よい」(たとえばギリシャ語でのアガトン agathon、ラテン語でのボヌス bonus、現代では英語でのグッド good、ドイツ語でのグート gut、フランス語でのボン bon、等々)を普遍的に意味する意図からのことなのである。

人間はだれもが生まれついて何ごとにも「よい」(善い)ことを求め、その意味で「よく」(「善く」)生きようとしている。だからこそ、道徳上はもちろんであるが、なにごとにつけても「善い」だの「善くない」だのと考えないわけにいかないことになると見られるのである。それが、人間は「善く」生きようとするという、ここでの私たちの基本の人間観なのである。

だから、この人間観の立場では、人間が何かについて「善い」と言うばあい、そこに「善さ」という何かのモノ(性質)があるということを意味しているわけではない。人間の側で「善い」と思うだけであって、「善さ」というモノ(性質)はどこにもあるわけではないのである。したがってまた、現実の世界に絶対の「善さ」というものもありえないし、絶対に「善い」といえるモノ(性質)もないし、ことがらもありえないことになるのである。もしも人が何かを「絶対に善い」と思うとすれば、それは決定的にまちがった思い込みということになる。ただそれぞれに「善い」と思っているという事実だけしか、人間にとっては無いのだからである。

もちろん、それでもなお人間はどこまでも「善さ」を求めて生きていくのである。それが人間という生物の生き方であり、こうして「善さ」を考えたり口にしたりして生きるというところに、生物としての人間の特異な生き方があると見られるのである。

「自律」と「つながり」と「善さ」

そこで私たちは、現代日本人の「自律」と「つながり」ということについても、いまやこの「善さ」との関係を考えなければならないことになる。

私たちは、何ごとにつけ人間がそれぞれに「善さ」を感じ、考え、「善さ」を求めて生きるという生き方を自覚し、そのことの特異さと重要さとを考えた時、人間はそれをとくに「自律」的と呼んだのだと考える。そしてそれに対して、「善さ」を外部に実在する何かの性質（モノ）と見なして、それにとらわれたり依存したりすることはもとより、それを誰かが教えてくれるもの、教えることのできるものなどと見なして生きたりするのでは、そうした生き方は十分に「自律」的とは言えないと考えるのである。

読者にはあるいは、それでは「善い」ということが人々によってまちまちに考えられることになり、社会生活さえ現実には成り立たなくなるのではないかという疑問や、どういう仕方で社会や国家を成り立たせることができるのかという疑問、あるいはまた、そもそも人間にそうした「善さ」の意識や判断がどうして起こるのか、などの疑問が生じるかもしれない。

しかし、じつは私たちは、何ごとにつけ人間が「善い」と判断する要件の中には、次節で説明するように、もともと人間の自我の「自律」の意識はもちろん、それとは逆とも見える相互的「つながり」の意識も、個と社会や国家を同時に成り立たせる働きとして最初から含まれていると考えているのである。

もちろん、私たちはこの事情の十分な説明は容易ではないと思っている。だが、少なくとも私たちが試みた調査とその評価を納得してもらえる程度には、なんとか以下で読者のこの点での疑問に答えておきたいと願っているのである。

「善く」生きるとは何か？

ことばとしての「善さ」

まず最初に、人間はすべて「善く」生きようとしていると言うばあいの、その「善さ」とはいったい何であるかという、だれもが抱くと予想される疑問に答えることから始めなければならない。

第一には、現代の人々はたいてい、「善さ」ということばを聞けば、つい「善さ」とは何か？と考え、それが何かの性質（モノ）としてどこかにあることを期待しがちであるが、人々はまず、その期待が明らかに誤りであることを考えなければならない。

私たちの考えでは、「善さ」というのは、ただ私たちの内部に「善い」という判断が生じたことを指す、名詞形のことばでしかないのである。

私たちには古くから、ことばがあればそれが指すモノがとうぜんあるはずだと思い込む習慣がある。山ということばを聞けば富士山やヒマラヤの峰を思い浮かべるように、魂ということばを聞けば、つい人魂という「モノ」を思い浮かべて夜道を恐れたりもする。そして同様に、「善さ」ということばにも、つい何かのモノが対応してあるかに思い込んで、それは何かと考え、これこそ「善さ」だというモノを見つけようとするのである。そして誰か優れた人にそれを教えてもらうことを期待したり、またそのことを次の世代に伝えようとしたりするのである。

こうした過ちは、親が子を躾るときにも、教師が生徒を教えるときにも、たえず起こりやすい。また現実にそれが頻繁に起こっているのであり、それによって子どもたちの「自律」がどれほど妨げられているかは計り知れない。

だがそれだけに、この点の心得は、私たちにとくに重要と思われるのである。

すでに述べたように、「善さ」というモノは無いと考えなければならないのである。「善さ」とは、私たちがそれぞれの内部に意識する「善い」という判断を言い表す、いわば共通の「ことば」にすぎないのである。

「善い」という判断

そこで、ではその「善い」という判断は、どうして人間に起こるのかということが問題となる。

この答えは、私たちがそれぞれに自分の意識の内部を振り返って、「善い」という判断が日常何ごとにつけどう起こっているかを振り返って吟味してみる以外には得られようが無いであろう。もちろん、その吟味の経過と結果とは、人間の間で共通に承認されうる性質のものでなければならないわけである。

私たちはここで、左図のような三角錐構造の働きが人間の内部に生まれついて備わっているということが、だれにも気づかれると思っている。

この働きは、効用性の要求、無矛盾性の要求、相互性の要求、および美の要求という四つの要求の関係でできている。その四つの要求が同時に満たされたと感ずる時、人間は「善い」と感じ、「善い」という判断が人間に成り立つと考えられるのである。

効用性の要求とは、私たち人間のだれもが、生き物の一種として、とうぜんに「快い」ことを求めて「苦しい」ことを避けようとするということである。

相互性の要求とは、私たち人間はいわば孤立個体として生きるのではなく、まず母親から生まれ、家庭で育ち、社会に生きる。だから生まれ付いて、母親との間ではもちろん、家庭でも社会でも他の個体と相互的に分かりあうことを求めないではいないということである。

無矛盾性の要求とは、私たちがだれも、原因があれば結果があり、初めがあれば終わりがあるというように、何事についてもつじつまが合わなければ我慢できないということである。

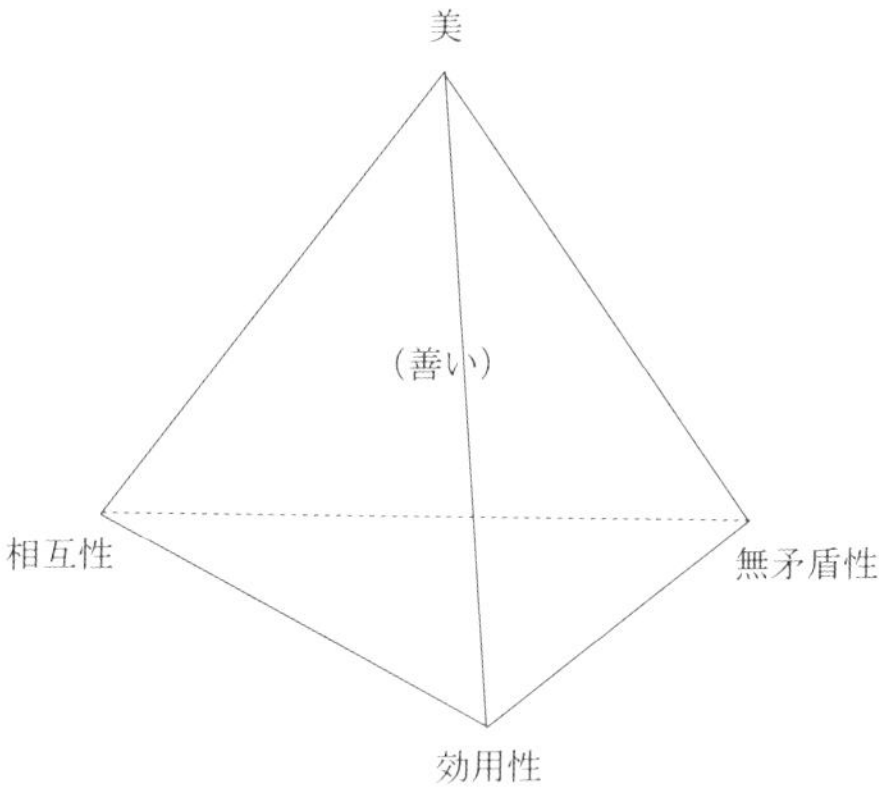

美の要求というのは、説明の仕様が無いが、私たちの誰にも、何ごとについても、とにかく美しくあって欲しいという生まれついての要求があるということである。
私たちのだれもが、自然については美しい山河、美しい風光を愛する。人間については美しい風采、美しい心、美しい動作、美しい振る舞い等を愛し、自分自身もできればそうありたいと思う。すべての物事の関係についても、美しい調和を保って欲しいと願う。それがどういうことであるかはだれも説明はできないが、とにかくそう願わないではおられないのである。

古代ギリシャの哲学者プラトンは、人間を神様の操り人形にたとえて、欲望というくつかの操り糸で操られているのだと説明したことがある。

欲望の操り糸は一般にすべて鉄でできていて、互いに突っ張りあっているのであるが、中に一本だけしなやかな金の操り糸があって、それによって全体のバランスが保たれるようになっているのだというのである。このプラトンの言う金の操り糸というのが、ここでの「美」の要求にあたると見てもよいであろう。

とにかくこうして、人間に生まれついたこの四つの要求が同時に満たされたと感じたとき、私たち人間にそれぞれ「善い」という感じや判断が生まれると考えられるのである。

もちろん、こうした四つの要求のどの一つを取ってみても、それが十分に満たされるということはできないであろう。まして、四つの要求が同時に満たされるなど、ありえないと考えられる。その意味では私たちは、そこにまさに生き物としての人間の、人間としての生き方にとっての限界があることを認めなければならないと思われるのである。だが、それは少しもかまわないであろう。とにかくそういう限界を持ちながら、しかもどこまでも「善く」生きていこうとするということが、生物としての人間のいわば「分」であることを、私たちは認めなければならないのである。

しかし、こうして自身の意識の内部を振り返ってみるとき、私たちは、だれもが日常人間としてくり返し行なっている「善い」という判断が、いかに微妙であり、しかも複雑であり、同時にいかに独特の人間的働きであるかを思い知らないではいないであろう。

この働きによって、私たち人間は、持ち前の「善さ」への要求にかなった「善いもの」として、人間に特異な生活様式、社会組織、知識・学問・芸術等の文化を、民族ごと、国家ごと時代ごと、等、さまざまに作り出しながら今日に及んでいると考えられるのである。そしてそこから、おのずと教育上では、家庭においてであれ、学校においてであれ、職場においてであれ、どういう時代のどういう世代においても、こうした三角錐の働きが子どもたちに活発にしかもスムーズに働くことを重んじ、その働きを助けていくことがいかに大切であるかということが知られるにちがいないのである。

個人と社会と宇宙とのつながり　そこでさらに、人間がそれぞれに行なうこの「善さ」の判断が、特定の社会にあって思想的にどう意識されることになるかを考えておかなければならない。

それはほぼ、左図のような図式をもって大まかに示すことができようと思われる。

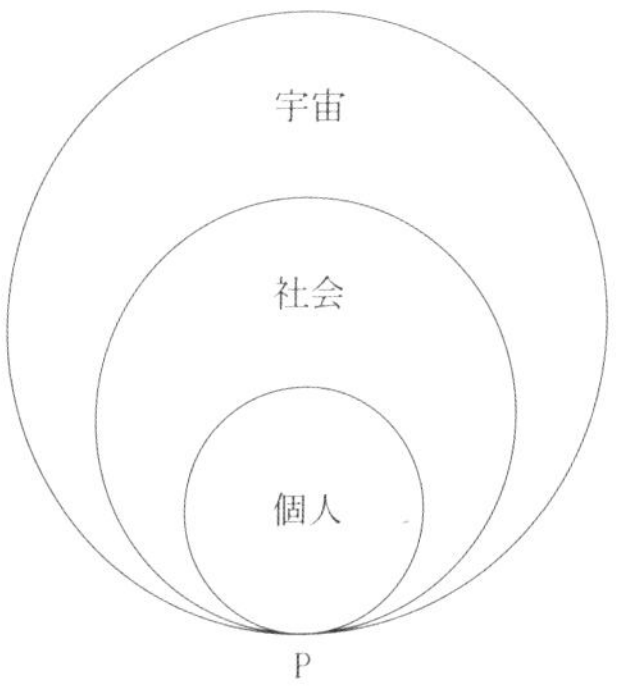

この図は、三重の円の一番内側の円が個人、その外側の円が社会、さらにその外側の一番大きな円が宇宙（自然）を表しており、そうした仕方で、個人が社会の中に生きており、その社会がさらに大きな宇宙（自然）の中に存在していること、また逆に、大きな宇宙が社会（さまざまの社会）をその内部に包んでおり、その社会がまたそれぞれに個人（さまざまの個人）を包んでいるという、いわば個人と社会と宇宙との互いの入れ子的な関係を示しているのである。

しかし、この入れ子的に重なった三つの円は、すべてが下底の一点Pで接することによって、個人と社会と宇宙（自然）とが単純に入れ子的関係にあるだけでなく、同時に基本的に切りはなしがたい「つながり」をもっており、いわば同一の原理によって貫かれたものであること、言い換えれば、個人も社会も、結局は最大の円としての宇宙が成り立っている根本原理、いわば宇宙の理法（「善さ」の理法）に貫かれて存在するものだということを示しているのである。

そこで私たちは、この図に即して、私たちが問題とする人間の「自律」と「つながり」とのさまざまのケースについて、それらが全体としてどういう仕方で成り立つか、互いにどういう関係にあることになるかを、私たちの「生き方」に関わる思想の問題として整理してみることができる。

「自律」と「つながり」の思想

まず、人間個々人にとっての内的な「自律」と「つながり」ともいうべきものが考えられる。

それは、この図の一番内側の円の内部で、個々人が自分を律する道徳的な「自律」の問題として考えられるわけである。「克己」、「節制」、「勇気」、「親愛」など、古くから説かれてきたさまざまの徳目に示された生き方がそれにあたる。

しかしもちろん、こうした個人は、現実には家族や仲間などを介して外側の円に描かれた社会につながっているのであり、したがってこうした媒介による社会との関わりでの「自律」と「つながり」の道徳ともいえるものが考えられる。一般に「孝行」、「忠誠」、「友情」、「連帯」、「奉仕」、「博愛」、「犠牲」、「献身」等々の徳目による生き方として、古くから社会で認められてきた思想や行動がそれである。

だが、この種の社会的な「自律」と「つながり」は、じつはただ一通りの平面上で考えられることはできないわけである。一方には現実に通用している諸規範に対する選択的・意思的な「自律」や「つながり」が考えられ、他方には、その諸規範に叶うというレヴェルを超えた、いわば個々人の自由で理性的な働きにしたがう、次元のより高い「自律」と「つながり」ともいうべきものが考えられるからである。

まず、個としての私たちは、特定の社会に生まれてそこで育つわけであるから、その社会にすでに規範が存在するかぎり、慣習・習慣であれ、道徳であれ、法律であれ、もともとそれらを越え出て生きるわけにはいかない。したがって、個人としての私たちの「自律」と「つながり」の意識は、まず自分が生まれ育った特定の社会での習慣や慣習、道徳、法律、等について生ずることになるわけである。親愛、親切、従順、順法、などの行動規範がその事情を表している。

だからこのばあい、かりに自分では「自律」を意識したとしても、客観的にはじつはただある特定の一つの規範、あるいは複数の規範について認められるにすぎず、別の多くの規範にはそのまま無意識に従ったり、あるいは意識的に逆らったりしているということすら起こりうるわけである。

これではもちろん、外部からは、ほんとうに「自律」的であるかどうかとか、どこまで「自律」的と言えるかなどが問われることにもなる。

あるいはまた、ある種の規範は厳しく斥け、「自律」を自覚したり主張したりしながら、自分が選んだ規範については他の人々もまた進んでそれに従うことを強いたりするなどというばあいも起こるであろう。そうしたばあいにも、客観的にはとうぜん、その「自律」の在りかた自体が批判の対象となりうるわけである。

「自律」を巡って起こるこうした思想的状況は、「自律」ということが決していわば単純な一枚岩として成り立ちうるわけでないこと、誰にも十分に、しかも一様に満足できるという形では容易に成り立ち得ないものであることを思わせるものである。

人間はいつも、現実の社会では、自分では「自律」的と意識していたとしても、気付かない多くの部面ではこうして既存のさまざまの規範におのずと従って生きることが避けられないのであるから、その気付かないで従うという側面について見れば、いわばその分だけ、人間はつねに多分に「他律」的と見られても仕方がないことになるのである。

「つながり」についても同様である。ある種の人々との「つながり」は、必ずしも他のある人々との「つながり」ではなく、むしろ、その「つながり」の意識が一部について強ければ強いだけ、その「つながり」の外部や相違する次元のものに対しては、つよく閉鎖的であったり排他的であったりすることが起こりやすいのである。

そこで私たちは、こうした意味での、現実社会での私たちの「自律」と「つながり」の意識、つまり、たしかに「自律」的にはちがいないが、同時につねに多分に「他律」的でもありうるという性質の「自律」、あるいは、たしかに「つながり」ではあるが、同時につねに多分に他に対して閉鎖的であったり、排他的であったり、破壊的でさえありうる「つながり」などの意識を、「選択的・意思的な自律」の意識、「選択的・意思的なつながり」の意識と呼んで、それをもう一つの「自律」と「つながり」の意識、つまり、現実の社会規範のレヴェルを越え出ようとする、一般に理性と呼ぶ働きの全体を含む意識、いわば「理性的な自律」の意識、「理性的なつながり」の意識とも呼ぶことのできるものからあえて区別しておく必要があろうと考える。

「理性的な自律」と「理性的なつながり」

では、その理性の働きの全体を含む意味での「理性的な自律」、

「理性的なつながり」の意識とは、どういうものとして考えられるであろうか？

それは、単に法律的、習慣的、道徳的等、現実の社会でのさまざまの規範に対して「自律」的であるだけでなく、その社会のあり方と諸規範について、さらに高く大きい宇宙（自然）の理法（「善さ」の理法）との「つながり」においてそれらがどう位置づくかを吟味・評価し、その意味での理性の働きに従って自分を律するという、そういう「自律」と「つながり」の意識である。

この意味での意識に立つ生き方は、社会のさまざまの規範に対してはいわば異なった次元に属すると見られるが、必ずしもつねにそれらの規範に批判的であったり反抗的であったりするというわけではない。むしろたいていの社会的規範は、それが社会に自然に成立したとみられるかぎり、そのままに受け入れて生きられることができるであろう。ただ、その生き方を支える確かな根拠の意識が、自覚されるとされないとにかかわらず、いわば宇宙の理法としての「善さ」との「つながり」の把握として、その人の内部に理性を介して備わっており、それによって、社会自体のあり方はもちろん、その社会のどういう規範であれ、個々人が自分で考え、自分で確かめ、斥けたり受け入れたりして選択し、自分自身の判断に従って行動することができるという性質のものとなっているのである。あるいは、ことさらに「自律」や「つながり」が自覚されるということすらなく、しかも自然にそういう仕方で、事実として「自律」的や「つながり」的に生きるという生き方が開かれているばあいさえあると考えられるかもしれないのである。

ただ、ここで注意しなければならないことがある。

それは、この理性的「自律」と「つながり」というのは、基本的に個々人に具わる理性の働きに依存するものであるから、そのかぎり、個々人の性格や資質、感覚能力や知的能力等の性質やレヴェルに応じてとうぜんに多様でありうるということである。

理性の全体的な働きによって働くのであるから、現実の社会規範のどれかに選択的にしたがうだけの「自律」よりは一般に高いレヴェルで「自律」的と言ってよいであろう。そこから、時には一般には反社会的と見られても、じつは気高く勇気に富むと認められなければならない思想や行動も生まれる。あるいはまた、俗事にとらわれない純な生き方や、形而上的な世界観に立つ毅然とした生き方、あるいは宗教的な捨身・献身等と見られる生き方なども、さまざまに生まれてくることができると考えられるのである。

だが他方では、その理性の持ち主の性格や資質や教養に何かの著しい偏りや病弊があったりするばあいには、その理性的「自律」や「つながり」にも、おのずと同じ偏りや病弊が出現することにもなるわけである。しかもそれは、出現する次元が現実を超えて高く、おのずと広い領域にわたって働くために、人々への影響もまた大きく広く、しばしば忌まわしい社会問題を引き起す結果になりやすいことにもなる。その具体的な事例は、私たちが身近に経験しているいくつかの精神運動やいわゆる新興宗教の一部等のばあいのように、歴史上にも現代においても決して少なくないと考えられるのである。

三　評価と展望

「善い社会」に向って

「善い」社会への問いと答え

「自律」と「つながり」の以上のような理解の上に立って、私たちはいま、調査しえたこの「現代日本人の生き方」をどう評価することができるであろうか？

今回の調査に先立った日本人の問題、つまり明治維新直後の日本や、明治時代の中期、日露戦争前後の頃の日本人にとってはどういう問題があったか、さらにまた、昭和の時代に入ってのいわゆる「戦中っ子」として育った日本人にはどういう問題があったか等については、福沢諭吉のケースと夏目漱石のケース、および最近の森元首相に関わって見られたケース等について、それぞれの特色を考えてみることができたと思う。

そこでそれらに続いて、いまや私たちは、今回直接に私たちが接した現代日本人の生き方の多様な事例について、生活環境のちがい、職業領域のちがい、学校歴や学習歴の違い、ジェンダーの違い等の諸条件を考慮しながら、一般的にそれらをどう評価できるかを考えなければならないわけである。

慨して言えば、私たちが「現代日本人」として今回選んだ人々は、基本的にそれ以前の時代、つまり明治や大正の時代に属する人々、あるいは戦中世代の人々に比しては、既存の規制や規範に囚われることが少なく、それだけおのずからより「自律的」でもあり、より新しく「つながり」的でもあるように感じることができたと思う。

この点は、今回の調査の各項目のすべてを通じて随所に指摘されるであろうと思う。しかし私はとくに、上記の「どういう社会を善い社会だと思いますか？」という問いへの人々の反応に、その点を裏付ける印が多く読み取れるように感じている。

この問いはもともと、「善い社会」ということばの意味が曖昧であり、確かな反応は得られないではなかと危ぶまれていたものであった。ところが実際には、反応は意外にもむしろ明確であったように見えるのである。しかも、「善い」ということばが、まず「道徳的善さ」の意味にとられて、人々の応答を戸惑わせることが懸念されたのであるが、実際にはそういうことも起こらなかった。人々は素直にそれを「善さ」の本来の意味、自然な広い意味に受け取って、それぞれに「善い」と思う社会のイメージを自由に描き出してくれたように見えるのである。

私は、この事実がすでに、少なくとも部分的には、「現代日本人」の生き方の意識という、今回の私たちの問題への一つの暗示的な答えともなっていると感じる。

「善さ」の意味が曖昧ではないかとか、道徳的な意味に受け取られるのではないかとかと懸念された理由は、とくにかつて学校や社会の環境を通じ押し付けられた特異な善悪の考え方の習慣が日本人にいまもなお強く残っていることが恐れられたからであった。だが、それがいまや、戦後のほぼ五〇年を経てほとんど克服され、しかもそれぞれに自由な立場で答えられることができたように感じられた。要するに人々が本来の人間的自然の意識に近づいたかと感じられるまでになっていることが、今回の「善い社会」の考え方に見られたと感じられたのである。

「自律」のさまざまな自覚

だが、私たちはここで、現代日本人について「自律」の意識の吟味を進めるにつれて、一概に上記のようにいわば楽天的に言い切ってすますことのできない何ものかを感じたことを告白しなければならない。

それは、調査結果の吟味を進めるにつれて、日本人にとっての「自律」ということの意味の意外な複雑さがことごとに感じられて、それに対しては、調査にあたった私たちも、調査から得られた答えも、じつは十分に対応できなかったのではないかという不安が生じたことである。

一般に人間の「自律」の働きを妨げる最大の障壁は、社会が国家というような強固な権力を背景に、たとえば若い世代の教育を介して、慣習、生活、文化等のあらゆる領域にわたってさまざまの規範を押し付けようとする状況であると考えてよいであろう。過去の日本では、明治維新の当初以来一貫してその意味での極端な状況がつづいていたのである。

ところがこの状況が、戦後に国家が政治上「民主化」されたことによって一変したわけである。したがってその際、その政治的「民主化」にともなって、日本人のいわば精神上にも十分に「民主化」が及んだとすれば、問題は何も起こらないはずだと考えてよいであろう。だが、日本人にとっての精神上の「民主化」は、はたして十分に進んだと見られるであろうか？

「民主化」の理想と見られる「自律」、あるいはそれによる「つながり」の実現に、日本人がどれほど近づいたと認められるであろうか？

少なくとも理想的な意味での「自律」といえるのは、おそらく、外から押し付けられた規範が現実にどうであろうが、それにとらわれることなく自分で自分を「律する」ことができるということでなければならないであろう。だが、日本人の明治以来の歴史の上では、そういう「自律」は経験されたこともなかったし、考えることさえ不可能であったと思われる。国家が総力を挙げて「近代化」を急ぎ、国民教育の制度も、そのためにいちはやく初等、中等、高等教育と周到に整えられていた。したがって、そうした体制のもとで生まれ育ってきた国民にとっては、ある日とつぜん社会体制が「民主化」されたからといって、精神的にも同時に「民主化」されるとか、「民主化」されて理想的な「自律」に近づくなどということとは、期待できるわけがなかったのではないかと見られるのである。

上記に私たちは、戦後五〇年を経ての一応の判断を、日本人の「自律」の意識に好ましい反応が認められるとしてやや楽天的に下したのであったが、じつはその判断には、はるかに大きい厳しさが必要ではなかったであろうか？

人間は生まれ付いて「善く」生きようとしているにはちがいないであろう。だが、その人間の働きは、現実には生れ落ちた社会の内部で、その社会を動かすさまざまの規範におのずから強く支配されないわけにいかない。その規範が精神的であればとくにそうであろう。人々の「自律」への意欲が、精神的な規範の力を意識さえしないままに、その規範に対してつい「他律」的でしかない生き方を選んでしまうという、いわば貧しい「選択的自律」に変化するばあいさえ少なくないであろうことも容易に予想されるのである。

いまは覚えている人も少ないであろうが、戦前の国定国語教科書（第三期国定教科書、国語、巻五）に、

「大日本。大日本。神のみすえの
天皇陛下、
われら国民八千万を　わが子のやうに　おぼしめされる
大日本、大日本、……」

というようなことばが続く詩が教材として載せられていた。

この詩には、日本の当時の社会に強固に働いていた三つの精神的な規範が巧みに詠みこまれている。「国家」と「神」と「家族愛」である。日本の子どもたちの多くは、こうしてこの強固な規範におのずと捉えられて、それらの支配のもとに生きることをむしろ喜びとすら感ずるように育っていたと言ってよ

いのである。

それに対して、一方とくに知的に成長する時期の人々の間には、あえてそうした現実の規範を超える「自律」を意識して生きることへの意欲が起こらないではいなかったことも考えられる。だが、そうしたばあいには、立ちはだかる規範の権威との対決はとうぜん避けがたいことになり、その結果、その人々の「自律」への自覚は、おのずといわば歪められたかたちでさまざまに現れることになったと見られるのである。

生き方がことごとに反抗的となり、もっぱら政治的・反体制的な方向に走るばあいもあったであろう。また、それほどではなく、規範の一部はいわばおとなしく受入れ、ただ他の一部にはことさらに批判的に対応するという、上記の意思的・選択的な「自律」の姿勢がとられたことも考えられる。あるいはまた、一般に規範が外から来ることに対しては強く批判的でありながら、一部の規範を自分なりに納得することを求めて、もっぱら内面的な「自律」の自覚を達成しようとするばあいも起こったであろう。

戦前戦中に日本人を引きつけた哲学思想の多くは、こうした事例をさまざまに示していたと見ることができる。

既成の強い規範を進んで肯定しようとした事例には、国家主義を自認したいわゆる「筧神道」（東京帝国大学法学部教授筧克彦の主唱した神道）や「紀平哲学」（国民精神文化研究所の紀平正美の展開した哲学）「平泉歴史学」（東京帝国大学文学部教授平泉澄による日本史学）などと呼ばれたものがあった。国家主義には批判的であったが、既成の規範のいくつかには選択的に肯定的であろうとした事例としては、当時リベラル（自由主義的）と見られたいわゆる「西田哲学」（京都帝国大学で西田幾多郎の展開した哲学）、「田辺哲学」（京都帝国大学で田辺元の展開した哲学）、「和辻倫理学」（東京帝国大学で和辻哲郎の展開した倫理学）などと呼ばれたものがあったが、これらはみな、当時の状況下での日本人の「自律」の要求にそれぞれの仕方で応じたものであったと見られるのである。

しかし、戦後の日本人にとっては、この状況が一変したわけである。太平洋戦争の敗戦を契機に、それまで天与のものででもあるかのように人々を拘束してきた強固な国家的規範の頚木は、皮肉にもいわば「他律」的に取り除かれ、「自律」への恵まれた環境が「自由」という言葉に象徴されて突然与えられたのである。したがってその後ほぼ五〇年が経過した今日、私たちが「現代日本人の生き方」というテーマのもとに「善い社会とは……」という問いを人々に掲げたということは、戦後ほぼ五〇年にわたって新しい環境に置かれてきた日本人の「自律」の在りようを、おのずから戦前の意識との対比において探ろうとする試みとなったとも言えるわけである。

その一つの答えが、上記に一般的に認められた現代日本人の意識の変化、つまり、かっての強固な国家的規範が一挙に「他律」的に取り除かれ、人々はようやくそれぞれ自然に「自律」的に生き始めているように見えるということであったのである。

だが、上記の日本人の「自律」意識の複雑に屈折した歴史を顧みるとき、現代の日本人の「自律」意識についても、私たちは、一通りの考察や判断をもって満足するわけにはいかないであろうと思う。ここにはとうぜん、はるかに複雑なさまざまの側面についての考察が必要とされるにちがいないと感じられるのである。

たとえば、現代の日本人が日常生活のレヴェルで自分が置かれた事態をどう意識しているか、それにどう対処しているかの一応の吟味はとうぜんとして、いまやそれ以上に、たとえば現実に社会に存在するレヴェルの規範と、その現実を越え出るレヴェルの規範とは、現代日本人の意識においてどう関わっているか、あるいはまた、その二つのレヴェルのさまざまの規範の間でのそれぞれの関わり方や、とうぜんに予想される諸規範相互の葛藤の処理などの問題は、現代日本人の間でどれほどに、またどういう仕方で意識されているのか、じじつとしてどう処理されようとしているのかなど、慎重な吟味を要するさまざまの問題点への視点が、いま私たちに求められていると感じられるのである。

しかし、こうした複雑な視点に対しては、私たちには、今回私たちが求めえた答えが多くの点で十分には対応できていないという印象が避けられなかったのである。

それは一般に、「善い社会とは……」という私たちの問いに対して、得られた答えが全体として、人々のもっぱら個人としての立場からの、そして与えられた社会生活の平面上での答えの域を出ないと感じられたことだと言えるかもしれない。

具体的には、「善い社会」という問いに対して、答えが個人と社会との現実生活の次元を越えた理想のレヴェルにまで自然に及ぶとか、個人のヨコの「つながり」と同時にさまざまの「タテ」の「つながり」への意識を背景にもつとかの事例が、今回の調査においてきわめて少なかったという印象なのである。

もちろん、戦前の「大日本、大日本……」という類の答えが無いことを問題としたいわけではない。そういう性質の答えは、民主国家を標榜する今日の日本では、いまやありうるわけもないのである。だが、個々人の好みや利害の日常的平面を離れて、広く、あるいは高く「善い」とされうるものと自分とのかかわりが、同時に現実を超え出るタテの「つながり」への意欲をも察知させる問題として、もっと積極的に答えられて欲しかったと感じられるのである。

たとえば、本書でも何度か対比されたアメリカでのベラー教授グループの調査（ベラー他、1991, 2000）で言えば、現実的な個人主義 individualism のさまざまの現れに対して「共同体主義」communitarianism と呼ばれるような、新しい立場からの答えが切に求められている——そうした「共同体」といったレヴェルでの、あるいはそのレヴェルすらも越え出るかもしれないレヴェルでの人間の生き方への関心である。

もちろんここには、アメリカ人のばあいと日本人のばあいとでの、それぞれの社会と生き方との伝統と歴史のちがいが微妙に反映していると見るべきであろう。だが、それだけにここには、それが日本人にとってどう現れるかということに、日本人の将来を左右するに足る重要な問題が潜んでいるとも考えられるのである。

「他律」への依存と教育

「善い社会とは……」という問いについての、こういう答えの事例が私たちの目を引いた。

——「今は政治の世界も何もかも混沌としているからねえ。やっぱり『善い社会』というのは、きちんと日本をしきってくれるようなリーダーがいる社会かな。

みんなに尊敬されるような〝シンボル〟のような人がいる社会が、『善い社会』だと私は思っている。」（上田弥生さん、三〇歳代、元幼稚園の美術教師）——

この答えはもちろん、かつて日本を引き回した国家主義的な動きのリーダーを求めての声ではないであろう。そういうことでは、戦後五〇年の歴史が元も子もないことになるわけである。ただ、戦後五〇年を経過してもなお、いまだに日本人の生き方に確かな方向が定まらないように見えるという現実への、率直ないらだちの表現であろうかということが切実に感じられるのである。

だが、私たちはやはり、こうした新しいリーダーシップへのいらだちに、いかにも日本人らしいと言いたい、そしてその姿勢について「自律」を認める上には何かなお物足りない生き方の姿勢を感じる。

私たちは、明治維新以来今日まで一三〇年余にわたった、そして戦後の「民主主義的」と言われてきた学校体制に変わってもなお変わることなく日本人を育ててきた中央集権的・政治的な教育の、子どもたちに自然な「自律」を容易に許さない働きの特異な影響をここに読み取らないわけにいかないのである。

明治のスタート以来今日まで、日本の教育は国民にとっては文字どおり「他律的」に出現し、またもっぱら「他律的」に作用してきたと言ってよい。国民のためのものであったか国家のためのものであったか、という視点で振り返ってみれば、明らかにそれは国家のためのものとして構想されたものであった。個々人への働きであったかといえば、むしろそれは集団への働きとして発想されたものであった。いわゆる近代化への後発国であった日本が、その近代化を急ぐために準備した数々の重要事の中核が、まさにこうした性格の学校教育であったのである。

その事実が、人間としての「自律」と「つながり」の自覚が国民の個々人に自然に育つことを多年にわたって妨げてきたであろうことを、私たちはいま深刻に考えなければならないと思うのである。

国民の側について見れば、国民はこうした学校システムを通じて、人間としてのそれぞれの生き方を、システムによる働きかけの枠内に極度に狭く囲い込まれて育ってきたことになるのである。

これは、ことがらの性質上、そのように囲い込まれた国民自身がその事実にほとんど気づくこと自体ができなかったということによって、日本人の生き方にいよいよ決定的な影響を及ぼしたと見られる。

日本の学校システムに馴れた生き方の限りでこそ、「自律」的であろうとする日本人の意欲は辛うじて生きつづけると見られるであろう。だが、その域を越え出た広い世界との「つながり」には、「自律」の視界はとうぜん及び難いことになる道理である。「夜郎自大」ということばがあるが、まさにそのとおりのことが歴史上でも国民に起こったと言ってよい。小さな島国に狭く閉ざされて生きていながら、自分ではそれが分からず、すでに十分に大きな世界にいるかのような錯覚に安住して、甚だしい独善に陥ってしまう危険につねに晒されることになるのである。

しかもこの事情は、少なくとも教育が現状のままで推移するかぎり、その影響力の忌まわしさが教育によってかえって拡大するというパラドックスを含んでいる。

このパラドックスがまた、私たち日本人にとってとりわけ重要な今後の問題でもあろうと考えられるのである。

理想に向う志

「普請中」の日本

こう見てくるとき、「現代日本人」のこうした生き方について、全体として「普請中」という、明治後期を生きた森鴎外のことばが思い出される。

『普請中』と題した鴎外の小品は、日本という国家が明治の初め以来、政治にも経済にも学問・文化にも、すべて西欧先進国をモデルとする「近代化」を求め、まさに「普請中」を続けてきたのではないか、という見解を示したものであった。

だが、現代の私たちにとってもまた、日本では同じ事態が続いているという印象なのである。

もちろん、「普請」がつづくこと自体に問題があるわけはないであろう。だが、その普請にいつまでも確かなめどが立たず、いたずらに普請が続くということが問題なのである。

新国家の建設にあたってそうした運命が来ることを憂えて、国民の「独立自尊」の自覚をいち早く唱えた福沢諭吉のばあいは特例と言えるであろう。前記の漱石のばあいは、現実にその「普請」の只中に置かれて、「神経衰弱」になるまでに真剣に立ち向かい、そこから「個人主義」、「自己本位主義」の主張を打ち立てることになったと見られるのである。もちろん、その後この普請は太平洋戦争の敗戦によって中断し、戦後に至って新しく再開されることになったと言ってよい。これは、現在の私たちの関心の視点からは喜ぶべきことであった。だが、深刻で重要であったのは、新しい普請にかかる日本人自身が、維新以来の古い意識から容易に抜け出せなかったということであった。それができなければ、普請はまた旧来の仕方を繰り返して進められる以外になかったわけである。

すでに指摘したように、かつての極端な国家主義が人々の意識から影をひそめたことは確かであろう。国家が体制上「民主主義」に変ったと言われ、国民の人間としての「自律」や「つながり」を重んじることが強調され、また、それらを実現しようという姿勢も、少なからず見られたにはちがいないであろう。だが、国家主義時代以来の感覚や考え方の残滓は、政治、経済、教育等のあらゆる部門にさまざまの形で残り、そのまま生き続けたことが疑われるのである。

規制、統制を中核とする中央集権主義の慣習は、政府や官僚の間に、あらゆる領域にわたって踏襲された。国民自身の生活感覚にも、中央政府からの規制や統制に甘んじ、むしろそれに依存しようとする姿勢がほとんど改まらなかったように見える。要するに政府のさまざまの施策や政策にも、また官僚によるそれらの実現の姿勢にも、国民の日常生活にも、全体をつうじて旧来の姿勢がほとんどそのままに残されたと見えるのである。

こうして明治の鴎外のばあいと同様、現代日本人の生き方には、まだ依然として「普請中」でしかないという印象が強いのである。

根源力としての理想主義

そこで私たちはいまや、現代日本人の「自律」と「つながり」にとりわけ関心を注いだ今回の調査研究の上に立って、この「普請中」の事態を抜け出すどういう方策がありうるかを考えなければならない。

いったいどういう方策がありうるだろうか？

私たちはそれを、上記に三重の円の図をもって描いた人間の生き方に即して言えば、現代日本人の意識の在り方が、個々人の「自律」と「つながり」に関して、少なくともまずそうした円の三重の関係についての明確な自覚をもちうるということであろうと思う。そういう自覚が保たれ得るように、子どもたちの教育を通じてはもちろんであるが、あらゆる社会的なコミュニケーションの手段について配慮が行なわれることであろうと思う。

人間のひとりひとりがまず「善く」生きようとするものであることについての自覚、したがってまた個々人が同じ自覚をもつにちがいない他の個々人との「つながり」をもって共存することへの自覚、そしてまた、そうした個々人が集まって一つの社会を作り、すべてがその社会との「つながり」において生きていることとの自覚、さらにその社会が無数の他の社会と「つながって」あるにちがいないということの自覚、そしてさらに、そうした個々人も社会も、すべてそれぞれが巨大な宇宙（自然）の一員として、その宇宙を貫く理法との「つながり」によって生きていること、あるいはおのずと生かされているということの自覚、——そういう多重的な人間存在の在りかたを自覚することへの関心が、民主国家における新しい日本人の生き方として、社会生活の中核に保たれていなければならないと思うのである。

こうした自覚は、そもそも戦後の新しい生活のはじまりの時から、とくに重要な教育の課題として追求されていなければならなかったということを、私たちは現状についていまさらに思い知らされる気がするのである。

もっとも、今回の調査でも、いわゆる宗教に深い関心を抱く人々、あるいは宗教上の特殊な宗派に属する人々のばあいには、「神」や「仏」等、現実の規範を越えた「教え」のことがらがさまざまに言及されていることも少なくない。

だが、私たちがいまとくに注目したいのは、現実社会での宗教や宗派に関わって語られる「教え」や、「神」や「仏」のことがらではないのである。

「神」や「仏」の名において言われるさまざまの規範を超えて、なお個々の人間に共通に感じらとられなければならないと思われる、宇宙と自然の理法にかなった生き方への人々の関心なのである。

上記の図に戻れば、個人が個人として「善く生きよう」とすることは、同時に社会の中に生きることであり、さらに社会に生きることは同時に宇宙の一員として生きることであり、したがって個人も社会もそれぞれが、宇宙の他のすべてとともに一つの理法（「善さ」）に貫かれて存在しているという、人間の生物としての共生の自覚が、現代日本人の間で確かであって欲しいという問題なのである。

こうしたレヴェルでの自覚は、どのような現実にあっても、人間の生き方をその根底において支えるべき性質のものであろう。

それは、人々の日常生活が現実にどういう規範に支えられていたとしても、その支えを事態のあらゆる変化に備えて揺るぎないものとすることのできる、人間の生き方の確かな根源力であり、同時にまた、人々の現実の社会がどういう規範に拘束され、互いにどういう対立や葛藤に悩むことが起こったとしても、いずれそうした規範の拘束や悩みを超えてすべての人々に高次の「自律」を可能にすることが期待される、人間の普遍的な根源力とも呼ぶべきものであろうと考えられるのである。

じつはこうした根源力の世界が、かつての日本人の教養には決して縁遠いものでなかったということを、私たちの多くが近い記憶して感じているのではないであろうか？

かつて内村鑑三は、世界にも広く親しまれた『代表的日本人』という書物において、西郷隆盛、上杉鷹山、二宮尊徳、中江藤樹、日蓮上人、等の日本人の名を挙げて、その人々がそれぞれに「天道」「人道」「正法」「人倫」等の自覚にいかに支えられて生きることができたかを強調していた。あるいは私たちも、そこに強調された生き方がいま私たちの期待する生き方に近いと言えるかもしれない。彼はそこで、これらの人々の生き方を、日本人が西欧文化を「接木」すべき重要な「台木」であると呼んで、異文化のそうした移入に見事に堪えうる精神的「脊椎骨」の持ち主として、日本人の将来に期待を寄せていたのである。

しかしこう見てくるとき、私たちは、太平洋戦争敗戦後の日本での、単純に再出発に乗り出した学校教育についてだけでなく、広く国民の人間的環境としての社会の全体的なあり方について、一口に理想主義的とも呼ぶべき上記のような生き方の根源力がいかに見失われてきたかを考えないではいられない。

今にして思えば、過去五〇年ほどにわたって叫ばれてきた個性や自由、平等、あるいは民主主義という社会と人間の在り方も、この内村が指摘したように、「天道」といい、「人道」といい、「正法」といい、「人倫」といい、その理念はさらに高い宇宙の理法、あるいは宇宙観のレヴェルに関わらないではいないはずである。だが、そうした理念や理想との関わりが、もっぱら現実的政治的なレヴェルに執着した戦後の日本の社会では、ほとんど見失われていたのではないであろうか？

戦後の社会は久しく、小学校から大学に至る教育はもちろん、政治も経済も学術も、一般に発展と充実の度を進めて今日に至ったと見られてきたのであるが、じつはその間、国家の復興と繁栄を求める功利主義的な姿勢が強く支配し、思想上なにごとにつけ理想主義的なことがらへの関心はほとんど顧みられないという傾向が続いた。おのずから、現実生活のレヴェルを超えた理想を自由に描いたり自由に追求したりするという理想主義への余裕を抱くということは、国民の生き方としてほとんど顧みられなくなったことが疑われるのである。

しかし、私たちはいまや、自分たちがそうして国家的繁栄を追求するという生き方もさることながら、むしろそれ以上に、人間として人類の一員として生きるということの意味、のみならず、その人類の世界をさらに大きく包む宇宙全体の一員として生きるということの意味をさえ、真剣に考えないわけにいかないのではないかと思うのである。

昔、中国で「杞」と呼ばれた国では、人々が天が落ちてくることを憂えて生きていたということが伝えられるが、今や私たちは、人間の全体にとってまさに天が落ちてくるかという性質のさまざまの問題、いわゆる宇宙環境の劣化の問題、地球上に生きる人間の人口の急激な増大という問題、それを養う地下水資源や食糧の世界的枯渇の危険という問題、身近の自然の破壊という問題、人間が住めば住むほど避けられない二酸化炭素の増大にどう対処するかという問題、地球気温の上昇やそれに伴って予想されるさまざまの環境変化の諸問題、地上での他の生物、さまざまの植物や動物との共存の危機という問題、等々、の脅威に避けがたく向かい合って生きることを迫られているのである。

これは、かつて日本がいわゆる「近代化」に向けて船出した明治の当時とはあまりにも大きく変化した状況といわなければならない、日本人の生活条件そのものの変化と言ってよいであろう。こうした状況は、もはや明らかにどこかの先進諸国にどう学ぶかなどという性質の問題ではないわけである。日本人の個人や国民が人間としてどういう「自律」の自覚をもって立つかはもちろんであるが、他の国の人々や自然環境とのどういう「つながり」をもって生きることを志すか、そしてその自覚や志をどう実現していくことができるかという、まさに理想主義的な根源力の養いを別にしては、考えようもない問題と言わなければならないのである。

私たちはいま、今回の私たちのこの調査が、こうした根源力の自覚に日本人を導く上での、よい刺激となることを切に願っているのである。

文献

ベラー、ロバート他（1991）『心の習慣』島薗進・中村圭志訳、みすず書房（原著 1985）
同（2000）『善い社会』中村圭志訳、みすず書房（原著 1991）

宮島 喬 （みやじま・たかし）

編者紹介参照

村井 実 （むらい・みのる）

1922年佐賀県生まれ。1944年広島文理科大学教育学専攻卒業。慶應義塾大学名誉教授。専攻、教育学。主著に、『教育学入門 上・下』（講談社学術文庫、1976年）、『善さの構造』（講談社学術文庫、1978年）、『村井実著作集』（全8巻、小学館、1986年）、『教育の理想』（慶應義塾大学出版会、2002年）など。

米山光儀 （よねやま・みつのり）

1955年静岡県生まれ。1983年慶應義塾大学大学院社会学研究科教育学専攻博士課程単位取得退学。慶應義塾大学教職課程センター教授。専攻、教育学。共著に、『「日本教育史資料」の研究2 藩校編』（玉川大学出版部、1997年）、『近代思想のアンビバレンス』（御茶の水書房、1997年）など。

渡辺秀樹 （わたなべ・ひでき）

1949年新潟県生まれ。1978年東京大学大学院教育学研究科博士課程単位取得退学。慶應義塾大学文学部教授。専攻、家族社会学・教育社会学。主著に、『変容する家族と子ども』（編著、教育出版、1999年）、『講座社会学2 家族』（共編著、東京大学出版会、1999年）、『家族社会学入門』（共編著、文化書房博文社、1999年）、『ひとり親家族に関する研究』（共著、東京女性財団、1993年）など。

執筆者紹介（五十音順）

越智 貢（おち・みつぐ）

1951年愛媛県生まれ。1982年広島大学大学院文学研究科博士課程単位取得退学。広島大学大学院文学研究科教授。専攻、倫理学。共著に、『20世紀の定義7』（岩波書店、2001年）、『情報倫理学』（ナカニシヤ出版、2000年）、『情報社会の文化4　心情の変容』（東京大学出版会、1998）など。主な翻訳に、リンテレン『ディオニュソスからアポロンへ』（共訳、以文社、1988）など。

上林千恵子（かんばやし・ちえこ）

1949年東京都生まれ。1979年東京大学大学院社会学研究科博士課程単位取得退学。法政大学社会学部教授。専攻、産業社会学。共著に、『講座社会学第6巻・労働』（東京大学出版会、1999年）、『国際化のなかの移民政策の課題』（明石書店、2002年）。主な翻訳に、バコー『職場の安全衛生と労使関係』（共訳、日本労働協会、1986）。

島薗 進（しまぞの・すすむ）

編者紹介参照

恒吉僚子（つねよし・りょうこ）

1961年ボルチモア生まれ。プリンストン大学大学院社会学研究科、Ph. D.。東京大学大学院教育学研究科助教授。専攻、社会学。主著に、『人間形成の日米比較』（中央公論社、1992年）、*The Japanese Model of Schooling: Comparisons with the United States*（RoutledgeFalmer, 2001年）など。

本間康平（ほんま・こうへい）

1928年東京都生まれ。東京大学大学院社会学研究科博士課程中退。社会学博士。現職なし。専攻、社会学。主著に、『教職の専門的職業化』（有斐閣、1982年）など。主な翻訳に、ライト・ミルズ『社会学とプラグマティズム』（紀伊國屋書店、1969年）など。

三浦直子（みうら・なおこ）

1970年東京都生まれ。1999年慶應義塾大学大学院社会学研究科博士課程単位取得退学。神奈川工科大学工学部一般科専任講師。専攻、社会学。主要論文に、「反省的社会学の生成――ブルデュー社会学における認識論の位置づけをめぐって」（P・ブルデュー社会学研究会（編）『象徴的支配の社会学』恒星社厚生閣、1999年）、翻訳に、「記録するための戦略」（シャッツマン＆ストラウス『フィールド・リサーチ』慶應義塾大学出版会、1999年）、など。

編者紹介

宮島 喬（みやじま・たかし）

1940年東京都生まれ。1967年東京大学大学院社会学研究科博士課程中退。立教大学社会学部教授。専攻、社会学。主著に、『文化的再生産の社会学』（藤原書店、1994年）、『文化の社会学』（有信堂高文社、1995年）、『文化と不平等』（有斐閣、1999年）など。主な翻訳に、ブルデュー／パスロン『再生産』（藤原書店、1991年）、デュルケム『自殺論』（中公文庫、1985年）など。

島薗 進（しまぞの・すすむ）

1948年東京都生まれ。1977年東京大学大学院人文科学研究科博士課程単位取得退学。東京大学大学院人文社会系研究科教授。専攻、宗教学。主著に、『現代救済宗教論』（青弓社）、『精神世界のゆくえ』（東京堂出版、1996年）、『時代のなかの新宗教』（弘文堂、1999年）、『〈癒す知〉の系譜』（吉川弘文館、2003年）など。主な翻訳に、ベラー他『心の習慣』（共訳、みすず書房、1991年）など。

現代日本人の生のゆくえ——つながりと自律

2003年2月25日　初版第1刷発行©

編　者　宮島　喬
　　　　島薗　進

発行者　藤原良雄

発行所　株式会社 藤原書店

〒162-0041　東京都新宿区早稲田鶴巻町523

TEL　03（5272）0301
FAX　03（5272）0450
info@fujiwara-shoten.co.jp
振替　00160-4-17013

印刷・製本　美研プリンティング

落丁本・乱丁本はお取り替えします
定価はカバーに表示してあります

Printed in Japan
ISBN4-89434-325-8